AF301204

Denkanstöße – Gesellschaft im Wandel der Zeiten
Philosophische – Betrachtungen

Essays zu verschiedenen Themen

Impressum:

Bibliografische Informationen:
Die Deutsche Nationalbibliothek verzeichnet die Publikation
im Internet unter: http://dnb.dnb.de

Horst Reiner Menzel
Dieselstraße 8
71546 Aspach
doremenzel@gmx.de
Website: http://www.horst-reiner-menzel.jimdo.com

Letzte Überarbeitung 2021
Herstellung und Verlag: BoD – Books on Demand, Norderstedt
Taschenbuch: ISBN-9783753441276

Alle Rechte und © Copyright b eim A utor Horst R einer M enzel

Inhalts-Verzeichnis

Autor Horst Reiner Menzel
Entstanden in den Jahren 2005 - 2020

Gesellschaft im Wandel der Zeiten in einer globalisierten Welt

Vorwort 1. Teil

Philosophie = griechisch, heißt wörtlich:
"Liebe zur Weisheit" und versucht die menschliche Existenz zu deuten, zu erklären und zu verstehen. Kerngebiete sind die Logik, das Ergebnis des folgerichtigen Denkens, die Ethik und das moralisch richtige Handeln: "Was du nicht willst, dass man dir tu, das füg auch keinem andern zu", die Metaphysik, die Wissenschaft der Gründe des Seins. Weitere Einlassungen behandeln die Wissenschaften mit ihren Erkenntnissen und Prognosen.

Der Autor versucht eine Analyse zum Gesamtzustand unserer Bundes-Republik zu erstellen. Dabei kommen mir meine Erlebnisse aus der Hitlerzeit, den Kriegs- und Nachkriegsjahren, der Aufbau des „Sozialismus" im Ostteil unseres Vaterlandes und der wirtschaftliche Aufschwung im Westteil, den ich auf beiden Seiten miterlebt und mitgestaltet habe zugute. Politikern und jüngeren Menschen soll damit ein kleines Lehrbuch der Fehlentwicklungen und eine Mahnung an die Hand gegeben werden, die zum Nachdenken anregen und vielleicht ein klein wenig zukunftsweisend sein könnte, um aus diesem nun wieder vereinigten Land ein besseres Miteinanderland zu machen.

Der Autor Horst Reiner Menzel

Die Übergangsgeneration

Als ich Ende der 1930er Jahre geboren wurde, lebten auf der Erde ca. 1,2 Milliarden Menschen, das Leben war beschaulicher, man hatte mehr Zeit für Privates, der „Papierkram" eines 80-jährigen Lebens passte in eine Schublade, Fotos in ein einziges Album. Man saß abends zusammen, beredete den vergangenen Tag, ging in eine Kneipe, trank mit Freunden ein Bier, spielte eine Runde Skat, oder traf sich im Sportverein oder anderen Organisationen, wie Musik- Bienenzüchter- Schach- und Gesangvereinen. Auf der Straße verkehrten nur sehr wenige Autos. Wer einen Führerschein oder ein Auto hatte, war jemand den man bewunderte. So etwas hatten nur „reiche Leute", Ärzte oder Berufsfahrer und, es gab nur eine einzige Geschwindigkeits-beschränkung, nämlich 50 km/h innerhalb geschlossener Ortschaften.

Mit Zwanzig war das Leben so einfach,
dass man es überhaupt nicht bemerkte.

Rei©Men

Jeder Mann war stolz darauf, wenn er es geschafft hatte eine Arbeitsstelle zu haben, Geld zu verdienen, mit dem er seine Familie ernähren konnte. Ledige Frauen nannte man Frollein, auch wenn sie schon uralt waren, sie gingen zwar auch arbeiten, doch wenn sie heirateten, blieben sie zuhause und waren glücklich und zufrieden, dass sie einen Mann gefunden hatten, mit dem sie eine Familie gründen konnten. Erst wenn die Kinder sie nicht mehr so intensiv benötigten, gingen manche auch wieder zur Arbeit. Man betrachtete damals die Arbeit mehr oder weniger als notwendiges Übel, um den Lebensunterhalt zu bestreiten. Allerdings mussten in den Betrieben immer Männer die schwerste Arbeit verrichten, wurden eher krank und starben oft früher. Es war einfach nicht so erstrebenswert jeden Tag in die „Tretmühle" zu gehen, wie das damals so hieß. Wenn es zum Leben reichte, war man zufrieden. In den Dörfern und Kleinstädten kannte jeder Jeden, die Mütter sagten zu ihren Kindern: „Wenn du

Hilfe brauchst, frage einen Erwachsenen oder den Polizisten der immer an der Ecke steht". Bei Zusammenkünften und Feierlichkeiten sang man schöne Lieder, die jeder auswendig konnte und zitierte Gedichte. Die Alten erzählten von früher und die Jugend hörte ihnen noch zu, denn da konnte man sehr vieles lernen. Um 24 Uhr, wenn schon alles schlief und auch die letzten Nachzügler im Bett waren, wurden in der Stadt die Gaslaternen ausgemacht. Die Polizei ging alle paar Stunden durch die Straßen, sah nach dem Rechten, und schaute auch in die dunklen Gassen und Ecken, ob alles in Ordnung war. Weil man sich unmöglich machte und außerhalb der Gesellschaft stellte, gab es nur wenige Diebe; richtige Verbrecher noch weniger. Wenn sich jemand etwas zu Schulden kommen ließ, erfuhr die ganze Stadt davon. Weil es kaum Anonymität gab, schämte sich derjenige und war untendurch, wie das damals so hieß. War jemand einmal als unzuverlässig bekannt, wurde er gemieden. Deshalb ließ es niemand soweit kommen, war es doch passiert, entschuldigte man sich bei allen, benahm sich anständig und wurde nach einiger Zeit der Bewährung wieder in die Gemeinschaft aufgenommen. Viele Konflikte wurden durch Gespräche, auch unter Mithilfe von Nachbarn, Verwandten, Lehrern und sonstigen „Respektspersonen" bereinigt, ohne die Gerichte zu bemühen. Manche Streitigkeiten, hauptsächlich solche, wenn die Mannesehre gekränkt worden war, wurden mit den Fäusten „besprochen", da kannte man kein Pardon. Kinder wurden dazu angehalten das Alter zu achten, ihnen im Bus, oder der Bahn einen Sitzplatz freizumachen, kurz, jeder Erwachsene hatte die Macht unartige Kinder oder auch ausgerastete Erwachsene zur Räson zu bringen. Gab es Pöbeleien von Halbstarken, wie man die Jugendlichen damals nannte, taten sich ein paar Männer zusammen, um wieder Ordnung zu schaffen, meistens reichte schon eine Drohgebärde von einigen Erwachsenen, oder man schnauzte sie an: „Das werde ich deinem Vater sagen" und schon war der Frieden wiederhergestellt. Reichte das noch nicht oder in Situationen, wo man angegriffen wurde, gab es eine auf die Nuss, - aber:

Wer im Streit anfängt mit den Fäusten zu reden,
spricht die falsche Sprache.

Rei©Men

Doch kein Sünder wäre auf die Idee gekommen sich bei der Polizei zu beschweren oder einen Anwalt einzuschalten, denn meistens wusste er um sein Fehlverhalten und hing es nicht noch an die große Glocke, damit es dann zum Stadtgespräch wurde. Die gewaltfreie Gesellschaft gebiert Menschen, die nicht mehr in der Lage sind, sich gegen die Gewaltbereiten zu verteidigen. Früher gab es noch Männer, heutzutage wird man dafür bestraft, wenn man sich nicht alles gefallen lässt. Männer dürfen keine mehr sein, weil Gesellschaft und Gerichtsbarkeit sie zu Maulhelden degradiert haben.

So wurde die sogenannte Nachkriegsgeneration des Zweiten Weltkrieges zu Zeugen einer Übergangsgesellschaft, von der landwirtschaftlich geprägten Lebensweise, zur Hightech- Gesellschaft, von der Sense und der Pferdekutsche zum Auto und Flugzeug, vom Stummfilm zum Medienkonsumenten, von der mechanischen Schreibmaschine zum Computer. Wir waren die letzten, welche die sogenannte gute alte Zeit noch erleben durften. Sie war bestimmt nicht besser, nur etwas mehr von Vernunft und Verstand in allen Lebensfragen durchwachsen, wenn man mal von den Kriegsereignissen im 20. Jahrhundert absieht. Viel ruhiger, möchte man meinen; Kinder konnten noch auf der Straße spielen, ohne gleich in Lebensgefahr zu geraten. Abends gingen die Gaslaternen an und es galt als unfein, vor 9 Uhr morgens oder nach 21 Uhr abends jemanden unangemeldet zu besuchen, oder nach 22 Uhr noch Lärm zu machen. Man ging schlafen, um sich für den nächsten Arbeitstag auszuruhen. Vergnügungen gab es nur an den Samstagen, da ging man „aus", wie man das damals nannte. In den meisten Dorfschenken und vielen Lokalen die Säle hatten, wurde Tanzmusik handgemacht. Die Kapellen spielten ohne Verstärkeranlagen live, und waren mit ziemlich vielen Musikern besetzt, um die notwendige Lautstärke erzeugen zu können. Die Bezahlung war nicht so üppig, man spielte auch mehr aus

Freude am Spiel und Spaß an der Musik, denn Radios hatten die wenigsten. Der Sonntag wurde damals noch in Kreisen der Familien gepflegt. Da machte man dann im Sonntagsanzug, mit Stock und Hut Ausflüge in die nähere Umgebung. „Spazieren gehen", nannte man das. An schönen Tagen wurden Radtouren und Badeausflüge gemacht, die aber an natürlichen Gewässern stattfanden. An Himmelfahrt wurden Kremserfahrten mit Fassbier organisiert. Gelegentlich machte man auch schon mal „Betriebsausflüge" mit dem Bus, welche die Firmen organisierten, die waren sehr beliebt. Wer ein Fahrrad hatte, schätzte sich glücklich, ein Motorradbesitzer war ein wohlhabender Mann. Frauen fuhren damals solche Geräte überhaupt nicht, hatten auch keinen Führerschein und wer ein Auto besaß, war ein König.

Das Lied von der Glocke. Zum Nachlesen empfohlen, aber außer ein paar Philologen und Schöngeister interessiert all dies heute niemand mehr, das Erstaunlichste aber ist, alles was Schillers Genie in seinem Gedicht damals zu Papier brachte, ist nach wie vor heute noch gültig. Es galt noch der alte Spruch aus Schillers Lied von der Glocke:

Meister rührt sich und Geselle
In der Freiheit heil' gem Schutz.
Jeder freut sich seiner Stelle,
Bietet dem Verächter Trutz.
Arbeit ist des Bürgers Zierde,
Segen ist der Mühe Preis.
Ehrt dem König seine Würde,
Ehret uns der Hände Fleiß.

Die Kinder sangen in der Schule, der Gesang wurde in jeder Familie bei Geburtstagen und anderen Feierlichkeiten gepflegt. Kinder lernten, wie man Feuer machen und beaufsichtigen muss, ohne gleich das ganze Haus anzuzünden. Der Vater brachte den Söhnen bei wie Holz gehackt wird, und wie man Kleintiere schlachtet, Gartenarbeit verrichtet oder eine Sense gebraucht. Viele dieser aus der Steinzeit überkommenen Fertigkeiten, sind heutzutage verloren gegangen.

Spielerisch lernten die Jungen von den Alten. Eine Lehrstelle zu bekommen war nicht schwer, man verdiente als Lehrling nur ein Taschengeld. Als Gegenleistung für seine Arbeitskraft, durfte man aber einen Beruf erlernen. Die Gesetze passten in ein Buch von der Größe der Bibel.

Verwaltungen erlangen erst dann ihre größte Virtuosität,
wenn sie die hohe Kunst der Selbstverwaltung erreichen.

Rei©Men

Verletzte sich jemand, galt der Satz: „Pass in Zukunft besser auf". Das allgemeine Lebensrisiko war allgegenwärtig, jeder musste sich und seinen Körper vor Schäden bewahren und wusste, wenn mir etwas zustößt, hilft mir wohl ein Arzt oder das Krankenhaus, aber die Gesellschaft war nicht bereit für alle Lebensrisiken aufzukommen, besonders nicht für solche, die durch bodenlosen Leichtsinn entstanden waren. Viele Menschen begeben sich heutzutage absichtlich in Gefahrensituationen, immer in dem Bewusstsein: >Mir wird schon nichts passieren<, marschieren sie auf den Veranstalter vertrauend mit Hunderttausend anderen ins Gedränge oder fliegen sinnlos durch die Weltgeschichte, weil es ja so schön billig ist, jedes Maß an Vorsicht und Selbstschutz vergessend.

Flüchte die Menge, meide das Gedränge.

Rei©Men

Ehre der Arbeit von Ferdinand Freiligrath

Wer den wucht' gen Hammer schwingt,
wer im Felde mäht die Ähren,
wer ins Mark der Erde dringt,
Weib und Kinder zu ernähren,
wer stroman den Nachen zieht,
wer bei Woll und Werg und Flachse,

hinterm Webestuhl sich bemüht,
dass sein blonder Junge wachse:
Jedem Ehre, - jedem Preis!
Ehre jeder Hand voll Schwielen!
Ehre jedem Tropfen Schweiß,
der in Hütten fällt und Mühlen!
Ehre jeder nassen Stirn
hinterm Pfluge! - doch auch dessen,
der mit Schädel und mit Hirn,
hungernd pflügt sei nicht vergessen!

Dieses Gedicht von Ferdinand Freiligrath beschreibt unnachahmlich jene Zeit vor der großen Industrialisierung, die aber erst nach dem Zweiten Weltkrieg richtig in Schwung kam. Denn bis dahin war die Industrie auf der Energie-Basis der Kohle aufgebaut worden. Erdöl kannte und nutzte man hauptsächlich zum Betrieb von Verbrennungsmaschinen, die Kraftfahrzeuge und Schiffsmotoren antrieben. Auch die elektrische Energie wurde aus der Kohle gewonnen. Der Krieg befeuerte den Verbrauch von Erdöl und er wurde letztendlich und gottseidank auch wegen der fehlenden Erdöl-Brennstoffe und anderer fehlender Rohstoffe von der deutschen Seite verloren. Aber schon in den 20ziger Jahren des vorigen Jahrhunderts, gelang es genialen deutschen Chemikern, aus Kohle synthetischen Treibstoff für die Fahrzeuge herzustellen, dadurch konnte der Zweite Weltkrieg noch lange weitergehen.

Einstein entwickelte Anfang des 20. Jahrhunderts eine Formel zur Erklärung der Energieumwandlung, denn bis dahin wusste man noch zu wenig darüber. Die Erkenntnis-Bausteine hatten zwar schon andere gefunden, er besaß jedoch das Genie sie zu einem logischen Ganzen zusammen zu führen. Sie kennen sie alle, seine berühmte Formel **$E=mc^2$** welche die Äquivalenz von Masse und Energie beschreibt. Das E - steht für Energie, m - für Masse, c - für die Lichtgeschwindigkeit im Quadrat. Masse kann in Energie, Energie in Masse umgewandelt werden und fast nichts geht verloren. Wenn ein Feuer brennt entstehen unter anderem Licht, Wärme, Strahlung, verschiedene Gase und Asche als Äquivalent zur verbrannten Masse. Über Solarzellen wandeln wir inzwischen die Lichtenergie der Sonne in elektrische und danach wieder in mechanische Leistung um.

Aus den fossilen Brennstoffen kann man die darin steckende >träge Ruhe-Energie m< durch Verbrennung oder chemische Umwandlung nutzen. Bei der Verbrennung von Kohle und Erdöl wird Wärme freigesetzt, die z. B. in Kraftwerken Dampf erzeugt. Der entstehende Dampf treibt dann Dampfturbinen an, die über elektrodynamische Maschinen Wechselstrom erzeugen. Wechselstrom deshalb, weil er die Elektronen in metallischen Kabeln anregt, 50 mal in der Sekunde in der Hochspannungsleitung und im Elektrokabel zwischen Stromerzeuger und Verbraucher, hin und her zu wechseln. Dadurch kann Energie über weite Strecken relativ verlustfrei transportiert und über Elektromotoren und andere Prozesse wieder in mechanische Leistung gewandelt werden.

Durch die Mechanisierung der Landwirtschaft konnte die Lebensmittel-Produktion intensiviert werden. Somit steckt in jedem Stück Brot ein Stückchen Kohle drin. Wieso werden Sie fragen? Da sind einmal die Traktoren und Landmaschinen, welche zur weitgehenden Freistellung von Arbeitskräften in der Landwirtschaft führte. Andererseits auch die Herstellung von Düngemitteln aus fossiler Energie. Letztendlich verbrauchen auch die Herstellung und der Transport von Fahrzeugen, Maschinen, Düngemitteln, der Lebensmittel-Industriekomplex, die Mühlen, die Viehaufzucht-Betriebe, die Schlachtereien und letztendlich auch deren Transporte und die Vertriebswege, Energie aus fossilen Brennstoffen.

Der seit Jahrtausenden bestehende Kreislauf des Lebens und der Ernährung wurde brutal unterbrochen. Nur die endlichen, fossilen Energiequellen ermöglichen es, die heute auf dem Planeten lebenden Menschenmassen einigermaßen gut zu ernähren. Gab es früher einen natürlichen Kreislauf der Lebensmittel-Erzeugung und kurze Verteilungswege zum Verbraucher die mit Muskelkraft bewältigt wurden, denn alle Energieleistungen von Menschen und Tieren wurden aus erneuerbaren Energien gespeist, so haben wir es heute mit einem endlichen Kreislauf zu tun. Spätestens wenn die fossilen Energiereserven aufgebraucht sein werden, bricht dieses System zusammen. Es sei denn, die erneuerbaren Energien werden bis dahin ausreichen, um den ständig steigenden Energiebedarf zu decken.

Seit im Jahre 1712 die erste brauchbare Konstruktion einer Dampfmaschine durch Thomas Newcomen gelang, sie wurde hauptsächlich zum Auspumpen des Wassers aus Bergwerken gebaut, ist der Einsatz von Menschen in der Produktion rückläufig. Inzwischen brechen die Sozialsysteme zusammen, weil es nicht mehr genügend Arbeitnehmer gibt, welche sie mit ihren Einzahlungen aufrechterhalten. Man hat schon darüber nachgedacht Maschinen zu besteuern. Das ist natürlich Unsinn, weil die freigestellten Arbeitnehmer die hergestellten Produkte nicht konsumieren können, wenn sie nicht genug verdienen, weil die Arbeit von Maschinen geleistet wird. Ein Zukunftsforscher sagte schon vor 50 Jahren voraus, dass es irgendwann einmal Fabriken ohne Menschen geben wird. Solche Fabriken werden fraglos bereits in naher Zukunft Realität sein, weil Roboter anfallende Arbeiten schneller, präziser, kostengünstiger und ohne zeitliche Begrenzung ausführen, sie stehen in dunklen Hallen und können rund um die Uhr produzieren. Menschen sind nur noch für die Überwachung der Produktionsprozesse und eventuell für den Reparaturdienst erforderlich. In einem solchen System werden auf einer Seite Rohstoffe oder Halbfabrikate angeliefert und auf der anderen Seite Fertigprodukte herauskommen. Aber Maschinen benötigen für die Produktion Rohstoffe und Energie, je mehr Automation zum Einsatz kommt, desto mehr Energie. Immer weniger Menschen, werden Arbeit haben und zu wenig Geld verdienen, um die Industrie-Produkte kaufen zu können. Ein Teufelskreis wie es scheint! Wer hat eine Idee? Wo ist die Lösung für dieses Problem?

Bei diesen Überlegungen muss man wissen, dass alles und zwar wirklich alles, von der Energie und den Rohstoffen abhängt, die uns in Zukunft zur Verfügung stehen werden. Fast alle Probleme dieser

Welt könnte man lösen, hätte man Energie im Überfluss. Eine Industrieproduktion die mit wenigen Menschen auskommt, würde aber eine fürchterliche Sinnkrise auslösen, denn Menschen sind in der Regel sehr betriebsam und leben ihr Leben aktiv aus. Natürlich gibt es immer einige Wenige, die auch mit Faulsein, reisen und Selbstverwirklichung auskommen, die weitaus Meisten würden bei dieser Lebensweise aber psychisch und physisch krank werden. Man stelle sich nur einmal vor, welch ein Run auf die dann nur noch wenigen Industrie- und Dienstleistungs-Arbeitsplätze einsetzen würde. Die Anfänge, dieser nicht auf zu haltende Entwicklung, erleben wir bereits seit Anfang des 21. Jahrhunderts in der EU. In einer globalisierten Welt wandern immer mehr Arbeitsplätze in die Billiglohnländer ab, es bleiben am Ende nur noch die Dienstleister übrig. In den alten Industrieländern wird es daher in absehbarer Zeit, immer weniger neue, wertschöpfende Industrien geben.

Ein anderer Effekt zeigt sich in den Entwicklungsländern, dort kann man mit eigenen Produkten auf dem Weltmarkt nicht mehr mithalten. Selbst kleinste Manufakturen, die versuchen landestypische Kleidung herzustellen, haben keine Chance gegen die vielen importierten Kleidungsstücke und den Kleiderspenden der EU-Länder, die von findigen Geschäftsleuten als gebrauchte Ware unters Volk gebracht wird. Freihandels-Zonen, wie sie zurzeit mit den USA geplant werden, drohen den Konkurrenzkampf weiter zu verschärfen und schränken die Eigenproduktion in diesen Ländern ein. Demzufolge kann es Freihandelszonen nur unter Ländern geben, wenn sie unter gleichen Bedingungen produzieren und Handel auf gleicher Augenhöhe treiben. Mit Ländern, die sich bei den Produktionsprozessen nicht um die Umwelt und die sozialen Bedingungen ihrer Arbeitnehmer scheren, darf es keinen freien Handel geben. Diese globale Fehlentwicklung muss gestoppt werden, bevor unser aller Gemeinwesen zusammenbricht. Ein beliebtes Spielchen unserer Politiker ist es, dem Verbraucher die Schuld an dieser Entwicklung zu geben, weil er ja alles zum billigsten Preis haben möchte. Das ist eine allzu billige Ausrede für eine der gefährlichsten Entwicklungen unserer Zeit. Da wird drauflos globalisiert, die EU erweitert, weil die Industrie angeblich neue Absatzmärkte braucht, der Staat generiert Steuermilliarden aus den Überschüssen und nun soll der Verbraucher schuld an dieser Entwicklung sein. Ja merkt denn keiner wo die Reise hingeht? Zurzeit bereichern wir uns „noch" auf Kosten anderer EU-Länder, die da nicht mithalten können. Die Industrie schreit nach immer mehr und neuen Arbeitskräften, die in Massen unsere Infrastrukturen überlasten, der Flächenverbrauch wächst durch Wohnung, Straßenbau und Industrieparks rasant an. Menschen und Natur ächzen unter der überproportionalen Belastung. Die Produktion der Mitgliedsländer anderer EU-Staaten bricht zusammen und immer mehr Menschen versuchen in den Ballungsgebieten Arbeit zu finden. Durch die Auslagerung der Produktion in Billiglohnländer, findet ein Technologietransfer statt, der dazu führen wird, dass in naher Zukunft auch in Europa keine Industrieproduktion mehr stattfinden wird. „Wir gehen herrlichen Zeiten entgegen", sagte einmal Kaiser Wilhelm II, was daraus wurde ist bekannt, heute sind wir schon wieder in einen Weltkrieg verwickelt, aber dieses Mal ist es ein gnadenloser Wirtschaftskrieg, der ausgebrochen ist und der weltweit mehr Opfer fordern wird als alle Weltkriege zusammen.

Die durch die Zocker-Spielbankenkrise ausgelöste weltweite Rezession und eine total vermasselte Bankenrettung werden sich wiederholen, wenn man den Bankern nicht endlich kräftig auf die Finger haut. Mit der Geldschwemme der EU-Zentralbank, von Draghi ausgelöst, verschlimmert man das Problem nur. Unseriöse Banken werden auch dieses Giral-Geld verzocken, dann folgt die nächste Bankenrettung auf Kosten der Sparer usw. usf. Man greift den Bürgern ganz ungeniert in die Tasche, indem man ihnen keine Zinsen mehr für' s Eingemachte bezahlt. So sorgt der Geldwertverlust mit der Zeit dafür, dass alle arm werden. Wie man sieht, ist durch die Globalisierung eine Verschiebung des Wohlstandes, aus den Industrieländern in die Entwicklungsländer in Gang gekommen, die niemand mehr aufhalten kann. Meine Prognose ist, dass sich die Banken selber abschaffen werden, weil sie nicht mehr als Investment-Banken fungieren und nur noch als Geldverschiebe-Bahnhöfe benötigt werden. Für diese Aufgabe werden sie auch bald nicht mehr benötigt werden, denn:

Rei©Men

Der Zahlungsverkehr wir in Zukunft ohne sie stattfinden, man kann sie durch Datenbanken ersetzen, die den Zahlungsverkehr mittels Computerpower erledigen. Der Run auf das Cybergeld hat schon im großen Stil begonnen, leider auch die Zockerei mit dem virtuellen, Pseudo-Kapital. So wird man sich überlegen müssen, wie ein neues Weltwährungs-System aussehen muss, welches den Anforderungen einer globalisierten Welt gewachsen ist.

Das heute immer noch geforderte unendliche Wachstum der Wirtschaft ist ein Teufelskreis, den nur der Brutal-Industrie-Kapitalismus benötigt. Erzielte Überschüsse = Gewinne müssen in die Ausweitung der Produktionsleistung und in immer neue Produkte investiert werden, sonst wird man von der Konkurrenz überflügelt. Das erzeugt zunächst einen immer größeren Arbeitskräftebedarf, der aber durch Kostensenkung und Automation der Arbeitsprozesse kompensiert wird, weil er unaufhaltsam diese Arbeitskräfte aus den Herstellungsprozessen wieder verdrängt. Dass in einer globalisierten Welt in unendlichen Massen zur Verfügung stehende Humankapital, über sieben Milliarden Menschen bevölkern die Erde, und sie werden sich durch verbesserte Ernährung und medizinische Versorgung weiter vermehren, findet keine Verdienstmöglichkeiten mehr. Inzwischen konkurrieren sie sich mit Mindestlöhnen und miserablen sozialen Bedingungen gegenseitig in den Abgrund. Im Mittelalter prägte man den Satz: „Stadtluft macht frei", heute überschwemmen die Landflüchtlinge die Städte in den Entwicklungs-Ländern, die langsam wachsende Wirtschaft, in ihren Heimatländern immer mehr. Mit Billiglöhnen verdrängen sie dadurch die immer weniger werdenden Arbeitsplätze in den Industriestaaten und hebeln das bisherige Gleichgewicht aus. Dieses System schaukelt sich immer weiter auf, weil global immer mehr neue Absatzmärkte erschlossen werden müssen, weil die Menschen in diesen Märkten mit ihren Billiglöhnen, die erzeugten Waren nicht selber kaufen können.

Kann man das Wachstum der Weltbevölkerung nicht reduzieren, wird man den Kampf um die Rettung der Welt verlieren.

Rei©Men

Um den Absatz aufrechtzuerhalten bzw. anzukurbeln, hat sich in den letzten Jahren eine alte, wieder entdeckte Idee durchgesetzt. Schon 1924 legte das sog. >Phoebus-Kartell< eine maximale Lebensdauer von 1000 Stunden für Glühbirnen fest - angeblich zum Wohle der Kunden. Diese stillschweigende Kartellabsprache sorgt heute noch dafür, dass Glühbirnen nach ca. 1000 Betriebsstunden den Geist aufgeben. Nach diesem Muster baut man heute in fast alle Produkte eine Sollbruchstelle ein, die sog. »geplante Obsoleszenz«, welche die Waren nach einer vorausberechneten Nutzungsdauer unbrauchbar macht. Mit dieser >Produktionsmethode für die Müllhalde<, meint man auch auf Kosten der endlichen Ressourcen, dass sich immer-schneller-drehende Karussell und den wirtschaftlichen Untergang aufhalten zu können. In früheren Zeiten gab es am Ende dieses Prozesses den Krieg, er wurde auch deshalb >Der Vater aller Dinge< genannt, weil er alles zerstörte, gleichzeitig die überzähligen Arbeitnehmer reduzierte, Innovationen anschob und einen Neuaufbau erzwang. Danach konnte wieder ein neuer Zyklus beginnen.

Der Banken-Finanzkomplex und die Konzerne kontrollieren weltweit mit ihren Lobbyisten die wichtigsten Regierungen. Mit ihren Parteien und den führenden Politikern bilden sie eine Symbiose, die ihnen ihren Machterhalt gewährleistet. Der Spruch >Geld regiert die Welt<, findet hier seine eindrucksvolle Bestätigung.

Die Forbes-Liste verzeichnet inzwischen 1210 Dollar--Milliardäre, diesen Finanzmagnaten gehört die halbe Welt. Solange dieser Kontext nicht durchbrochen wird, werden sich auch die Bedingungen für die Weltbevölkerung nicht bessern. Diese Mechanismen der >Geldanhäufung in wenigen Händen<, lassen sich nur in langen Zeitläufen ändern, indem man versucht mit staatlichen Maßnahmen und Gesetzen, den Wildwuchs zu beschneiden. Aber es muss endlich ein Anfang gemacht werden, sonst konzentriert sich in wenigen Jahren das Weltkapital in einer einzigen Hand. Ohne die Kreativität der Wirtschaft zu beschränken, muss man versuchen von den ausufernden quantitativen Produkten zu qualitativen, nachhaltigen Produkten umzusteuern. Die Methode dies zu erreichen ist sehr einfach, man müsste nur die Garantiefristen für alle Waren auf fünf bis zehn Jahre erweitern, dass würde die Industrie zwingen, Produkte herzustellen, die lange halten. Zurzeit produzieren die Hersteller nach dem Prinzip: „Was lange hält, bringt uns kein Geld"

Prof. Dr. Hans Küng, Theologe, Kirchenkritiker und Initiator der Stiftung >Weltethos<, ist einer der Wenigen wie mir scheint, der sich in seinem langen Leben über das >Wie geht es weiter<, Gedanken gemacht hat. Er kommt in seinem Buch: >Was ich glaube< zu der Ansicht, dass man in die Wirtschaft und die Produktionsprozesse ein Ethos implantieren muss, der Firmen freiwillig dazu verpflichtet, ihre Mitarbeiter ordentlich zu bezahlen und dafür zu sorgen, dass es allen gut geht und sie ihr Auskommen haben. Prinzip:

"Was ich nicht will, dass man mir tu,
das füg' auch keinem anderen zu".

Dies ist edel und human gedacht, meiner Ansicht nach aber unmöglich und selbst mit Gesetzen nicht zu erreichen. Die Abläufe der Produktionsprozesse sind längst aus dem Ruder gelaufen und folgen ihren eigenen Gesetzen. Zurzeit erkaufen wir unseren Wohlstand auf Kosten der anderen alten, südlichen Mitgliedstaaten der EU, dass erkennt man an den dortigen Arbeitslosenzahlen. Kurzzeitig hat es in diesen Ländern nach dem 2. Weltkrieg einen rasanten Aufbauprozess gegeben, der inzwischen durch die Abwanderung der Arbeitsplätze nach Fernost zusammenbricht. Die BRD wird durch ihren Entwicklungsvorsprung noch eine Zeit lang so weiterwursteln können. Langfristig wandert unser know how ebenfalls in die Billiglohn-Länder ab, es findet ein Ausgleich statt, der durch die Verteuerung der Transportkosten, die zwangsläufig kommen muss, und der durch den sich ebenfalls ausgleichenden Lebensstandard in allen Industriestaaten der Erde, zum Stillstand kommen wird. Dieser Prozess wird noch sehr lange Zeit in Anspruch nehmen. In den 1960er-Jahren war Japan so ein Industrieaufsteiger, inzwischen gehört es selbst zu den Verlierern der Globalisierung und es gibt noch viele Länder in der Welt, die an den >Fressnapf - Industrie< heranwollen. Eine kleine Hoffnung bleibt, - vermutlich wird der Brutal-Kapitalismus und in der Folge der Konsumrausch durch die endlichen Ressourcen gestoppt werden. Man wird bald und zwangsläufig nachhaltiger produzieren müssen, weil uns die Rohstoffe ausgehen. In Anschluss daran werden ebenso zwangsläufig die Waren wieder in der Nähe der dort lebenden Bevölkerung hergestellt werden. In dieser Phase, wo der globale Wettbewerb ausgeglichener verläuft, wird es darauf ankommen, welche Länder und Wirtschaftsregionen, denn die Nationalstaaten wird es dann nicht mehr geben, sondern erweiterte Wirtschaftszonen wie die EU, die USA und China. Entscheidend wird sein, wer es fertigbringt alle Arbeitskräfte die zur Verfügung stehen, gleichmäßig in den Arbeitsprozess einzugliedern, also diejenigen Zonen, die am wenigsten Sozial-Schmarotzer, Alte und Kranke mit zu versorgen haben, werden wieder die Nase vorn haben. Bildung, Ausbildung und Fleiß werden darüber entscheiden wie erfolgreich eine Region arbeiten und leben wird. Letztlich wird es auch darauf ankommen, ob es den Entwicklungsländern gelingt ihren Bevölkerungs-Überschuss einzudämmen. Gelingt dies nicht, wird der Verteilungskampf dazu führen, dass große Teile der Weltbevölkerung verelenden, weil die Naturgesetze nicht überlistet werden können und irgendwann gnadenlos zurückschlagen.

Leider hat unsere Regierung, wie die meisten Regierungen dieser Welt überhaupt kein Interesse an nachhaltiger Produktion. Würde man die Garantiezeiten heraufsetzen, gingen die Steuereinnahmen und die Beiträge für die Renten und Krankenkassen rapide zurück. Der Ausweg aus diesem Teufelskreis wäre ebenso logisch wie einfach, wenn man das Ganze betriebswirtschaftlich angeht. Zunächst müssten die Garantiezeiten nur langsam und schrittweise angehoben werden. Als Ersatz für die Sozialleistungen der Betriebe, müsste eine Bürgerversicherung eingeführt werden, in die jeder Bürger, der Einkommen hat, einzuzahlen hätte, also das >Schweizer Modell <. Da die Zahl der abhängig Beschäftigten immer mehr schrumpft, führt sowieso kein Weg daran vorbei. Diese Überlegung zeigt klar und deutlich auf, warum Regierungen immer mehr Wachstum predigen. Sie müssen immer neue und immer höhere Steuereinnahmen generieren um den Staatshaushalt zu finanzieren und werden sich diese lustig sprudelnde Geldquelle, mit der sich das Gemeinwesen finanziert, nicht selber verstopfen.

Gleichzeitig müssen die sozialen Verhältnisse und das Gesundheitswesen für die Menschen verbessert werden. Die überschüssigen Arbeitskräfte könnten für soziale Aufgaben und in eine Erhaltungswirtschaft für die Infrastruktur, in der Alten- und Behindertenpflege, in Bildungs- und Ausbildungswesen eingesetzt werden. Man muss den Leuten eben mehr zutrauen, statt immer neue hochwertige Qualifikationen für Arbeiten zu verlangen, die eigentlich jeder seit jeher beherrscht. Es würde genügen fehlendes Wissen durch Lehrgänge zu erweitern. Menschen dürfen nicht wegen ihres Alters zur Zwangs-Arbeitslosigkeit verurteilt werden, stattdessen sollte man ihre Lebens- und Berufserfahrungen besser nutzen.

Es zeigt sich immer mehr, dass wir einer rasanten Überqualifizierung nicht mehr entgehen können. Der Wahnsinn nimmt Anlauf, Firmen stellen selbst für relativ einfache Arbeiten nur noch Abiturienten ein. Überqualifizierte mit Doktorgraden verstopfen die Agentur für Arbeit und sind nicht mehr vermittelbar. Wo soll das hinführen, wenn man zunächst viel Steuermittel in die Schul- und Universitäts-Ausbildung steckt und hernach noch die arbeitslosen Akademiker mit Steuermitteln über Wasser halten muss? Bildung ja, aber bitte nicht zu viel und zu lange auf Kosten der Allgemeinheit und als Selbstzweck. Man sollte stattdessen ein lebenslanges Studium für alle, die sich weiterbilden möchten möglich machen, auch für die, die sich während ihrer Berufsausübung akademisch weiterbilden wollen. Wo soll das hinführen? denn letztlich benötigt man auch noch weniger qualifizierte im Handwerk und im Dienstleistungs-Sektor. Der gesamte Bildungs- und Weiterbildungsprozess muss überprüft, verbessert und den veränderten Lebens-Bedingungen angepasst werden. Immer mehr junge Menschen machen heutzutage unbedingt „ihr Abitur", ohne diesen Leitungsnachweis bekommt man kaum noch einen Job. Ohne Studium ist man ein „Niemand". Damit man nicht auf die Verlierer-Straße gerät, stopfen sich viele ihr Gehirn mit Spezial-Wissen voll, das sie nie mehr in ihrem Leben brauchen werden. Außerdem ist die Spezialisierung soweit fortgeschritten, dass viele Fachbereiche zusammenarbeiten müssen, um für ein Problem eine Lösung zu finden. Studium wird mit Intelligenz-Zuwachs verwechselt. Eine totale Fehleinschätzung, der wir alle unterliegen, indem wir den Studierten bewundern und gesellschaftlich zu hoch bewerten. Um zu verhindern, dass jährlich tausende Studenten einen für sie ungeeigneten Studiengang absolvieren und teilweise das Fachgebiet wechseln, sollte man einen Studienzweig „Allgemeinbildung" einrichten, der querbeet von allem etwas umfasst, was die Breite aller Studienfächer ausmacht. Mit dieser Qualifikation könnte man sich leichter für ein spezielles Fachstudium entscheiden oder ins Berufsleben gehen. Was die Doktorgrade wirklich wert sind, weiß man spätestens, seit einige mit ihren Doktor-Arbeiten aufgeflogen sind. Damit erhebt sich die Frage:

Ob wohl der Doktorgrad im Sinne des Erfinders lag? Rei©Men

Vor langer Zeit musste eine Doktorarbeit etwas Neues erarbeiten, etwas, dass es noch nicht gab. Eine Idee, eine Erfindung oder Entdeckung machen und veröffentlichen. Da erhebt sich doch die Frage, woher soll für die vielen Doktoren, die heute am Fließband produziert werden, immer neuer Wissensstoff herkommen, der weiter zu entwickeln wäre, aber auch hochkarätig genug sein muss, um die Doktorwürde angemessen zu bescheinigen?

Von reichlich Arbeit wird niemand reich,
in einer Welt, in der ehrliche Arbeit nichts mehr zählt,
und jeder nur seinen eigenen Vorteil wählt.

Rei©Men

Einen großen Schuldanteil an dieser Fehlentwicklung tragen die allzu progressiven BWL- und die Managerausbildungen. Erst seit viele dieser jüngeren „Fachleute" in die Führungsebenen der Wirtschaft Einzug gehalten haben, sind diese Dummheiten begangen worden. Inzwischen hat man bemerkt, dass nur eine gute Durchmischung von jungen dynamischen und alten erfahrenen Mitarbeitern den betrieblichen Erfolg eines Unternehmens gewährleistet. Wenn ältere ihre Erfahrungen an jüngere Menschen weitergeben, kann daran ja nichts falsch sein, denn so funktioniert die Welt seit Millionen von Jahren. Unser heutiges Berufs-Kastensystem muss dringend überdacht werden. Man muss alle in den Menschen schlummernden Talente wecken, sie fördern, weiterentwickeln und sie an geeigneter Stelle nutzen. Vor allem müssen alle mitgenommen werden in dem großen:

Gesamtbetrieb - Bundesrepublik

Der ehrliche Kaufmann war gestern. In heutigen Manager-Schulen und in der Ausbildung zur Kauffrau- Kaufmann, kommt Berufsehre und Ethos nicht mehr vor. Firmen geben für die Werbung Milliarden aus, die anscheinend immer noch den Umsatz erhöhen, ich bin je-

doch der Meinung, dass dieses Geld sinnlos ausgegeben wird. Aufgeklärte Verbraucher glauben der Werbung keinen einzigen Spot mehr. Im Gegenteil, sie schalten die Werbung ab, schon deshalb, weil sie nur noch nervt. Da hat einmal ein gutmeinender Gesundheitsminister - oder, wenn ich mich recht erinnere eine Ministerin, wer ist nicht mehr feststellbar, ich habe nach einer Stunde aufgegeben zu googlen, - den Gesetzestext entwickelt, der uns nun tagein, tagaus Milliarden Mal um die Ohren gehauen wird:
„Zu Risiken und Nebenwirkungen fragen sie ihren Arzt oder Apotheker."

Der hat sich so tief in die gequälten Gehirne der Fernseh-Zuschauer eingebrannt, dass man ihn weglassen könnte, er ist sowieso wirkungslos und unnötig wie ein Kropf, denn die Werbung von Arzneimitteln ist sowieso gesetzlich geregelt. Stattdessen sollte man in die Verbraucherschutzgesetze einen anderen Satz schreiben, nämlich einen, der vor den lügenden Werbespots warnt:
>Werbung kann in einem Hirnareal, dem Amygdala, einen unkontrollierbaren Kaufanreiz auslösen, prüfen sie deshalb genau, ob sie Ware überhaupt benötigen< Die Folge dieser gravierenden Fehlentwicklung, kann man am besten daran erkennen, wieviel Fernsehsendungen, sich mit dem Thema Verbraucherschutz und Aufklärung befassen. Das Pseudomarketing verbreitet sich nicht nur in der BRD, sondern auf der ganzen Welt rasant und in einem solchen Ausmaß aus, dass man es inzwischen als Gehirnwäsche bezeichnen muss. Das nimmt inzwischen Formen an, die den Verbraucher mit Informationen überschwemmt, die eigentlich keine sind, weil er im Sekundentakt nicht in der Lage ist das Produkt, welches beworben wird, aus dem Wuscht der Informationen herauszufiltern. Das heißt, er weiß überhaupt nicht, was beworben wird oder was er kaufen soll. Das Schlimme ist dann noch, dass im Minutentakt die Zimmer-Lautstärke der Sendungen exorbitant angehoben wird, ich nenne das Nötigung und Gesundheitsschädigung. Was mich wundert ist, dass noch niemand den Klageweg beschritten hat, wenn die Sender ständig die eingestellte Zimmer-Lautstärke ungefragt überhöhen, so dass man Ohrenschmerzen bekommt oder mit der Zeit schwerhörig wird.

Hinzu kommt der gewaltige Verbrauch an Lebenszeit, darüber hat sich auch noch nie jemand ernsthafte Gedanken gemacht. Rechnet man nur den täglichen Werbemüll, der über die Menschen mit Plakaten, Radio, Fernsehen und Internet, E-Mail etc. und Smartphone ausgeschüttet wird zusammen, kommt man täglich auf eine halbe Stunde Zeitstehlen, eine unwiederbringliche Lebenszeit, die sich im Laufe eines achtzigjährigen Lebens auf:
366 Tage x 0,5 h = 183 h im Jahr x 80 Jahre = 14.640 h ./. 24 h = sage und schreibe 610 Tage summiert, also fast zwei Jahre in denen ich mir diesen Zivilisationsmüll, anhören und ansehen muss. Die Werbewirtschaft rechnet vor, dass mit einem für Werbung ausgegebenen Euro die zehnfache Summe verdient wird. Das ist wohl richtig, wenn man ein neues Produkt, das niemand kennt, auf dem Markt bringen will. Die Werbeindustrie verspricht, dass man mit langfristiger Werbung, eine neue Marke oder ein Label aufbauen kann. Haben sie erst mal einen Namen, kaufen ihnen die Leute alles ab, egal ob sie es brauchen oder nicht. Damit sind wir dann wieder beim Ressourcenverbrauch, unnötige Werbung initiiert unnötigen Zivilisationsmüll, der die Umwelt belastet.

Erst vor ein paar Wochen wurde schon wieder so ein Monster geboren. Sucht man im Computer irgendein Produkt oder eine Information, muss man zustimmen, immer wieder zustimmen, dass man mit den Geschäftsbedingungen einverstanden ist und dass das Programm cookies verwendet. Diesen Unsinn muss ein Geisteskranker erfunden haben. Hat denn jemals jemand eine Geschäftsbedingung gelesen, es sei denn, dass es um einen sehr wichtigen Vertrag geht? Man hat den Eindruck alle sind einem Idiotenvirus zum Opfer gefallen oder haben cookies im Hirn, die keiner mehr löschen kann. So werden Milliarden Arbeitsstunden, sinnlos mit Zustimmungen vergeudet und niemand gebietet diesem Wahnsinn Einhalt.

In unserer Gesellschaft wird zu viel an der Produktivitäts-Verbesserung gearbeitet. Ja klar, man hat Konkurrenten, die man abhängen muss. Dadurch entsteht für die Arbeitnehmer ein zu hoher Leistungsdruck, der auf Kosten der Gesundheit ausgetragen wird. Auch klar ist, am Ende der Kette von Grundlagen- und Produktfertigungs-Industrie kommen immer billigere Produkte heraus, welche nicht mehr lange halten. Würde man „menschlicher" der Leistungsfähigkeit angepasst produzieren, könnte man mehr Menschen beschäftigen. Das ist eigentlich die Aufgabe der Gewerkschaften, die in den letzten Jahrzehnten alle Verbesserungen, die in einem Jahrhundert erkämpft wurden, wieder verspielt hat. Diesen Vorwurf kann man ihnen nicht ersparen. Letztendlich ist auch dieser Prozess ein Nebeneffekt der Globalisierung. Die Gewerkschaften ließen sich immer wieder von den Arbeitgebern erpressen, denn diese drohten regelmäßig die Produktionsstätten ins billigere Ausland zu verlagern. Natürlich musste auch die Arbeitgeberseite auf Konkurrenzfähigkeit bedacht, der Globalisierung ihren Tribut zollen. Alle Dinge haben eben ihre zwei Seiten, denn auch diese Verlagerungen hatten nicht nur Vorteile, das hat inzwischen auch die Industrie mitbekommen und holt die Arbeitsplätze wieder "heim", weil man erkannt hat, dass die kurzen Wege zu besserer Qualität der Produkte und zu reibungsloseren Arbeitsabläufen führen. Letztlich auch, weil es auch viel weniger Reklamationen gibt, die im Endeffekt sehr teuer werden können.

In einer Jäger- und Sammlergruppe, die es ja in Teilen Afrikas und Brasiliens noch gibt, bleibt auch keiner außen vor. Alle müssen entsprechend ihren Talenten und ihrem Können ihr Scherflein zum Gemeinwohl beitragen. Das gilt auch für unsere Volksgemeinschaft: Alle müssen ihren Beitrag leisten, vor allem sollte man einen Staat immer als volkswirtschaftliches Ganzes betrachten, ähnlich einem Ameisen- oder Bienenstaat, nur so kann die Wohlfahrt für alle gelingen. Bei uns aber, triumphiert der Egoismus in sehr ausgeprägter Form, jeder verteidigt sein Revier und sieht nicht das große Ganze. Wir haben eben viel zu viele Einzelhaushalte und jeder Kämmerer sieht nur seinen Eigenen, an dem gespart werden muss, damit man nicht „auf den Hund kommt". Ein Ausdruck aus dem Mittelalter, damals hatte man einen Hund auf den inneren Boden der Schatztruhe gemalt und wenn man ihn sah, war das Geld ziemlich alle.

Die Staatsmacht ist eine Interessengemeinschaft der Machtbesessenen, die sich gegen die Interessen der Ohnmächtigen richtet, die alle glauben in einer Demokratie zu leben.

Rei©Men

Ohne den in die Ablage der Geschichte abgehefteten dirigistischen Sozialismus huldigen zu wollen, sollte man der sozialen Gerechtigkeit eine breitere Basis schaffen. Natürlich müssen Unternehmer die ihr Können, ihr Kapital, ihre Arbeitsleistung einsetzen und das volle Risiko ihres Unternehmens tragen den Löwenanteil bekommen, aber Löwen können sich auch nur den Bauch vollschlagen, alles Mehr ist zu viel und schlecht zu verdauen. Die Freiheit welche die FDP predigt, ist immer die Unfreiheit der Anderen, dabei bleiben die Schwachen in der Gesellschaft auf der Strecke. Diese Geisteshaltung ist mit unserer überkommenen christlich-humanistischen Gesellschaftsform unvereinbar.

Ein Umdenken würde die Beendigung des überflüssigen Wachstums bewirken, Ruhe in den Verteilungskampf bringen und der Erhaltung des inneren und äußeren Friedens dienen. Mit einer dosierten Importbremse aus den fernöstlichen Billiglohnländern könnte man die weitere Abwanderung von Produktion- Produktionsstätten und den Technologie-Transfer dorthin stoppen. Dieser Ausgleichsmechanismus würde das Wohlstandsgefälle in ruhigere Bahnen lenken und die inzwischen eingesetzte Verarmung der alten Industrieländer, vor allem in Südeuropa verhindern. Die unkontrollierte Globalisierung in ihrer heutigen Form hinterlässt nur Verlierer. Zurzeit sind es die südlichen EU-Länder, aber auch in der BRD wird der Wegfall der Handelsschranken auf Dauer immer mehr Arbeitsplätze kosten und die Industriebrachen vergrößern. In den Entwicklungsländern hinterlassen sie Wüsten in den sozialen Strukturen und ökologische in der Umwelt. Mit gesetzlichen Maßnahmen könnte man aber diesen Ausgleichsprozess über ein paar Jahrzehnte ausdehnen, bis sich die Lebensverhältnisse angepasst haben, denn im Moment produzieren diese Länder, mit ihren Billiglöhnen auf Teufel komm raus Waren im

Überfluss, die sich ihre eigenen Arbeitnehmer nicht leisten können. Wenn dieser Prozess nicht verlangsamt und mit begleitenden Maßnahmen überwacht wird, werden schon sehr bald auch die Europäer sich diese Waren nicht mehr kaufen können.

Bestes Beispiel hierfür ist die überhastete EU-Erweiterung, sie hätte ebenfalls einen längeren Anpassungsprozess benötigt, ist aber zum Nachteil der EU-Mitglieder übers Knie gebrochen worden. Man sollte immer nach dem Grundsatz handeln, dass man Jahrtausende alte gewachsene Strukturen nicht abrupt verändern darf, wenn man nicht alles zerstören will. Niemand kann die Welt neu erfinden, man muss sie Schritt für Schritt verändern, Fehler korrigieren und Anpassungen vornehmen. Da fragt man sich, wo bleibt das konservative Element in der CDU-CSU, die ja nach ihrem eigenen Selbstverständnis so lange wie möglich das Überkommene bewahren will und sich nur zögerlich neuem zuwendet? Demokratie und Kompromiss als Staatskunst, sind leider nur eine Fata Morgana, der wir schon zu lange hinterher hetzen und sie nie erreichen werden. Man sollte sie durch die Betriebswirtschaftslehre ersetzen, dann müssen unsere Politiker bald beim Konkursrichter vorsprechen, denn sie liefern schon zu lange eine Bankrotterklärung nach der anderen ab. Politiker sind nun mal keine Geschäftsleute, sie denken in anderen Kategorien und in zu kurzen Zeiträumen.

Die Soziale Marktwirtschaft interessiert sich nicht mehr für die Interessen der Arbeitnehmer, ihr ist es völlig egal wie es Klein-Unternehmern geht. Selbst ihre ursprünglichen sozialen Ziele hat sie total aus dem Auge verloren. Sie dient eigentlich nur noch dem Wohlergehen des Kapitals und dem Machterhalt der politischen Parteien, die alles dafür tun um die Märkte auszuweiten und glauben diese veralteten Strukturen erhalten zu können. Gehen die Einnahmequellen = Steuern zurück, macht man Schulden ohne Ende. Um mehr Steuereinnahmen zu generieren wird die Überschuss-Produktion weiter angekurbelt, die Industrie schreit dann wieder mal nach mehr qualifizierten Arbeitskräften, die man ins Land holt, obwohl die Infrastruktur und die Aufnahme-bereitschaft der Bevölkerung dafür nicht mehr vorhanden ist. Schon nach kurzer Zeit gibt es wieder einen Zusammenbruch, das Schneeball-System kollabiert, eine neue Krise erschüttert die Weltwirtschaft, beim letzten Mal durch eine Zocker-Bankenkrise ausgelöst. Jetzt kommen die selbsternannten Retter und retten die Banken, statt sie für ihre Misswirtschaft zu bestrafen und sanieren das ganze Desaster auf Kosten der Sparer. Man hätte statt der Banken, die Geldanleger retten sollen. Es wäre besser gewesen, wenn weltweit ein paar hundert Banken Konkurs hätten anmelden müssen, dann würden die Überlebenden heute etwas vorsichtiger operieren und sich auf ihre eigentliche Aufgabe konzentrieren. Der Volksmund sagt ja auch sehr treffend: "Lieber ein Ende mit Schrecken, als ein Schrecken ohne Ende". In der Wirtschaft passiert das jeden Tag und sie bricht deswegen auch nicht zusammen. Die Rettung der sognannten Systemrelevanten Banken war der größte Fehler unserer Zeit, der wie eine Erbsünde weiterwirken wird, wenn man nicht endlich eine Gleichbehandlung, wie sie in der Wirtschaft üblich ist zulässt. Letztes Beispiel dieser Art der Rettung war die Pleite des Baukonzerns Holzmann. Die Staatsverschuldung hat ungefähr die gleiche Dimension, wie die Guthaben auf den Konten der Sparsamen, kippt dieses Gleichgewicht ins Haben, geht es den Armen besser, kippt es ins Soll, haben wir einen Staatsbankrott.

Die wundersame Geldvermehrung

Der Staatshaushalt finanziert sich auf wundersame Weise wie ein Perpetuum Mobile. Die Kreditinstitute erhalten von den Zentralbanken ohne nennenswerte Sicherheiten zu leisten,
zinsgünstige Darlehen, die der Staat dann zurückleast. Im allgemeinen Sprachgebrauch nennt man dies ein Schneeball-System, oder wenn man so will, der Durchbruch zur Erfindung des Goldesels.

Die Regierenden finden immer plausible Erklärungen zum Schuldenmachen, nur bei den Gründen zum Sparen, sind sie nicht so kreativ.

Rei©Men

Man kann das Verhalten der Parteien am besten mit dem Eingreifen des Menschen als Regierung eines Bienenstaates vergleichen. Ohne den Imker wäre das Volk als größte Einheit dieser Spezies autark geblieben, es braucht den Menschen nicht. Der Bienenzüchter übernimmt nun die Regierung und manipuliert das Bienenvolk zu seinem eigenen Nutzen. Die Bienen schaffen fleißig Honig heran, der Imker nimmt ihn wieder weg, der Überschuss den sie erwirtschaftet hatten, würde ihnen eigentlich das Überleben garantieren. Nun ist der Vorrat weg, ein ärgerliches Brummen geht durch den Stock, alle wieder ran, sonst werden wir verhungern ist die Devise! So schaffen und schaffen sie immer weiter, der Imker freut sich über den Ertrag und vergrößert seinen Bienenbestand. In dem begrenzten Naturraum kommen immer weitere Bienenvölker dazu, aber die Ressourcen bleiben die Gleichen. Die Mensch- Regierung hält sich immer mehr Bienen-Untertanen damit sich die Honig-Überschüsse = Steuereinnahmen erhöhen.

Regierungen dienten noch nie dem Volke,
sie domestizieren es zu ihrem eigenen Nutzen.
Sie sind ein Interessenkartell, dass die Wähler
am Nasenring durch die Arena führt.
Die Politikverdrossenheit nimmt ihren Verlauf,
der Anachronismus breitet sich aus.

Rei©Men

Was kann man daraus ableiten? Der Mensch braucht eine solche Regierung nicht, die sich die „Untertanen" nur zum Zwecke der Erwirtschaftung von mehr Steuereinnahmen halten, wie der Imker seine Bienenvölker. Eine gute Regierung muss das Volk mitnehmen - in ihre Entscheidungen einbinden, sonst macht sie sich überflüssig. Inzwischen mischt sie sich in die allerkleinsten Bereiche des Menschseins hinein, entmündigt ihre Bürger und zerstört ihre Eigen-verantwortung. Im Altertum gab Moses mit dem Alten Testament seinem Volk zehn Gesetze. Die Gesetzeswerke heutiger Regierungen füllen Bibliotheken und verdoppeln sich alle zehn Jahre. Weil man den

Überblick verloren hat, braucht man für Entscheidungen und Verfügungen ein Heer von „Fachleuten" die dann einen heillosen Juristenkrieg entfesseln, der regelmäßig beim Verfassungsgericht als letzte Instanz landet. Ein unglaublicher Wirrwarr, der nicht zu entflechten ist, außer es kommt einer, der den gordischen Knoten durchschlägt: Einer der sich zum Diktator aufschwingt und den das Volk auch noch wählt, weil es das Affentheater satthat. Wie das endet, hat man ja im 20. Jahrhundert erfahren.

Die Versklavung der Menschheit wird mit Gesetzen und Verordnungen, von der Staatsmacht mit höchster Perfektion zur Vollendung gebracht. Dem Rechtsstaat ist die Gerechtigkeit abhandengekommen, weil man erst prüft, was sie kostet, bevor man sie anstrebt. Der Staat muss lernen, das gefühlte Recht, bei sich selber einzuklagen, sonst wird er unglaubwürdig.

Rei©Men

Sobald sich eine neue politische Partei etabliert, wird sie als Konkurrent um die Überschüsse = Parteifinanzierung betrachtet und von den anderen mit Vehemenz bekämpft. In der Presse diffamiert und in Talkshows lächerlich gemacht.

Mit den Patentrezepten der vergangenen 70 Jahre,
lassen sich die angehäuften politischen Katastrophen,
nur beheben, wenn man Querdenker mit der Reparatur beauftragt.

Rei©Men

Der Gedanke ohne Geld zu leben ist nicht neu, schon der griechische Philosoph Platon wollte das Geld abschaffen, Aristoteles meinte dagegen, man müsse von den Reichen höhere Preise für die gleichen Waren verlangen, als von den Armen. Neu ist aber die Erkenntnis in Zukunft zwangsläufig ohne Geld auskommen zu müssen. Wer soll denn die vielen, meistens völlig überflüssigen Produkte kaufen, wenn niemand mehr genug Geld verdient? Fest steht, es wird immer weniger Arbeitsplätze und immer weniger Möglichkeiten geben,

Geld zu verdienen. Die Arbeit wird von Automaten gemacht werden, das ist nur noch eine Frage der Energiekosten. Wird diese billiger, fallen Arbeitsplätze weg, den Rest besorgt der internationale Konkurrenzdruck. Henry Ford, der Erfinder des acht Stundentages, des Mindestlohnes und der Gewinnbeteiligung der Arbeitnehmer, sagte einmal sinngemäß: Jeder meiner Arbeiter soll so viel verdienen, dass er sich die Autos die er baut auch kaufen kann. Ein weiser Mann, der diese einfachen Zusammenhänge schon vor hundert Jahren erkannte und danach handelte.

Die Fabrik der Zukunft, wo vorn die Rohstoffe angeliefert werden und hinten die fertigen Produkte zum Versandt kommen, ist nicht mehr fern. Die Spitze dieser Entwicklung bildet der 3-D-Drucker ab, eine technologische Revolution in der industriellen Fertigung. Fast jedes Material, ob Plastik, Glas, Metalle und Lebensmittel können in kürzester Zeit und durch den Einsatz von IT (Informationstechnik) und Computern fast ohne Menschen produziert werden. In China werden inzwischen schon fünfstöckige Häuser mit den weltweit größten 3-D-Druckern industriell gefertigt! Dieser unglaubliche Rationalisierung-Schub wird in kürzester Zeit die meisten Arbeitsplätze vernichten. Übrig bleiben nur noch die menschlichen Operateure, die zum Erhalt der Produktionseinrichtungen benötigt werden. Aber auch diese werden wegfallen, wenn es gelingt Reparatur-Roboter zu entwickeln, die diese letzte Lücke schließen. Übrigbleiben wird nur der menschliche Erfindergeist, der es so weit gebracht hat, dass niemand mehr mit seinen eigenen Händen arbeiten darf, Handarbeit wird Luxus und zum Hobby werden.

Der Einzug der Elektronik in die Produktwelt, der Vormarsch der digitalen Revolution in der Wirtschaft und in den Büros, wird nach einer Studie des Weltwirtschaftsforums weltweit bis 2020 mehr als 5 - 7 Millionen Arbeitsplätze kosten. Man nimmt an, dass dadurch 2 Millionen Stellen mit neuem Anforderungsprofil entstehen. Macht unter dem Strich minus ca. 5 Millionen Jobs. Der Einsatz von immer mehr Robotern, 3D-Druckern, der Gentechnik, der Bio- und Nanotechnologie, wird zu immer mehr Umbrüchen in der Wirtschaft und bei den Geschäftsmodellen führen.

Leider stellt sich niemand die Frage wer den Output kaufen soll, wenn niemand mehr Geld hat oder verdient, wenn nur noch ein paar ganz Große auf dem Geldhaufen sitzen? Dann werden sie ihre Produkte und ihr Geld aufessen oder wegwerfen müssen, genauso wie die Betonwüsten (Betongeld) in denen kein Grashalm mehr wächst. Niemand wird die hohen Mieten noch bezahlen können. In den USA stehen inzwischen auf den Bürgersteigen tausende Zelte, in denen die Menschen hausen, weil sie keine bezahlbaren Wohnungen finden. Denkt man diese Entwicklung weiter, wird es auch bald keine Produkte mehr geben, weil die Ressourcen unserer geliebten Erde endlich sind. Jane Fonda 1937* Amerikanische Schauspielerin, prägte folgenden Satz: „Wir gehen mit dieser Welt um, als hätten wir noch eine zweite im Kofferraum". Ich würde es so formulieren: Das ganze System wird implodieren, sich durch die Überbevölkerung und den Raubbau von selbst erledigen. Ich bin kein Armageddon-Prophet, aber diese Prophezeiung wird sich erfüllen, der >Turmbau zu Babel< ist im vollen Gange und die Spirale dreht sich immer schneller. Viele Menschen sind heute noch jung genug, um diese Entwicklung erleben und beeinflussen zu können. Mich, den Alten würde die Evolution in ein paar Jahrzehnten zu diesem erweiterten Themenkreis interessieren, denn allen philosophisch- humanistischen Gefühlen zum Trotz, ist es letztendlich die Überbevölkerung auf der Erde, die zu dieser dramatischen Situation geführt hat. Trotzdem glaube ich daran, dass die Menschheit noch einige Millionen Jahre überleben wird, dass sie sich weiter entwickeln wird, weil sie die Aufgabe, die ihr das Universum zugewiesen hat noch erfüllen muss. Doch davon mehr, weiter hinten im Teil 3 des Buches.

Eine weitere sehr wichtige Frage tut sich auf: Erst war der Tauschhandel, was kommt nach dem Geld? Das bürgerliche Grundeinkommen? Unter die Haut eingepflanzte Chips, oder Armbanduhren mit Überwachungsoptik, die nicht manipulierbar und unbestechlich für alle Leistungen eines Menschen, die er für die Gesellschaft erbringt speichert? Pluspunkte und Minuspunkte, je nachdem ob er Leistungen erbringt oder in Anspruch nimmt. Einen Teil der Pluspunkte könnte der Staat für seinen Erhalt gleich abziehen. Banken wären überflüssig, ebenso Aktien und Kapitalmärkte. Eine unendliche Vielfalt von Regulierungsmöglichkeiten würde sich auftun, man könnte für Radfahren, laufen und sportliche Betätigungen, die der Gesundheit dienen plus und fürs Autofahren minus vergeben. Für Bildung und Weiterbildung bekäme man plus, Bus und Bahnfahren ebenfalls plus und fürs Fliegen bekäme man Minus-Punkte. Kindererziehung und familiäre Leistungen, ja selbst das Aufheben von Müll würde mit plus belohnt, das Wegwerfen mit minus dotiert. Jede Lebensleistung eines Menschen würde belohnt werden. Man kann sich die Vielfalt der Regulierungs-Möglichkeiten überhaupt nicht ausdenken, doch, wenn man diesen Gedanken weiterverfolgt, wird man schnell zu dem Schluss kommen, sie wird für die Zukunft die einzige Möglichkeit sein, den Kapitalismus in heutiger Ausprägung durch ein gerechteres System zu ersetzen. Wie dieses auch immer aussieht, werden kommende Generationen zu entscheiden haben, doch es wird langsam Zeit darüber nachzudenken. Manche werden, wenn sie das lesen Big Brother als Schreckgespenst an die Meinungsmacherfront malen, nur gemach, der hat sich längst eingeschlichen. Leider überwacht er die großen Zampanos des Geldadels überhaupt nicht und die möchten, dass alles so bleibt, sonst müssten sie ja ihr schönes Leben aufgeben.

In Schweden ist man schon weiter als bei uns, man bezahlt dort 90% aller Waren, Güter und Dienstleistungen mit der Scheckkarte – also mit Digitalgeld. Das hat natürlich den ungeheuren Vorteil, dass man Bargeld nicht mehr transportieren muss. Das macht Dieben, Einbrechern und deren Hehlern das Leben schwerer. Entwendete Wert-Gegenstände können nicht mehr so einfach weiterverkauft werden, weil der Weg des Geldes nachvollziehbar ist. Banken werden nur noch zu Digitalgeldverwaltern, es gibt sie heute schon z. B. die DKB Deutsche Kreditbank Berlin und andere Institute, ohne Filialen. Geldwäsche, Bargeldbestechungen usw. werden erschwert. Überfälle und Geldautomaten-Diebstähle sind auch nicht mehr möglich. Vielleicht sollten wir diesen bargeldlosen Zahlungsverkehr anstreben, er könnte sich für eine Übergangszeit in die geldfreie Gesellschaft als richtig erweisen. Allerdings ist dies ein weiterer Schritt in die gläserne Gesellschaft. Big Brother lässt grüßen. Er kann nur gegangen werden, wenn man dem Staat und den Hackern durch wirksame Schutzmaßnahmen das Schlüsselloch zuklebt. Hier sind die Cyber-Spezialisten aufgefordert sichere Verschlüsselungsmechanismen zu entwickeln.

Denkt man diese Erkenntnisse weiter wird klar, dass Geld nur ein Mittel zum Tauschen von Waren ist. Jeder vertraut darauf, wenn er Waren und Güter für ein Stück Papier weggibt, dass er von einem anderen den Gegenwert wieder eintauschen kann. Versammelt sich zu viel Tauschkraft = Geld - in der Hand von Wenigen, sinkt die Kaufkraft, man redet dann von Inflation, für das Tausch-Papier bekommt man nichts mehr, jeder behält dann lieber seine realen Waren und Güter. Das dieses System immer noch leidlich funktioniert, verdanken wir nur dem Umstand, dass das meiste Tausch-Papier oder Giralgeld in Industrieanlagen, Gebäuden und Infrastrukturen eingefroren ist. Solange dieses System ausgewogen ist, d.h. das Eigentum sich in vielen Händen befindet, funktioniert es einigermaßen. Was passiert, wenn Banken das Tauschmittel Geld, welches sie von ihren Kunden bekamen in Beton verwandeln, den keiner mehr braucht, haben wir beim letzten Bankencrash erfahren. Inzwischen heizt der EZB Chef Draghi die Inflation im Alleingang weiter an, niemand gebietet ihm Einhalt. So geht die Abwärts-Spirale für den Euro in die letzte Runde, denn das Aufkaufen von Staatsanleihen - richtiger Staatsschulden ist genauso idiotisch, als würde man Feuer mit Benzin löschen wollen.

Werfe niemals gutes Geld schlechtem hinterher,
sonst siehst du beides nimmermehr.

Rei©Men

In ferner Zukunft würden Banken völlig überflüssig werden, zuvor jedoch müsste der Mensch lernen, wieder mit der Natur in Einklang zu leben so wie die Tierwelt, die von den Ressourcen unserer Erde nur so viel verbraucht, wie sie zum Überleben benötigt und sie am Ende ihres Lebens wieder der Natur zurückgibt. Es könnte gelingen, doch ich glaube nicht daran, der Mensch ist ein sozialisiertes Raubtier und wird so weitermachen, bis er die Erde ausgeplündert hat. Wie sagte Jane Fonda: „Wir gehen mit dieser Welt um, als hätten wir noch eine zweite im Kofferraum.“

Die Legende von den Pfeilspitzen

Vor langer, langer Zeit, gab es einen Mann, der konnte wunderbare Pfeilspitzen herstellen, wie kein anderer. Doch im Schnitzen von Schäften war er nicht so gut, das konnte ein anderer besser. Noch einer verstand sich darauf die Schäfte mit den Pfeilspitzen zu verbinden und brachte den Pfeil dazu, mit hinten angebrachten Federn geradeaus zu fliegen. Eine schon etwas ältere Dame wusste wo und zu welcher Zeit man Kräuter und Tees sammelte und ihre Freundin war in der Lage unter der Erde verborgene Gewächse zu finden, die man gekocht essen konnte. Wieder andere gingen auf die Jagd und versorgten die Gruppe mit Fleisch. Jeder hatte zu tun und alle waren glücklich und zufrieden.

Weil alle zu ihm kamen und Pfeilspitzen haben wollten, machte der Pfeilspitzenhersteller nichts anderes mehr, warum auch, man gab ihm ja für seine Pfeilspitzen genügend andere Dinge, die er zum Leben brauchte. Nach einiger Zeit hatte er sich einen großen Vorrat Pfeilspitzen angelegt und auch von anderen Gruppen kamen Jäger, um sich mit seinen hervorragenden Pfeilspitzen zu versorgen. Also stellte er immer mehr Pfeilspitzen her und wurde reich, reich an Pfeilspitzen. Die Überschüsse an Lebensmitteln, die andere Gruppen gegen seine Pfeilspitzen eintauschten, verschenkte er an seine eigene Sippe. Die Jäger und Sammler seiner Gruppe wurden bequemer, gingen nicht mehr auf die Jagd, es reichte ja auch so, der Mann mit den Pfeilspitzen ernährte alle. Mit der Zeit hatten alle Jäger weit und breit genügend Pfeilspitzen, jedenfalls mehr als verloren- oder kaputtgingen und er konnte nicht mehr so viele Pfeilspitzen gegen Lebensmittel eintauschen. Zudem hatten andere bemerkt, dass man mit Pfeilspitzen viele Waren eintauschen konnte, ohne sich mit Sammeln oder auf der Jagd abzuplagen und zu verausgaben. Die Pfeilspitzen waren auch nicht mehr so viel wert, weil andere diesen Zusammenhang erkannten und nun ihrerseits anfingen Pfeilspitzen herzustellen. Man musste nun immer mehr Pfeilspitzen hergeben, um andere Waren einzutauschen. Also stellte man einfach immer mehr Pfeilspitzen her. Deshalb waren die Pfeilspitzen auf einmal immer weniger Wert, das war die erste Inflation der Weltgeschichte. Andere Jäger und Sammler hatten sich inzwischen auch einen kleinen Vorrat an Pfeilspitzen zurückgelegt, denn damit konnte man viele andere gute Dinge eintauschen, so z. B. Körbe oder schöne weiche Felle usw. Das Geld war erfunden worden.

Aus den Pfeilspitzen ist inzwischen Papier geworden, das eigentlich keinen direkten Gegenwert darstellt, es steht nur noch drauf, wie viel Pfeilspitzen es wert sein soll und dieses System funktionierte bis in unsere Tage. Dann kam der Herr Draghi, der musste nun nicht mehr mühsam Pfeilspitzen herstellen, er schrieb auf die Papierscheinchen immer mehr Pfeilspitzen drauf und oh Wunder, man musste sich nicht mehr abmühen um Pfeilspitzen herzustellen, auf die Jagd gehen oder Felle gerben.

Weil das Herstellen von Pfeilspitzen sehr mühsam ist, erfand jemand eine Maschine, die viele Pfeilspitzen machen konnte, ohne dazu einen Menschen zu benötigen. Eine andere
Maschine konnte Tuche oder Schuhe herstellen, der Mensch musste nicht mehr so viel arbeiten und hatte mehr Freizeit. Endlich erfand man dann eine Maschine, sie konnte ganz ohne den Menschen fast alle technischen Waren, die man so benötigte, herstellen. Die Maschine stellte Autos, Waschmaschinen und, und überhaupt alles her, was Menschen benötigen. Man musste ihr nur sagen was man brauchte, dann bekam man die Waren sogar nachhause geliefert. Die Maschine ging manchmal kaputt, doch sie reparierte sich immer wieder selbst. Für die Herstellung von Waren, benötigte die Maschine jedoch viel Material, das wurde nun wiederum von anderen Maschinen aus der Erde ausgegraben oder aufbereitet, damit es die große Maschine verarbeiten konnte. Nun sagten die vielen kleinen Maschinen zu der Großen: „He du, was gibst du uns eigentlich für unsere Mühe, ohne uns bist du nichts."

Da sagte die große Maschine zu den Menschen:
„He ihr da, ich gebe euch alle meine Waren, was gebt ihr mir dafür,
ich muss die vielen kleinen Maschinen bezahlen, die mir das Rohma-
terial liefern.“

Nun sagten die Menschen:
„He, große Maschine, wir geben dir dafür Papier, das druckt der Herr
Draghi und wir haben unendlich viel Papier, da kann gar nichts pas-
sieren.“

Die große Maschine nahm das Papier, gab es den kleinen Maschinen
und alle waren eine Zeitlang zufrieden. Doch bei den kleinen Maschinen sammelte sich das Papier an und sie wussten nicht mehr wohin
damit, deshalb sagten sie zu den Menschen:
„He ihr da, wir haben viel zu viel Papier, wir wissen nicht mehr wohin
damit, aber ihr braucht es doch, ihr könnt es doch der großen Maschine wieder zurückgeben.“
„Ja“, sagten die Menschen, „immer her damit.“
Doch nun sagten die kleinen Maschinen:
„Was gebt ihr uns denn für das Papier?“
„Ja, das ist doch klar besseres Papier, das ist noch wertvoller, jedenfalls hat der Herr Draghi das draufgeschrieben.“ Dann drückten sie
auf den Knopf und befahlen der großen Maschine Papier zu drucken.
Die große Maschine begann nun nur noch Papier zu drucken und
seither druckt und druckt und druckt sie nur noch Papier, Papier, Papier, Papier, immer wertloseres Papier, ohne Ende, bis dann endlich
keine „Nullen“ mehr auf die Scheinchen draufpassten und wenn der
Herr Draghi nicht Ende 2019 aus dem Amt gejagt worden wäre, gäbe
es schon längst kein Papier mehr um Geldscheine zu bedrucken.

***

Damit kommen wir zu den sognannten erneuerbaren Energien, die sich ja nun dank eines neuen Umwelt-Verständnisses und dank der Grünen Partei langsam durchsetzen. Hier muss man sich klarmachen, dass alle Energie nur von unserem lebenspendenden Gestirn der Sonne ausgeht, egal in welcher Form, ob über die Fotosynthese der Pflanzen (Biomasse), aus der Windkraft, Solarthermie, den Sonnenkollektoren oder den endlichen fossilen Energiequellen, doch sie sind alle miteinander nicht unproblematisch. Ein vielversprechender Versuch ist zurzeit in der Erprobung. Man will mit Sonnenlicht, Wasser und Algen Biomasse erzeugen, um diese dann in Biodiesel oder Benzin umzuwandeln. Beim Algenwachstum wird CO2 gebunden und zusätzlich Sauerstoff erzeugt. Da Algen sich in günstiger Umgebung in einer Stunde um das Dreißigfache vermehren, ist diese Technologie nachhaltig und zukunftweisend.

Biomasse verrottete früher, nutzte neuem Wachstum von Pflanzen als Nahrung von Menschen und Tieren. Heute reduziert die Landwirtschaft ihre Lebensmittel-Produktion zugunsten der Biodiesel-Treibstoff-Produktion und zum Nachteil der viel wichtigeren Lebensmittel-Produktion, produziert zudem noch im Übermaß Futter zur die Tierhaltung für die Fleisch-Konsumenten. Ein Zuviel ist immer und in allen Dingen schädlich. Bei der Umwandlung von Biomasse = Tierfutter in Eiweiß = Fleisch, fällt leider sehr viel Gülle an, die dann im Übermaß auf landwirtschaftlichen Flächen verklappt wird. Die Folge der Überdüngung welche die Pflanzen nicht aufnehmen können, landet über das Regenwasser in Furchen, Rinnsalen, Bächen, Flüssen und zuletzt im Meer. Mit der Gülle fließt noch eine Mixtur von Medikamenten, hauptsächlich aber Antibiotika, die aus der Tierhaltung stammen, in die Flüsse und ins Grundwasser. Der aus der Massentierhaltung in die Weltmeere eingetragene Stickstoff führt zu vermehrter Algenbildung und zum Fischsterben. Ein Übriges tut noch der Plastikmüll, der über Flüsse ins Meer gepumpt wird und so kann sich selbst der gutgläubigste Optimist vorstellen, wann das System kollabiert.

Das dicke Ende der Solarflächen, die inzwischen halb Deutschland bedecken und bald auch noch die letzte Brachfläche in der Natur der Tierwelt entziehen, ist nicht kalkulierbar, denn bisher hat wohl noch niemand darüber nachgedacht, wohin man den Riesen-Schutthaufen lagern könnte, der unweigerlich anfällt, wenn die Wunderzellen die Altersschwäche befallen. Aber vielleicht kann man sie in der Glasindustrie recyceln?

Zu diesen Themen lesen sie besser die Erkenntnisse und Visionen von Chemie-Professor und Ökovisionär Michael Braungart und sein Cradle-to-cradle-Prinzip unter,
http://www.agentur-fuer-helden.de
http://www.youtube.com/watch?v=RyV1UGxVg6w,
der für die Probleme, die mit der Vermüllung unseres Planeten einhergehen, ein ganz einfaches Konzept entwickelt hat, das inzwischen weltweite Anerkennung fand. Hochkarätige Leute, wie Steven Spielberg, spendeten seiner Agentur für Helden zwei Millionen Dollar. Sein Konzept ist so einfach wie die Natur selbst: >Alles wird wieder verwendet<, das heißt für uns Menschen wird alles recycelt oder gleich so hergestellt, dass es wie Biomüll verrottet. Inzwischen haben große Firmen wie VW und andere Hersteller diese Ideen aufgegriffen und lassen sich beraten. Das Geheimnis ist die nachhaltige Produktion von Waren und Industrieerzeugnissen die nicht mehr so schnell kaputtgehen wie dies heute der Fall ist. Das Konstruktionsprinzip ist der Einbau einer leichten und einfachen Zerlegbarkeit. Alle verwendeten Material-Komponenten werden nummeriert, so kann man sie später viel leichter sortieren und einer Wiederverwendung zuführen.

Die inzwischen bis zu zweihundert Meter hohen Windräder werden zu dicht an den Wohnsiedlungen der Menschen platziert und verschandeln die Landschaft. An manchen Straßen stehen sie dicht bei dicht, irritieren, erschrecken und bedrohen mit ihrem Riesenwuchs den Autofahrer. Sogar auf Autobahnraststätten sind sie angesiedelt worden, niemand denkt daran, dass so ein Windflügel auch mal abbrechen und herunterstürzen könnte? Die Geräuschkulisse soll ja unerträglich sein, der Schattenschlag ebenso und alles zusammen macht die Menschen krank. Neuerdings kommt noch die Erkenntnis hinzu, dass die Windflügel einen Infraschall erzeugen, den nur Wale und Elefanten hören können, Menschen aber nicht. Man vermutet jedoch, dass er gesundheitsschädlich ist. Das wird von der Politik zwar abgestritten und als nicht vorhanden ausgeblendet, wer jedoch schon mal in einer Disko war, bekommt den Erregungseffekt im Bauchraum deutlich zu spüren, der von dieser Musik ausgeht. Dabei wäre die Lösung der Energieprobleme so einfach, wenn ja, wenn sich die Politik entschließen könnte Nägel mit Köpfen zu machen. Wozu haben wir die Europäische Union, die wir uns Milliarden kosten lassen, wenn man die Steuerungs-Ressourcen, die sie bietet nicht nutzt. Da sind unsere Politiker wohl hoffnungslos überfordert. Es fehlt ein Industrie-Manager, ein sogenannter Macher, mit umfassenden Vollmachten, der hätte das bestimmt schon lange auf die Reihe gekriegt.

Statt nur Sonne und Wind, müsste man auch den Gezeiten erzeugenden Mond als Energiequelle anzapfen. Statt der vielen die Vögel erschlagenden Quirls, könnte man in Meeresstraßen und vor den Küsten Gezeitenkraftwerke installieren, welche die Meeresströmungen ausnutzen, denn diese Strömung ist immer vorhanden, dafür sorgt der Mond mit dem auf- und absteigenden Meeresspiegel, einmal morgens und einmal abends in der anderen Richtung.

Statt im hohen Norden mit seinen schlechten Sonnenerträgen, sollte man Solarkraftwerke und Solarzellen im Süden Europas aufstellen und die Wind-Energie-Erzeuger im windreichen Norden. Nebenbei würde man noch tausende Arbeitsplätze in diesen Regionen schaffen. Aber weil Eifersüchteleien um die Arbeitsplätze im angeblich vereinigten Europa dies verhindern, entstehen die Solarzellen-Industrie-Arbeitsplätze in Fernost.

***

Vorwort

Die Auswirkungen der Massenkonsumgesellschaft auf die Globalisierung, der Euro und die EU-Erweiterungen.

In der Politik will niemand das volkswirtschaftliche Ganze des Staates zur Kenntnis nehmen, aber die BRD ist als Ganzes gesehen ein Volkswirtschaftsbetrieb und sollte auch so geführt werden. Was bisher in den Debatten völlig offen bleibt ist die Tatsache, dass auf Grund der Globalisierung Arbeitsplätze massenhaft nach Fernost verlagert werden. Jahrelang haben wir Süd- und Osteuropa industriell aufgepäppelt, kommt eine Krise wie der Banken-Crash, sind die Arbeitsplätze wieder weg. Was jetzt im Süden passiert, kommt langsam aber sicher auch auf uns zu. Ein weiterer, wichtiger Aspekt bleibt ebenso unerwähnt. Die Entwicklung zur Automation der Arbeitsprozesse wird bald auch noch die letzten Industrie-Arbeitsplätze wegrationalisieren. Dann nützen uns die best-qualifizierten Fachleute auch nichts mehr, denn die Kollegen Automaten, kaufen immer noch keine Produkte, wäre ja auch zu schön um wahr zu sein.

Der Autor lebt seit 1959 in der Bundesrepublik und hat alle Ereignisse in diesem Staat, seit Konrad Adenauer, selbst erlebt und war auch am Aufbau des Wirtschaftswunders beteiligt. Er ist kein Wissenschaftler, er benutzt nur seinen gesunden Menschen-Verstand. Fehler in seiner Einschätzung sollten ihm nachgesehen werden. Das Anliegen des Autors ist lediglich, Missstände im System zu benennen und Anregungen zu geben, auch wenn sie vielleicht nicht immer realisierbar sind.

Der Autor

Der Staat und die Politik:
Querdenken, umdenken oder untergehen

Die Regierungsformen

Seit es Menschen gibt, versuchen sie Gemeinschaften und Staaten mit Ordnungen und Gesetzen zu schaffen. Vergleicht man die bisherigen Ergebnisse mit anderen sich in der Natur gebildeten Staaten, z. B. den Ameisen, oder den Bienenstaat, müssen wir erkennen, dass unsere staatliche Organisation eigentlich nicht sehr weit vorangekommen ist. Als Entschuldigung wollen wir gelten lassen, dass die "Organisatoren" dafür zu wenig Zeit hatten. Erste Staaten entstanden vor ca. 5000 Jahren am Nil, Euphrat und in der Levante. Was sind schon 5000 Jahre, gegen eine Entwicklungsgeschichte von einigen Millionen Jahren, im Ameisen- oder Bienenstaat. Zugegeben, diese Insekten leben nicht im Bewusstsein von uns Menschen, denn angeblich haben wir ja einen Verstand? Aber immerhin sind die Insekten nicht arbeitslos, haben eine Behausung und meistens auch genug zu fressen. Und das Wichtigste, sie begehen keine Verbrechen, jedenfalls nicht wissentlich.

Einstein sagte einmal: „Nur das Universum und die Dummheit der Menschen sind unendlich, nur beim Universum sei er sich nicht so sicher". Wenn wir diese Erkenntnis in die Überlegungen mit einbeziehen, scheint es nicht verwunderlich, dass unsere Politiker es nicht fertigbringen, endlich einmal neue Wege zu gehen. Es fehlt ihnen nicht an Verstand, Einsicht oder Erkenntnis. Sicherlich haben sie auch Visionen, denn es kann ja nicht sein, dass unsere sogenannten Volksvertreter dümmer sind, als der Durchschnitt der Bevölkerung. Trotzdem verlassen sie die alten eingefahrenen Wege nicht.

Im Kaiserreich hielten die Herrschenden das Volk für dumm, aber sie meinten wohl eher, das Volk wäre nicht gebildet genug um weittragende Entscheidungen treffen zu können, deshalb erfand man die sog. „Wahlmänner". Die gibt es heute noch in den USA, also ist man dort auch nicht viel weitergekommen. Man hält das Volk immer noch für zu dumm, und traut ihm keine weitreichenden Entscheidungen zu, sondern überlässt sie lieber einem „klugen" Wahlmännergremium.

Diese Wahlmänner wurden und werden dann vom Volk gewählt und „wählten" dann ihrerseits den Reichstag bzw. die Parlamente, Senate usw. Von einer demokratischen Wahl konnte und kann da natürlich keine Rede sein, es war und ist natürlich nur eine Zustimmung zu einer Partei, statt zu einer Person, so wie es früher einmal war, da hoben sie ihren "Anführer einfach auf den Schild", schon war er gewählt.

Wie weit sind wir denn nun 100 Jahre später gekommen? Wenn wir richtig darüber nachdenken, nicht mal einen kleinen Schritt. Wir wählen eine Partei und dabei haben wir keine große Auswahl. Jede Partei schreibt sich andere Parolen in ihre Wahlaussagen und was sie alles machen werden, wenn wir sie wählen würden. Leider gibt es aber keine Partei, die alles was logisch erforderlich und notwendig wäre, auch tun würde. Alle notwendigen Änderungen, die durchgeführt werden müssten, vereinigen sich nie in einem Parteiprogramm. Daraus ergibt sich, sie können wählen wen sie wollen, am Ende bleibt alles beim Alten. Das Ganze nennt sich dann Demokratie, aber was heißt das nun überhaupt. „Demokratie": Volkswille? mitnichten. In der DDR war die Definition, „Diktatur des Proletariats". Das Volk stimmte nicht den Wahlmännern, sondern der Partei zu, und immer der gleichen. Was daraus geworden ist, ist ja bekannt. Eine Diktatur der Partei, die sich das "Volk zur Beschaffung ihres persönlichen Wohlstandes" domestizierte, wie die Bauern ihre Kühe. Immerhin war das schon ein gewaltiger Fortschritt gegenüber dem Feudalismus. Was heißt das für uns Heutige, die wir ja angeblich in einer Demokratie leben? Wir dürfen ja nur alle vier Jahre eine Partei wählen.

Da erhebt sich doch die Frage, warum nur eine Partei? Logisch wäre doch, wenn wir den Parteien Punkte zuordnen würden, um sie für

ihre Leistungen in der Vergangenheit zu belohnen, oder zu bestrafen. Wer die meisten Punkte bekommt, gewinnt die Wahl und wird Regierungspartei. Jene, die Zweite und Dritte werden, gehen in die Opposition. Partei und Opposition können sich zur Unterstützung kleinere Parteien in ihre Regierung oder in die Opposition holen. So wäre gesichert, dass sich keine Monsterregierungen mit 70 oder mehr Prozenten bilden. Oder, warum wählen wir nicht einfach eine Partei, die uns gefällt, weil wir in der Vergangenheit mit ihren Leistungen zufrieden waren und geben ihr für die nächste Legislaturperiode einen Aufgabenkatalog ins Pflichtenheft, den sie abzuarbeiten hat. Zum Beispiel könnte dem Wahlzettel eine Liste mit den aktuellen Problemen beiliegen, in der wir ankreuzen, was wir für richtig, oder anstrebenswert halten. Natürlich geht das nicht in der Wahlkabine, aber warum eigentlich eine Wahl mit Kreuzchen in der Wahlkabine? Das alles ginge doch über eine generelle Briefwahl viel billiger, oder wie wäre es mit dem Internet und eventuell würden dann auch wieder die Leute „zur Wahl" gehen, die zu faul sind, am Sonntag ins Wahllokal zu pilgern
oder aus Frust nicht mehr mitmachen. Ja, warum geht das alles nicht, es wäre doch so einfach: Weil wir als Bürger dieses Staates von den Regierenden immer noch für zu dumm gehalten werden, obwohl wir ja inzwischen einen Bildungsstand erreicht haben, der es uns erlauben würde mindestens 70 % der Bevölkerung in den Bundestag zu entsenden, weil sie den dafür erforderlichen geistigen Horizont hat, um ihre Arbeit dort gut zu machen.

Die Banken, die Börsen, die zu hohen Steuern, die zu vielen Menschen, die keine wertschöpfende Arbeit leisten. Jeder will nur noch studieren, mit Handy und Laptop im schicken Auto rumfahren, bloß nicht mit der Faust arbeiten, das ist anstrengend und wird schlecht bezahlt. Wer bewundert schon jemand, der in Schweiße seines Angesichtes seinen Lebensunterhalt verdient. Eigentlich brauchten wir ja überhaupt keine Wahlen zu veranstalten, man könnte auch aus dem Bundestag, der ja zu großen Teilen nur von Parteigängern mit ihrem Pöstchen-Geschiebe und altgedienten Parteisoldaten besetzt ist, die Abgeordneten ganz entfernen, und sie durch paritätisch nach

Bevölkerungsschichten ausgewählte Personen ersetzen, die einen repräsentativen Querschnitt der Bevölkerung darstellen, ähnlich der Bestellung zum Schöffen, oder Geschworenen vor Gericht. Was soll denn aus unserem Staatswesen werden, wenn uns statt der besten Köpfe immer nur hochgedienten Dummköpfe und Lobbyisten regieren, die doch nur ihre Zeit absitzen, wenn sie dann überhaupt zu den Sitzungen im Parlament erscheinen. Das ist ja manchmal die traurigste Veranstaltung, welche die Welt gesehen hat. Da sitzen oft nur 20 – 30 Abgeordnete herum und meinen „Große Politik" zu machen. Was wir brauchen sind Vordenker und keine Hinterbänkler. Hat jemand eine tolle Idee, stürzt sich bestimmt die ganze Meute "der visionslosen Obergescheiten" auf ihn und er wird öffentlich und geistig kastriert. So sieht die Realität in unserem Land aus.

Die Schweiz ist in Sachen Demokratie schon ein gutes Stück weitergekommen, dort werden alle wirklich wichtigen Entscheidungen dem Volk zur Abstimmung vorgelegt. Warum kann das bei uns nicht ebenso sein? Einfache Frage, schwierige Antwort. Wir das Volk, sind natürlich zu dumm, solche Entscheidungen zu treffen. Aber ich darf daran erinnern, in der DDR hielt man das Volk auch für zu dumm, war es aber nicht. Eines Tages hatten sie die Nase voll, vom für „Dummgehalten werden" und riefen: „Wir sind das Volk". Das kann jederzeit auch bei uns passieren. So könnte beispielsweise per Volksentscheid ermittelt werden, ob wir einen Krieg anfangen wollen, der dann kein Krieg sein darf? In Afghanistan wurde er dann zu einer „Verteidigung des Abendlandes am Hindukusch" verbrämt, na toll. Oder, ob wir eine Autobahnmaut wünschen, ob weiter Schulden gemacht werde dürfen, oder wie das Rauchverbot zu lösen ist, ob weiterhin sinnlos Geld in die neuen Bundesländer gepumpt werden darf, oder ob der Soli bzw. die Sektsteuer wegfallen sollten. Oder, ob wir die Pleitebanken auf Staatskosten sanieren möchten, usw. usf. Was meinen Sie, wie das Volk entscheiden würde? Eine Antwort erübrigt sich wohl. Trotzdem erhebt sich die Frage, warum tun die gewählten Volksvertreter nicht endlich mal das, was das Volk tun würde, wenn es regieren dürfte? Stattdessen tun sie nicht einmal, dass, was sie ihm vor den Wahlen versprochen hatten.

Weil das Volk nicht auf der Regierungsbank sitzt, müssen wie auf dem Basar, Kompromisse ausgehandelt werden. Gibst du mir das, kriegst du das dafür von mir. Kommt nun jemand neu und strotzend vor Energie in die Entscheidungsebenen, wird er sofort von den etablierten Bedenkenträgern niedergeredet, weil ja dies und dass, und überhaut alles anders ist und deshalb, und sowieso nicht so geht wie wir uns das denken. Am Ende weiß keiner mehr warum, weil alle reinreden, ob sie eine Ahnung von der Materie haben, oder nicht ist auch egal, wir haben ja eine Demokratie und da werden mehrheitliche Entscheidungen getroffen, wie die zustande kommen, weiß am Ende auch keiner mehr. Immer nach dem Motto: Wie sie wissen, wissen sie nichts, warum sie nichts wissen, werden sie auch gleich wissen. Wenn dann wieder mal das berühmte Kind in den Brunnen gefallen ist, will niemand dafür die Verantwortung übernehmen. Das Rückzugsmuster ist auch immer die Gleichen. Wenn so nach und nach die Einzelheiten bekannt werden, schasst man erst den Ressortleiter, dann den Staatssekretär, wenn Presse und Öffentlichkeit immer noch keine Ruhe geben, übernimmt man ungern die "politische Verantwortung". Muss mir nur noch jemand erklären, was das sein soll, für die oder den Betroffenen hat es jedenfalls keine nennenswerten Folgen, er oder sie kommt dann bei der Industrie als Lobbyist unter oder geht als Minister in die EU, steht in Wartestellung, bis sich die Aufregung gelegt hat, um dann wie Phönix aus der Asche bis zur Pension in den nächsten weichen Sessel zu fallen, mit einem Wort „Vetterleswirtschaft", wie der Schwabe sagen würde. Außerdem kenne ich keinen einzigen Politiker, der die Worte: „Verzeihung, ich habe mich geirrt", kennt!

Alles klar? Ja, mir schon und Ihnen doch wohl auch schon lange? Ja wenn wir dann mal was zu sagen hätten oder in die Regierung kommen würden, ja dann! Würden wir es auch nicht anders oder besser machen als unsere Vorgänger, soviel steht für mich felsenfest. Zum großen Teil liegt es auch am System, das heißt, welche Menschen in unsere Regierung und in höchste Staatsämter gelangen, ist eigentlich egal. Doch dazu später mehr. Nichts gegen die Väter der Verfassung. Das Problem ist aber, dass man im 21. Jahrhundert immer noch versucht unseren Staat wie zu Kaiserzeiten zu steuern und zu lenken, das kann nicht gut gehen. Ob sie es glauben oder nicht, siebzehn Menschen, (16 Landeschefs und ein Kanzler/Kanzlerin) bestimmen unser Schicksal, das hat bis heute wohl noch keiner bemerkt, sonst wäre es wohl nicht so weit gekommen. Da hätte ich dann doch lieber einen Regierungschef mit Beraterteam, der oder die, mit seinem/ihrem Kabinett entscheidet und sich nicht hinter den Ministerpräsidenten verstecken kann, die ja immer als Bösewichte herhalten müssen. Was tun wir uns da an, in jeder Affenhorde gibt es einen Chef und der beißt richtig zu, wenn was aus dem Ruder läuft. Wir versuchen mit den unzulänglichen Mitteln, die da sind: Demokratie und Kompromiss, einen Staat zu führen, andere haben das schon mit der Diktatur versucht und sind auch gescheitert. Statt wie „In Gottes Namen vereidigt" das Wohl des Volkes zu mehren, suchen und finden diese 17 Personen, mit ihrem Gefolge, wie auch immer den kleinsten gemeinsamen Nenner. Im Laufe der Debatten, wird der immer kleiner, wenn man dann endlich die wichtigsten Erkenntnisse weggeredet hat, sind alle furchtbar stolz auf sich: Mensch, wie haben wir wieder geschuftet - und verkünden den großen Durchbruch. Da sitzt nun schon der dritte oder vierte Strauß-Verschnitt in Bayern auf dem Thron und dem ist immer noch nichts Besseres eingefallen, als seine eigene Schwester-Partei fertigzumachen. Andere Möchtegern mitreden- und mitregieren Politmisanthropen, Besserwisser und die Presse, sieben fleißig den Sand aus, um ihn in das Regierungsgetriebe zu schütten. Macht ja richtig viel Spaß - Hauptaufgabe – sich selber profilieren und Deutschland fertigmachen.

Bei seiner Einstellung, in welchen Betrieb auch immer, muss der Bewerber erst einmal eine Qualifikation- und Eignungsprüfung ablegen, bevor er in die engere Wahl kommt wird. Politiker müssen überhaupt keine Qualifikation nachweisen, wer am besten reden kann, dem hören alle gern zu, egal was er für einen Unsinn redet. Manchmal hat man den Eindruck, im Bundestag sitzen, - meistens sind ja die Sitze leer - nur Leute, die erst reden und dann anfangen nachzudenken. Dann ist es schon passiert, plötzlich können sie von ihrer vorgefertigten Meinung nicht mehr runter, selbst wenn sie es möchten, oder ihnen bessere Einsichten den Geist erhellten, haben sie furchtbare Angst das Gesicht zu verlieren, halten deshalb wider besseres Wissen an ihrer vorherigen Intension fest - nur nicht zugeben, dass man sich geirrt hat. Bevor sie ins Amt „dürfen", sollten Politiker erst mal auf das Vorhandensein eines gesunden Menschenverstandes überprüft werden. Psychiater würden da mehr Egomanen, Profilsüchtige und Neurotiker entdecken, als wir es uns leisten können. Es scheint so, als ob sich nur Leute mit ausgeprägter Mobbing- und Ellenbogen Mentalität, in die höchsten Sessel boxen. Oft sind es hochgebildete, überdurchschnittlich intelligente Menschen, anscheinend aber mit einem Spezial-Gen ausgestattet, das immer dann aktiv wird, wenn sie im Oppositionssessel sitzen. Plötzlich wissen sie alles besser, was sie vorher selber in der Regierungsverantwortung falsch gemacht haben. Oder sie machen den Regierenden mit ihrer destruktiven Missgunst-Haltung das Leben schwer. Es ist wie bei einem Fußballspiel, nur die eigene Mannschaft darf gewinnen, klappt das nicht, wird der Trainer gewechselt. Tanzt einer aus der Oppositions- oder Koalitionsspur, macht man ihm unmissverständlich klar, dass er alle seine Aufstiegschancen verspielt. Wie soll bei diesem Missgunst- und Konkurrenzdenken im Namen des Volkes, eine konstruktive Politik für das Volk gemacht werden. Statt der Regierung beim Regieren zu helfen, laufen viele mit dem Fuchsschwanz in der Tasche herum, um nachzuschauen, wo ein Stuhl rumsteht, der noch keine Sägespuren aufweist. Manche denken Mitglied in einem Kegelklub zu sein, wo es darauf ankommt, möglichst viele Konkurrenten aus den Posten heraus zu kegeln. Weil sie sonst nicht viel zu sagen haben, gefallen sie sich vor den Fernsehkameras genüsslich darin, wieder mal einen Untersuchungsausschuss zu fordern, als wenn es in diesem kaputten Land nicht anderes zu tun gäbe, als die Streitkultur zu pflegen, egal was es kostet und als ob es nichts Wichtigeres zu tun gäbe. Leider gibt es zu viele, die erst mal losplappern, bevor sie etwas zu Ende gedacht haben. Der alte Spruch: "Erst das Gehirn einschalten, bevor man das Maul aufmacht", gerät immer mehr in Vergessenheit. Manche glauben oder fühlen sich verpflichtet, zu jedem Thema etwas sagen zu müssen, obwohl sie außer Destruktion nichts zum Thema beizutragen haben. Aber Dummheit und Ignoranz ist ja leider kein Straftatbestand. „Was kümmert mich mein dummes Geschwätz von gestern", sagte Konrad Adenauer. Der konnte es sich schon mal leisten dumm zu schwätzen, weil er fast immer das Richtige sagte.

Statt eines Untersuchungsausschusses, sollte man ein Regierungskritikgericht einführen, das alle Fehleistungen der Vergangenheit untersucht und Regeln für die Zukunft in einem Nachschlagwerk für Politiker und solche die es werden wollen, zusammenstellt. Man sollte Noten von 1 - 6 vergeben, dann wäre es noch nach Jahrzehnten möglich festzustellen, welche Politiker man eventuell „heiligsprechen" könnte. Da bleiben dann nicht sehr viele übrig. Damit würde dann auch den BGH entlastet, denn der muss ja zurzeit die schlimmsten Fehlentscheidungen der Politik korrigieren, leider ist dies aber der falsche Ansprechpartner, denn er sollte ja eigentlich das Grundgesetzt hüten, stattdessen mischt er sich immer mehr in das Tagesgeschäft ein. Politiker erbitten sogar hinter vorgehaltener Hand um Mitwirkung, denn sie haben Angst, falsch zu entscheiden und fürchten sich vor den militanten Grundgesetzhütern. Das heißt aber im Umkehrschluss, ein Gesetz, vor 70 Jahren im Schatten der Nachkriegszeit von alten Männern geschrieben, bestimmt unser Denken und Handeln im 21. Jahrhundert? Wie wäre es denn mit einer neuen, moderneren Verfassung für Deutschland?

Für manchen Politiker verschiebt sich die Wahrnehmung, er nimmt sich selbst und seine politische Kariere wichtiger als die Frage: Warum bin ich gewählt worden, was nützt es Deutschland, sondern was bringt mich in meiner politischen Kariere weiter. Wenn einer/ne Glück hat und länger in politischem Geschäft bleibt, glaubt er/sie unersetzlich zu sein. Die Machtbesessenheit hat das Gewissen zugekleistert. Schon nach vier, statt wie Andere nach 40 - 50 Jahren hat man ausgesorgt, deshalb sollte der Dienst am, und im Staat nicht so gut bezahlt werden, dann würden sich dort statt Berufspolitiker, eventuell mehr Idealisten tummeln. Deshalb sind Demokratie und Kompromiss als Staatskunst, leider nur eine Fata Morgana, der wir schon zu lange hinterher hetzen und sie nie erreichen werden. Man muss sie durch die Betriebswirtschaftslehre ersetzen. Würden sie in der Wirtschaft arbeiten, müssten unsere Politiker bald beim Konkursrichter vorsprechen, denn sie liefern schon zu lange eine Bankrotterklärung nach der anderen ab. Die Staatsmacht ist nur eine Interessengemeinschaft der Machtbesessenen, die sich gegen die Interessen der Ohnmächtigen richtet und alle glauben in einer Demokratie zu leben. Mit den Mitteln der weltweit sehr erfolgreichen Betriebswirtschaft betrachtet, sind wir wie jeder intelligente Mensch erkennen kann, eine Megapleite. Wenn wir unser gesamtes Gemeinwesen als Firma betrachten würden und nach kaufmännischen Prinzipien führen würden, wären wir meiner Meinung nach sehr schnell auf den Weg der Besserung. Als Grundsatz müsste aber festgelegt werden. Jedermann im Staat muss arbeiten und seine Pflicht an der Gesellschaft erfüllen. Dazu wäre es aber erforderlich, dass alte Zöpfe rigoros abgeschnitten werden. Man muss sich in unserer Zeit einmal ernsthaft darüber Gedanken machen, ob ein so komplexes Gebilde, wie sich ein Staat in der heutigen Zeit darstellt, noch mit den Mitteln des 20. Jahrhunderts steuern und regieren lässt.

Ein Parade-Beispiel sind die Fahrverbote in den Innenstädten, ein totales Staatsversagen. Leider fehlen in der ganzen Debatte wieder mal ein paar wesentliche Aspekte. Es gibt in der BRD das Eigentumsrecht. d. h. niemand, auch nicht der Staat darf Bürgern ihr Eigentum entziehen. Dieses Recht ist eng verknüpft mit dem Automobil und der Betriebserlaubnis, es auf allen Straßen der BRD zu benutzen. Wird dieses Recht entzogen, ist auch das Fahrzeug wertlos. Die Betriebserlaubnis ist meines Wissens nach unbegrenzt erteilt und kann nur entzogen werden, wenn die Betriebsbereitschaft z. B. durch die TÜV-Prüfung nicht mehr gegeben ist oder wenn damit Straftaten begangen werden. Das heißt, der Staat darf überhaupt keine Fahrverbote erlassen. Dann müsste er zuerst die Betriebserlaubnis einziehen. Tut er es trotzdem, muss er für alle Folgekosten aufkommen. Deshalb hütet er sich davor, macht sich einen schlanken Fuß und schiebt die Verantwortung auf die Autohersteller. Natürlich haben sie gelogen und betrogen! Das Schlimme daran ist, das es alle gewusst haben. Das Verkehrsministerium, die Regierung, die Autofahrer, aber keiner will nun, da das Kind „endlich" in den Brunnen gefallen ist, die Verantwortung für das Desaster übernehmen. Stellen sie sich einmal vor, jemand baut nach erteilter Baugenehmigung, genau nach den Vorgaben des Bauwesens ein Haus. Plötzlich wird die Baugenehmigung ohne Begründung entzogen, wer in diesem Fall haftet, ist wohl klar.

Die weiteren Folgen:

Stellen Sie sich vor, ein Vertreter, der mit Handels-Waren, in der ganzen BRD unterwegs ist, muss z. Z. in jeder Stadt eine Sondergenehmigung beantragen! und womöglich einklagen. Woher soll der wissen, wo sich überall Umwelt-Zonen befinden und ob seine Kunden in diesen Zonen ansässig sind. Der googelt den ganzen Tag um seine Tour zu planen und mehrere, um die Anfahrtsgenehmigungen von den Behörden zu bekommen.

Wohnmobile sind langlebige Fahrzeuge mit einer Lebensdauer von ca. 30 Jahren. Manche Fahrzeuge kosten über 100.000 €. Ich habe unseres vor 10 Jahren von gelb nach grün katalysiert, nun darf ich schon wieder nicht mehr nach Stuttgart fahren. Ich kenne einige Wohnmobilisten, die mit ihrer gelben Plakette an der Windschutzscheibe überall rumfahren und noch nie ein Strafmandat bekommen haben. Was riskieren sie schon: 38 Euro Geldstrafe, die lachen mich aus, weil ich mir für 3500,00 Euro einen Katalysator habe einbauen lassen. Man hat mich dreimal betrogen, einmal beim Kauf, da gab es noch gelbe Plaketten und das zweite Mal bei der Nachrüstung. Jetzt kommt ein drittes Mal auf mich zu, wenn ich in einer Umweltzone erwischt werde. Ich vermute mal, dass die Geschäftsleute schon mit den Zähnen knirschen, weil ihre Umsätze zurückgehen werden, seit ihre Kunden nicht mehr in die Innenstädte reinfahren dürfen.

Komischerweise hat sich das Fahrverbot noch nicht bis nach München herumgesprochen, da hört man bisher nichts von Fahrverboten, sondern manipuliert an den Mess-Stationen herum. Das Abendblatt München schreibt: >München ist die deutsche Stickoxid-Hauptstadt. Große Folgen für die Autofahrer hat das – bisher – nicht. Das könnte sich ändern. Wie berichtet, erwägt der Bayerische Verwaltungsgerichtshof (VGH) inzwischen sogar, Beugehaft gegen Mitglieder der Staatsregierung zu verhängen, um auf diese Weise härtere Maßnahmen zur Verbesserung der Münchner Luft zu erzwingen <. Den von Staat und Regierung verschlafenen Umweltschutz kann man nicht an einem einzigen Tag nachbessern, was wir brauchen, ist noch etwas Zeit und Geduld. Jeder Dieselfahrer weiß es nun, hat die Lektion gelernt und wird sich beim Neukauf ein besseres Auto kaufen. In zwei, drei Jahren laufen die meisten Leasing Modelle sowieso aus. Viele alte Diesel werden von den Besitzern gegen Elektro- Erdgas- und Wasserstofffahrzeuge ausgetauscht werden. Die alten Stinker, werden schneller von den Straßen verschwinden, als wir denken. Das erledigt sich von selber, denn die umweltfreundlichen Fahrzeuge kommen ja nun vermehrt auf dem Markt. Wenn dann noch ein paar alte Wohnmobile ziemlich selten durch die Stadt fahren, wird die Luftbelastung kaum beeinträchtigt werden.

Vor Zeiten hatten sich die Menschen nur um ihre Gruppe und um die Beschaffung von Nahrungsmitteln zu kümmern. Da reichten die „Zehn Gebote des Moses" um die Ordnung in der Gesellschaft aufrecht zu erhalten. In der heutigen vernetzten, multilateralen Welt, sind sie ein untaugliches Mittel um die Funktionalität zu gewährleis-

ten. Der Jahres-Papierverbrauch aller Deutschen mit DIN-A4-Blättern aufgestapelt, würde bis zum Mond reichen. Nimmt man alle Gesetze, Verordnungen, Vorschriften und Normen der EU zusammen, würde man sicher einen Berg von der Größe und Höhe des Monte Everest errichten können. Allein diese Vorstellung ist erschreckend, wen wundert es da noch, dass es weltweit kaum noch Wälder gibt? Ja, gibt es schon, es sind die Papierwälder, die wir angehäuft haben und täglich kommen alleine in der BRD-Milliarden DIN-A 4-Seiten dazu. Wo soll das hinführen? Wer soll das alles lesen, bzw. verstehen, dazu benötigen sie zehn Leben, zudem sind noch fast alle obengenannten Bürokraten-Ergüsse in einer unverständlichen Sprache geschrieben, die man in keiner Schule lernen kann. Selbst wenn man versuchen würde alles Geschriebene zu digitalisieren, der Trend dahin hat ja schon begonnen, wären die Datenmengen unüberschaubar. Hinzu kommen die Risiken, dass diese elektronischen Speicher durch einen "Elektromagnetischen Puls" vernichtet werden können. Es wäre also höchste Zeit nach neuen Speichermedien zu suchen, bzw. zu entwickeln. Auch die Natur hat ihre Datenspeicher entwickelt, die DNA auf deren Grundlage vermutlich alles Leben im Weltall beruht. Diese Wunderwerke arbeiten ohne das Zutun von Intelligenten Wesen, mit erstaunlicher Präzision, fast ohne Fehler und reparieren sich auf Grund der Dualität der Gene selbst. Bis es soweit ist, müssen wir uns mit dem Herkömmlichen begnügen. Um Papier zu sparen sollten wir dieses aber viel intensiver nutzen. Leider hängt man auch in diesem Bereich um Jahrzehnte hinterher. Es gibt in der EU eine Datenbank für Gesetze, Verordnungen, Vorschriften, Richtlinien und Normen:
http://www.eu-info.de/europa/eu-richtlinien-verordnungen/, die von jedermann kostenlos und ohne Zugangsbeschränkungen genutzt werden kann. Schauen sie mal hinein, alles ist kompliziert, kleinteilig, zerstückelt in abertausenden von Schriftsätzen, die nur Fachleute mit dem Fachwissen in ihren Spezialgebieten verstehen können. Allerdings habe ich so meine Zweifel, dass diese Buchstabenakrobatik überhaupt jemand versteht
oder nutzen kann.

Kostenrechnungen

Zunächst einmal muss die mittelalterliche Kleinstaaterei beendet werden. Es kann nicht sein, dass jeder Stadt- und Land-Kämmerer nur in seinen Säckel reinschaut und rechnet, wie er mit möglichst geringen Kosten durch die Saison kommt. Man handelt nach dem Credo, wenn wir kein Geld haben, müssen wir eben sehen, wo wir welches beschaffen können, und schon langt man wieder dem Bürger in die Tasche. Der hat ja von jeher Steuern bezahlt, aber wenn er dann den Staat braucht, wird er ein zweites Mal zur Kasse gebeten. In letzter Zeit ist es sogar vorgekommen, dass man aufgrund einer falschen Gesetzesänderung rückwirkend Steuern erhoben hat. Da muss sich keiner mehr wundern, wenn die Berliner Crew unglaubwürdig wird. Anscheinend ist ihnen außer dem sechsten und dem siebten, auch noch der achte Sinn, nämlich der Gerechtigkeitssinn abhandengekommen, bestes Beispiel dafür war die teilweise Abschaffung der Pendlerpauschale, die ein paar Jahre später wiedereingeführt wurde.

Beispiele gibt es da zuhauf. Gehen sie mal auf ein Amt und holen sie sich einen Ausweis, oder eine Genehmigung für irgendetwas, da kommen sie ohne ihren Obolus zu entrichten nicht wieder raus. Dabei haben die Steuerzahler die Verwaltungen, die Ämter und die Beamten schon mal bezahlt. Was die da machen, ist anscheinend schon so normal, dass keiner mehr drüber nachdenkt, warum das so normal ist. Natürlich kann sich niemand eine Baugenehmigung auf Kosten der Steuerzahler ausstellen lassen, aber die Polizei lässt sich ungeniert für Ihre Einsätze bezahlen und die Feuerwehr will bei unnötigen Einsätzen ebenfalls kassieren. Wo kommen wir denn da hin, wenn sich niemand mehr traut die Einsatzkräfte anzufordern, wenn es brennt, weil er Angst haben muss finanziell ruiniert zu werden. Bisher war die Devise: Die Feuerwehr lieber einmal unnötig zu rufen, bevor die ganze Stadt abbrennt. Ruft der Nachbar die Polizei, weil die Sirene einer Warnanlage heult, die kommt und stellt einen Fehlalarm fest, wird der Besitzer zur Kasse gebeten. Wenn es aber um

Veranstaltungen der Fußballligen geht, arbeitet die Polizei kostenlos, das nennt man dann Gemeinnützigkeit. Milliarden werden für unsinnige oder für Projekte verplempert, die wir uns nicht leisten können oder die unnötig sind, wie ein Kropf. Wenn man kein Geld hat, kann man eben keine Schlösser bauen wie in Berlin, oder muss Projekte zurückstellen. Musste denn in Berlin die Museumsinsel sofort und so pompös sein, oder musste man sofort nach Berlin umziehen, oder warum werden immer mehr Denkmäler und Stiftungen errichtet? Wer soll denn all diese Paläste instandhalten? Natürlich ist alles sehr wichtig, - schön und erhaltenswert, aber dann sollen die Initiatoren das bezahlen und für die Erhaltung aufkommen. Man kann dem Steuerzahler nicht immer mehr Wünschens- und Erhaltenswertes bezahlen lassen. Hätten unsere Altvorderen schon so gehandelt, würden wir heute in denkmalgeschützten Gebäuden ertrinken. Man muss auch mal was Altes wegwerfen können, das macht jeder Haushalt so. Wenn da nicht umgedacht wird, werden die nächsten Generationen, die mit der größer werdenden Schuldenlast sowieso nicht mehr fertig werden, diese Errungenschaften verkommen lassen müssen. Bestes Beispiel hierfür sind die baulichen Hinterlassenschaften der DDR, die dann bei der Abwicklung nicht einmal für eine DM weggingen. Unsere Berliner Crew redet immer von der Nachhaltigkeit, also, dann sollen sie mal anfangen nachhaltiger zu denken, nicht nur bei der Bausubstanz, sondern schon beim Bau von Gebäuden. Es gibt zwar tausende Bauvorschriften, aber keine einzige, die eine Nachhaltigkeit beim Bauen vorschreibt. Was heißt das? Wir wissen es alle doch niemand interessiert es, aber in einigen Städten und Gemeinden hat man doch gemerkt, dass die Betonarchitektur „a la Bauhaus der 6oziger Jahre", inzwischen Riesensummen für die Sanierung und Instandhaltungen verschlingen. Seitens der Architekten hat man nun endlich auch mitbekommen, dass unsere Breiten für Flachdächer ungeeignet sind. Es gibt viel zu viele und zu hohe Niederschläge. Die Folgen sehen wir, wenn Hallendächer mit den Regenfluten nicht mehr fertig werden,
oder durch Schneelasten einstürzen. Auf Kosten der Bauherren, werden von Architekten Fassaden zerstückelt und die Satteldächer in unendlich kleine Einheiten zerteilt. Innenliegende Terrassen, und

mit Fleiß kleine und kleinste Gauben, mit riesengroßen Angriffsflächen für das Wetter hergestellt, ohne die Folgekosten zu berücksichtigen. Alles was heutzutage im Bauwesen möglich ist, wird bis zu Exzess strapaziert. Da werden Altenheime an Hauptstraßen errichtet und jede freie Fläche in den Innenstädten muss sofort überbaut werden, komme was da wolle. Das Zauberwort heißt Investoren finden, Innenstädte „verdichten" egal, ob die Bewohner noch ein bisschen Wind abbekommen, oder Kinder einen kleinen Abenteuerspielplatz finden, der diesen Namen verdient. Inzwischen hat sich diese Bauwut verselbständigt, da werden in Kleinstädten mit 20.000 Einwohnern massenhaft Mediazentren, Baumärkte und Lebensmittelketten aus dem knappen Boden gestampft, manchmal so dicht beieinander, dass man die Orientierung verliert, in welchem dieser Mammutkästen, es was zu kaufen gibt.

Das Gesundheitswesen:

Nachdem das Gesundheitswesen zum Unwesen verkommen ist, mogeln sich die Politiker nur noch von einer Misere in die nächste. Jeweils die letzte Gesetzes-Änderung dieser Art, verschlimmbessert die Vorherige und bis zum katastrophalen Zusammenbruch dauert es nicht mehr lange, wenn man nicht bald „Nägel mit Köpfen macht". Allgemein ist doch bekannt, dass die Privatversicherten, das gesetzliche System subventionieren und gerade noch so über Wasser halten. Alle die aus der gesetzlichen Versicherung, aus welchen Gründen auch immer rausgefallen sind, dürfen nicht wieder rein. Alle die sich die Privaten nicht mehr leisten können, müssen nun zwangsweise von dieser aufgenommen werden. Was passiert ist ja wohl klar, die Mehrkosten die dadurch entstehen, müssen ebenfalls von den Privat-Versicherten aufgefangen werden. Ärzte sind gezwungen hier ihre Kosten einzufahren, sonst wären sie schon lange Pleite. Die Folge ist, dass den Privat-Versicherten die Kosten davonlaufen. Das ist unanständig, unmoralisch und letztendlich mit unserem Grundgesetz nicht vereinbar.

Der Gesetzgeber sagt, jeder kann sich ja bitte schön, den billigsten Privatanbieter raussuchen und wechseln. Sehr schön, nur musste man dies bis September 2008 tun, danach konnte keiner seine Altersrückstellungen in die neue Versicherung mitnehmen. Das neue Gesetz mit der Zwangsaufnahme, der Nichtmehrversicherten, kam aber erst 2009. Das Gesetz weiß anscheinend auch nichts davon, dass die Privaten nur jemand aufnehmen mögen, der jung und gesund ist. An Alten und Kranken haben die kein Interesse, das sind knallharte Kapitalisten, die müssen Geld verdienen und sie haben ihren Laden nicht aus sozialen Erwägungen gegründet! Außerdem sind da noch die Gesundheits-Prüfungen beim Arzt zu absolvieren, bevor man aufgenommen wird. Da erhebt sich doch die Frage, warum werden die Nichtversicherten nicht in die Gesetzliche aufgenommen? Weil die sowieso schon pleite ist. Man holt sich das Geld dort, wo man es vermutet. Das hat man ja schon bei der Deutschen Einheit so gemacht, es hat nur nicht richtig funktioniert und nun bastelt man an den Folgen herum. Bekanntlich ist das ja "Der Fluch der bösen Tat, die bis ins letzte Glied fortzeugend Böses gebiert". Was muss also getan werden? Felix der Schweizer Showmaster, hat es uns schon in einer Talkshow vor zehn oder mehr Jahren erklärt. In der Schweiz gibt es nur ein Gesundheits-System, in das alle je nach ihrer Wirtschaftskraft über die Steuern einzahlen. Warum machen wir das nicht auch so. Man könnte auch ganz elegant den Soli in eine Bürgerversicherung umleiten, das wäre schon die halbe Miete. Aber unsere Politiker leiden am Herzversagen, für die Schwachen und Minderbemittelten der Gesellschaft. Vieles könnte sich ändern, wenn man eine Quote von 30 % der Volksvertreter, die jetzt von den Parteien gestellt werden, nachhause schickt. Stattdessen sollten ähnlich wie bei den Schöffen, diese 30 % aus dem „gewöhnlichen Volk" rekrutiert werden.

Das Verkehrswesen

Was zeichnet einen moderneren Industriestaat aus? Eine intelligente Regierung, gute Verkehrswege, fortschrittliche Bahnen wie der Transrapid. Von deutschen Ingenieuren erfunden, fährt er nun in anderen Ländern, statt bei uns. Wir versuchen immer noch mit den Mitteln des 19. Jahrhunderts, dass überhaupt und absolut Wichtigste im Land, das Transport- und das Verkehrswesen, mit LKW`s, Bussen und altertümlichen Bahnen zu schaffen, das ist nicht nur lächerlich, nein es ist kriminell, denn fahrerlose automatische Beförderungs-Systeme entlang der Autobahnen sind schon lange von Deutschen Ingenieuren entwickelt worden, werden aber, warum auch immer nicht gebaut. Wären wir ein Wirtschaftsbetrieb, z. B. ein Autohersteller, würden die Bauteile nicht mehr von den LKWs just in time direkt ans Band geliefert. Sondern direkt von Zulieferer über vollautomatische Beförderungssysteme, direkt und ohne umzuladen an die Bandstraßen der Firmen, egal wo sie produzieren, geliefert. Mit einer solchen innovativen Kraftanstrengung, hätte Deutschland, ja ganz Europa auf Jahre hinaus wirtschaftlich die "Nase vorn". Die Autobahnen wären vom Schwerlastverkehr befreit, die Unfallzahlen würden zurückgehen und die Umwelt entlastet werden. Stattdessen versucht man den fahrerlosen LKW mittels IT gesteuerten Fahrassistenten auf der Straße einzuführen. Das nenne ich den "Bock zum Gärtner" machen, wenn schon IT, dann bitte richtig und konsequent. Die Container dafür sind schon vorhanden, man muss sie „nur noch auf eine Magnet-Schwebebahn setzen", um sie computergesteuert dorthin zu bewegen wo die Bauteile und die Waren benötigt werden. Für individuelle Transporte, bliebe dann immer noch der klassische Verkehr über die Autobahnen, mit dem LKW oder den privaten Verkehr erhalten.

Die Kommunikation

Die sog. Kommunikationssysteme, sind ja bis auf den Ausbau mit Glasfaserkabeln und DSL-Anschlüssen einigermaßen in Ordnung, aber die Organisation von EDV-Systemen macht den meisten Betrieben immer noch größte Zahnschmerzen, weil die Softwareschmieden mit ihrem Änderungswahnsinn und dem ungezügelten Gewinnstreben, mit allen Anwendern machen was sie wollen. Man überlege sich nur einmal was passieren könnte, wenn eine Terroristengruppe die Firma Microsoft in die Luft sprengen würde. Soviel Fantasie kann überhaupt niemand haben.

Entwicklungshilfe ins Ausland?

Wir sollten stattdessen lieber die Neuen Bundesländer entwickeln, da haben die nächsten Generationen noch genug zu tun, und dafür wird man im Ausland doch wohl Verständnis haben, wir können doch nicht alles gleichzeitig stemmen. So hart das klingen mag, in früheren Zeiten war man da nicht so zart besaitet, aber die heutige Generation, ist in dieser Frage sehr empfindlich. Die ganze Entwicklungshilfe haben die meisten Länder nur dazu genutzt, mehr in die Bevölkerungsexplosion zu investieren. Sie hat in kaum einem Land auch nur kleine Erfolge gezeitigt, aber wider besseres Wissen, macht man immer so weiter wie gehabt. Vor 70 Jahren gab es 1,3 Milliarden, inzwischen leben 7,3 Milliarden Menschen auf der kleiner werdenden Erde. Man kann sich leicht vorstellen, was in Zukunft passieren wird. Wenn nicht ein Wunder geschieht, werden immer mehr verhungern. Wenn es aber jemand wagt das auszusprechen, wird er gnadenlos verrissen. Es hilft aber alles nichts - Einstein hat entdeckt, dass die Lichtgeschwindigkeit als das Schnellste angesehen werden muss, was es gibt und das Ende der Menschheit hängt sehr eng mit den Naturgesetzen zusammen, die kann nichts und niemand überwinden.
https://de.wikipedia.org/wiki/Lichtgeschwindigkeit
So wie die Lichtgeschwindigkeit als unveränderbar gilt, werden auch Überpopulationen aussterben. Die Natur macht da keinen Unterschied zwischen Tieren und Menschen. Aber in unserer Gesellschaft ist dieses Thema genauso tabu, wie in früheren Zeiten das Thema Sex und dabei hängt alles zusammen. Sex ist Lebensqualität, die kann man nicht einschränken, aber man kann >verhüten<, nur so viel Nachwuchs zeugen wie man auch ernähren kann. Langsam wird es Zeit das Thema auf die Agenda zu setzen. Länder die ein unverantwortliches Bevölkerungswachstum haben, müssen in die Pflicht genommen werden, schließlich haben sie mit ihrer Überbevölkerung,

einen Großteil der Umweltverschmutzung und Ressourcenverknappung zu verantworten. Neulich war ein Afrikaner in einer Thomas-Gottschalk-Sendung, der sagte, dass sein Vater 60 Kinder hätte und darauf sei er sehr stolz. Deshalb glaube ich, dass sich auch in diesem Köpfen etwas ändern muss, denn der lebt immer noch in der Steinzeit. Es sind eben nicht nur die Industrieländer, die immer an Allem schuld sind, denn in Europa und in Nordamerika ist seit dem Kriegsende 1945 die Bevölkerung nicht mehr wesentlich gewachsen, sondern eher zurückgegangen. Nun schreien alle Politiker und solche die es auch sein möchten: "Wir brauchen mehr Kinder". Ich bin gegenteiliger Meinung, wir brauchen weniger, damit diese eine bessere Zukunft haben können. Man kann nicht immer alles auf die Bevölkerungspyramide schieben, Credo - wir vergreisen, man muss eben sehen, wie wir die Älteren bis zu ihrem seligen Ende begleiten können. Für die Betreuung haben wir doch genug Arbeitslose, die angelernt werden könnten. Dabei vergessen unsere Experten nämlich, dass uns die Technik immer mehr Handarbeit abnimmt und somit immer mehr Leute für andere Aufgaben frei werden, auf für mehr Freizeit.

Ein teurer Verschiebebahnhof

Ich weiß, dass ich in diesem Kapitel eine heilige Kuh schlachten muss, ich weiß auch, dass ich deshalb verlacht und schlimmer noch als paranoid bezeichnet werde. Aber genau deshalb, nennt sich mein politisches Essay ja auch umdenken und querdenken. Es hat im Laufe der Menschheitsgeschichte schon immer Vor- und Querdenker gegeben und viele wurden verlacht. Ich ordne mich gern in diese Reihe der verlachten und am Ende berühmten Vordenker ein, wenn es uns denn irgendwie weiterbringt. Eine der fürchterlichsten Folgen unseres so tollen „Bund- Länder-Systems" ist, dass die Kompetenzen in unendlich viele Befehlsebenen aufgeteilt sind und am Ende niemand mehr etwas zu sagen hat, wie man es im Moment bei der Bundesregierung sehen kann, denn sie wird von allen und jedem genötigt und erpresst. Bei der schweren verantwortungsvollen Arbeit, die für Familienleben und Freizeit keine Zeit lässt, sollten Kanzler auch ein bisschen Freude haben dürfen. Man beobachtet sie mit Argusaugen, und wehe, wenn sie etwas falsch machen oder den kleinsten Fauxpas begehen, dann fallen alle über sie her. Jeder Mensch, auch ein Bundeskanzler muss Erfolgserlebnisse haben, sonst resigniert er. Wir brauchen uns dann nicht wundern, wenn nur noch Fehlleistungen zustande kommen. Viel schlimmer ist die Zersplitterung der Kassen-Systeme in unserem Staat. Die Geldverschiebungs-Mechanismen sind so vertrackt, dass keiner mehr nachvollziehen kann wohin das Steuer-Geld verschwindet. Am besten kann man das erkennen, wenn man sich die Finanztransfers in die neuen Bundesländer ansieht. Das läuft in etwa so: Schon lange bevor eines der Neuen Bundesländer weiß, für was und wie viel Geld es benötigt, wird schon beschlossen wie viel es bekommen soll. Da erhebt sich dann die Frage, ist schon mal übriges Geld von da zurückgeflossen? Mitnichten, es wurde verbraten, egal wie unnötig und für was, sonst hätte es ja zurückgegeben werden müssen, ja und was nicht sein kann, darf nicht sein.

Ein Freund sagte einmal zu mir: "Als ich nach der ‚Wende‘ Richtung Westen fuhr, merkte ich am ruhigen Lauf des Wagens, dass ich in der BRD war. Heute ist es umgekehrt, wenn ich Richtung Osten fahre, merke ich, wenn es aufhört zu rumpeln, dass ich wieder in der alten Heimat bin!" Genau nach diesem Muster funktioniert unsere ganze Republik, dass glauben sie nicht? Jeder Bundes-Finanz-Minister, Landes-Finanzminister, bis zum allerkleinsten Kassenwart, arbeitet genau nach diesem Prinzip. Das Geld, welches er aus der Staats- oder Landeskasse bekommt, wird vergraben egal für was, egal ob sinnvoll oder nicht, bloß nichts zurückgeben. Diese Leute hocken drauf, als gelte es die Unschuld der Jungfrau von Orleans zu verteidigen. Sie tun so als wäre es ihr Eigentum. Das fatale dabei ist, dass die natürlichen und guten Eigenschaften des Menschen hier konterkariert werden und in sehr nachteiliger Weise unser ganzes Staatswesen bedrohen. Was können wir daraus lernen und was können wir dagegen tun? Meinen Vorschlag dazu, haben sie schon weiter oben gelesen, der betriebswirtschaftlich geführte Staat.

1. Alles Geld was der Staat einnimmt, muss in eine Kasse fließen.
2. Bevor es ausgegeben wird ist zu prüfen ob es wichtig, richtig und notwendig ist.
3. Es muss überwacht werden, ob die Mittel weisungsgemäß ausgeben worden sind.
4. Und das Einfachste, um dies zu erreichen, ist das Kassenwartsystem, das man schon vom kleinsten bis zum größten Unternehmen, über jeden Kaninchen-Züchterverein, und in jedem Haushalt, bis zum größten Konzern vorfindet.

Ich weiß schon was sie jetzt denken: „Der Mann hat doch keine Ahnung". Natürlich habe ich die nicht und wie dieses Ziel erreicht werden kann, müssen wir den Experten zur Bearbeitung überlassen. Ich möchte nicht in den Verdacht geraten etwas gegen die Neuen Bundesländer zu haben, aber auch hier kann man wunderschön beobachten, dass meine Rückschlüsse richtig sind. Jedes Jahr mokieren sich viele darüber, dass die gebundenen Fördermittel dort zu großen Teilen einfach in den Länderhaushalten verschwinden. Wenn sie mir nun beim Lesen gedanklich damit kommen, dass keiner diese Mammut-Aufgabe bewältigen kann, frage ich sie wozu es Computer gibt. Die SAP schreibt unserem Finanzminister bestimmt gern eine solche Software. Das Geld dafür wäre bestimmt nicht „zum Fenster rausgeworfen", wie bei so vielen Projekten unsere Regierenden.

Was braucht der Mensch zum Leben

Schiller schrieb vor über 200 Jahren in seinem Lied von der Glocke: >Jeder freut sich seiner Stelle, bietet dem Verächter Trotz<. Dies gilt auch heute noch unverändert. Ein Dach über dem Kopf, zu essen und zu trinken, Kleidung und Zufriedenheit mit seiner Arbeits- und Lebenssituation. Wir aber glauben mit einem Drittel der Bevölkerung alle anderen ernähren, kleiden und behausen zu können. Das war nicht immer so. In alten Gesellschaftsstrukturen hatte jeder irgendeine Beschäftigung, entsprechend seinen Fähigkeiten oder seiner Leistungskraft. Wobei Beschäftigung nicht mit Arbeitsstelle gleichzusetzen ist. Die Jungen schwangen die Sense und führten den Pflug, die Älteren waren im Stall oder im Haushalt für die Gemeinschaft tätig, jeder leistete zum Sozialprodukt seinen Beitrag, wie wir heute sagen würden. Natürlich bekamen viele für ihre Arbeit nur Essen, Kleidung, Unterkunft und eventuell ein kleines Taschengeld, aber ausgegrenzt wurde kaum einer. Heutzutage haben viele nicht mal mehr eine Wohnung, oder müssen mehr als die Hälfte des Einkommens dafür aufwenden. Den sozialen Wohnungsbau hat man abgeschafft, und die bestehenden Sozialwohnungen an Investoren verscherbelt, die nun die Gebäude verkommen lassen, aber fleißig jedes Jahr die Mieten erhöhen. Viele möchten eine Reichensteuer erheben und sie dann in den Neubau von Sozialwohnungen investieren. Ich bin der Ansicht, dass man die Progressionsstufen abschaffen sollte. An ihre Stelle müsste eine gleitende Besteuerung eingeführt werden, die von Mathematikern ausgetüftelt werden muss. Sie sollte so beschaffen sein, dass es auch für Höchsteinkommen keine Obergrenze der Besteuerung gibt.

Was ist also zu tun?

Zuerst brauchten wir eine Bestandsaufnahme, was wollen wir eigentlich für einen Staat haben. Den Ameisen, oder Bienenstaat? Ja, die haben alle Arbeit und zu essen, müssen sich keine Sorgen um den nächsten Tag machen und sind in ihrer Gemeinschaft offensichtlich glücklich, nur wissen sie das vermutlich nicht einmal. Den Arbeiter und Bauernstaat à la DDR wollen manche wiederhaben? Sorgenfrei, aber bitte mit Mercedes und ohne Stasi, mit Reisefreiheit und harter Währung. Was wollen wir eigentlich? Einen Staat mit mehr Basisdemokratie, oder etwas mehr Diktatur? Sie sehen, den idealen Staat gibt es natürlich nicht, daraus folgt, wir müssen unser Staatswesen völlig neu überdenken und völlig neu organisieren. Zu allererst benötigen wir eine große Bestandsaufnahme. Wie können wir uns in unserer heutigen Welt mit 7,5 Milliarden Menschen, mit Globalisierung, Krieg und Terrorismus besser einrichten, ohne ganz aus der

Völkergemeinschaft auszuscheren, wie das ja schon einmal passiert ist. 1989 hat man uns den „Bundesdeutschen Wirtschaftswunder Wohlstandsstaat" weggenommen, aber auch den ehemaligen DDR-Bürgern ist ihr Staat abhanden- gekommen. Das ist ungefähr so, wie wenn man am selben Tag den Lebenspartner, die Kinder, die Eltern, die Wohnung und die Arbeit verliert. Ein Psychiater würde uns zunächst mal auf die Couch legen, um unser Trauma aufzuarbeiten. Wir aber tun so, als ob da nichts geschehen wäre. Stellen sie sich doch mal vor, Chinesen und Deutsche müssten ab sofort in einem gemeinsamen Land leben, na - begreifen sie nun das Trauma. Nun ganz so schlimm ist das natürlich nicht, weil wir zumindest die gleiche Sprache sprechen. Aber tun wir das wirklich? Da hat man sich dann doch in den 45 Jahren Nachkriegsgeschichte zu weit auseinandergelebt. Was haben wir nun auf beiden Seiten unternommen, um die Unterschiede abzubauen. So gut wie gar nichts. Wir reden nicht miteinander, sondern nur übereinander. Als ehemaliger DDR-Bürger, (ich bin schon 1959 in die BRD gegangen), kann ich das besser nachvollziehen als reine Ossis oder Wessis es können, auch weil ich in der alten Heimat noch sehr viele Freunde habe und mit ihnen auf unseren heutigen, gemeinsamen Unternehmungen viel über die Dinge reden kann. Kurz nach der Wende, hatten wir die größten Schwierigkeiten, einigermaßen miteinander über politische Themen zu diskutieren, doch inzwischen tauschen wir uns besser aus und besprechen alle Ereignisse ohne Emotionen. Mein Vorschlag zum besseren Verständnis für die gegenseitigen Befindlichkeiten: Wir haben genug Partnerstädte, aber leider keine Partnerschaften. Warum sucht sich nicht jede Familie einen Partner in der jeweils anderen Hemisphäre zwecks Gedankenaustauschs?

Die Transferleistungen

Schon unser verehrter Herr Goethe sagte: „Ein voller Bauch studiert nicht gern". Wohl wahr! Soll aber nicht heißen, dass die da drüben alle faul sind, sie würden mit Sicherheit gerne arbeiten, wenn man für alle Arbeit hätte. Aber die hätte man ja gehabt, wären unsere Arbeitsplätze in der Zwischenzeit nicht in Nah- und Fernost verschwunden. Nur mit Transferleistungen kann man keinen Wohlstand schaffen. Was nützen den Ostdeutschen nun die schönen Häuser, die sie nicht anknabbern können und die tollen Straßen, wenn man zuhause sitzt, Däumchen drehen muss und einem die Decke auf den Kopf fällt.

Rei©Men

Das kann nur jemand nachempfinden, der schon einmal arbeitslos zuhause rumgesessen hat. Wie kommen wir da nun weiter, bestimmt nicht mit ewigem Alimentieren. So macht man mit Sicherheit die eine Hälfte des gut funktionierenden Staates, zu Gunsten des schlechten anderen kaputt, danach sterben alle beide. Inzwischen sind wir am Scheideweg, am Rande des Zusammenbruchs angekommen. Wer das nicht wahrhaben will, gehe gern weiterhin mit der Filzbrille durch die Republik.

Hatten wir 1987 nur 43 Milliarden Euro Schulden, so sind es 2018 über ca. 2 Billionen. Im Moment läuft die Schuldenuhr dank guter Konjunktur wieder rückwärts. Die Schulden lassen grüßen und mahnen zur Sparsamkeit. Wie es nach der Corona-Krise aussehen wird ist noch ungewiss.

Im Grunde genommen ist sie eigentlich eine selbstverschuldete Katastrophe, man kann auch sagen ein Hilferuf des Planeten. Er scheint uns eine Mittelung zu geben, worin die Rettung vor dem Armargentum liegen könnte. Die Antwort wäre:

Reduziert die Menschenmassen, die diese wunderschöne Welt leerfressen und mit ihrem unstillbaren Raubkapitalismus kaputtmachen.

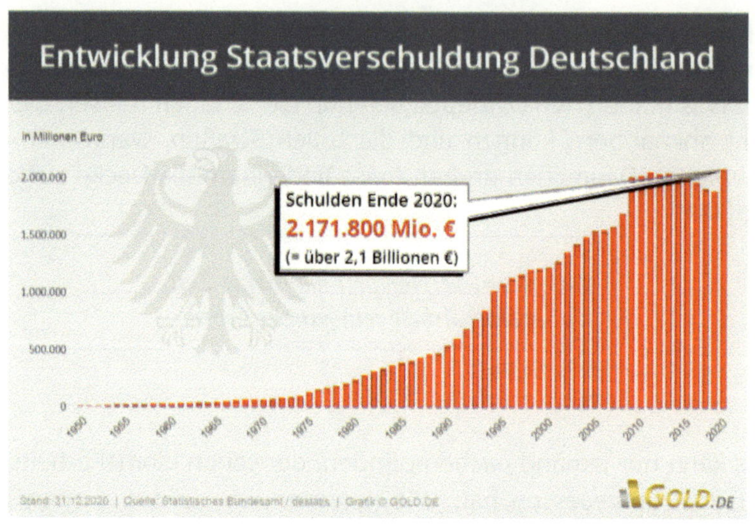

Das angeblich reichste Land der Welt - gleichzusetzen mit Überheblichkeit und Größenwahn, sollte endlich mal einen Kassensturz machen. Wann, wenn nicht jetzt, wo die Wirtschaft „noch" boomt und die Steuergelder sprudeln wie nie zuvor, ja wann, so frage ich, wollen denn die Herrschaften in Berlin die Schulden zurückzahlen? Aber die Denkweise unserer Finanzminister ist mir schon einleuchtend. Nach der Einführung des Euro ist nun, schon nach 15 Jahren, die Deutsche Mark nur noch die Hälfte wert. Hatten sie damals 1000 Euro auf ihrem Konto, so sind es durch Inflation und Teuerungen heute nicht mal mehr 500 Euro, sondern 250 Euro - entsprechend 500 ehemalige Deutsche Mark. Genau in diesem Verhältnis haben sich auch die Staatsschulden von 2018 halbiert. Inzwischen macht die Schuldenstand 80 % des BIP = Brutto Inlandsproduktes aus und man diskutiert bereits neue Schulden zu machen! Das finde ich unanständig, denn die bisherige Rückzahlung ist von den Sparguthaben der Bürger geleistet worden. Es erfolgte überhaupt keine Rückzahlung, sondern eine Geldentwertung allergrößten Ausmaßes zu Lasten des Volkes. Das nennt der Staatsanwalt normalerweise „Betrug" und das seit 1918 und 1945 nun zum 3. Mal. Kaiser und Nazis, haben das Angesparte Vermögen der Bevölkerung, in zwei Weltkriegen auf Null reduziert und unsere tolle Regierung rettet mit unseren

Kröten Banken und marode Staaten. Da fragt man sich doch: „Mit welchem Recht geschieht dies?"

Durch einen blühend Lindenhain,
Ging ich mit froher Miene,
Die Blütlein dufteten gar fein,
Lernt' kennen eine Biene.

Da lupfte ich den Sonnenhut,
Und fragte, was sie hier denn tut?
Sie schaute auf und brummte hold:
„Ich sammle ein das Blütengold.

Die Schwestern daraus Honig machen,
Und viele andre schöne Sachen,
Muss schaffen weil's im Winter schneit,
Und hab zum Schwätzen keine Zeit."

Rei©Men

Was machen denn nun die Bienen, wenn das "Stockwerk" voll ist? Sie ziehen sich eine ihrer Larven zur neuen Königin heran, und schwärmen mit voller Honigblase ins Ungewisse. Nun heißt es eine neue Behausung suchen, auf Nahrungssuche gehen, irgendwie überleben oder untergehen. Was machen wir, wenn es zu eng wird, wir ziehen in die Ballungsräume, genau dahin, wo schon zu viele leben! Statt Raumordnung und Dezentralisierung, herrscht Konzentration auf engstem Raum. Ja, warum sind denn die Bienen "ausgewandert?" Der Stock war voll, zu viele Bienen auf engstem Raum, das macht Stress und dies bei schwindenden Nektarerträgen in der unmittelbaren Umgebung. Was können wir von den Bienen lernen? Statt morgens rein in die volle Stadt zum Arbeitsstress -, abends raus aus der Stadt – wieder Stress. Was wir brauchen, ist eine neue Raumordnung, das bedeutet, dass nicht jeder Betrieb dort angesiedelt werden kann, wo es dem Unternehmer gerade passt. Entflechtung der Ballungsräume muss die Devise sein, damit die Menschen wieder frei atmen können.

Freihandelsabkommen und Geldwirtschaft

Um es vorweg zu nehmen, Freihandelsabkommen wie das TTIP, (Transatlantisches Freihandelsabkommen) und CETA das zurzeit mit den USA und Kanada ausgehandelt wurde, ist für den größeren Partner und für das Finanzkapital eine Goldgrube. Die Hersteller von Waren und der Vertrieb, werden noch reicher und die Armen immer ärmer. Zudem begibt man sich ohne Not in die Hände einer verlogenen, unbarmherzigen Großmacht wie den USA, in der Ethik, Moral und Humanismus nicht viel gelten, aber auch in unserer Gesellschaft werden diese Tugenden nicht mehr so selbstverständlich wie früher gepflegt. Was zählt ist nur der Gewinn für Großkonzerne und Kapitalanleger. Die Arbeitnehmer in unserem Land sind trotz Gewerkschaften, schon seit langen Jahren auf der Verliererstraße, und werden noch mehr ihrer in Jahrhunderten erkämpften Rechte verlieren.

Um diese Erosion aufzuhalten, sind die Forderungen nach einem Mindestlohn für die prekär Beschäftigten, endlich mit einem mickrigen 9,35 Euro Mindestlohn abgespeist worden, der aber kontinuierlich aufgestockt werden soll. Von den Lobbyisten der Großkonzerne und den Kapitalanlegern wurde der Mindestlohn jahrelang erfolgreich sabotiert. Die Verzögerungen ihn zu erhöhen sind immer noch nicht beendet, inzwischen hört man von jener Seite schon wieder Forderungen, den Mindestlohn wieder abzuschaffen. Stattdessen sollte man den Bossen die viel zu hohen Gehaltszahlungen und die Dividenden der Aufsichtsräte drastisch kürzen, sie verdienen sie nämlich nicht, sie ersitzen sie sich und wie sich gezeigt hat, kann von Kontrolle der Aufsichtsräte über die Wirtschaft auch keine Rede sein. Siehe der zurzeit anstehende Wire Card Skandal.

Sollten die Verhandlungen bezüglich TTIP/CETA, welche ausschließlich von den Nutznießern geführt werden, erfolgreich verlaufen, werden weitere Millionen Arbeiter und Angestellte in der EU ihre Arbeitsplätze verlieren, bzw. in den Niedriglohn-Sektor oder in prekäre Arbeitsverhältnisse abrutschen. Es wäre nach der Einführung des Euro, der zu schnellen EU-Osterweiterung, der außer Kontrolle geratenen Globalisierung und der Bankenrettung, der vierte und folgenschwerste Fehler, den unsere Politiker innerhalb von 25 Jahren machen würden. Er würde der Europäischen Wirtschaft den Gnadenstoß versetzen, darüber sind sich ehrliche Experten wie der Prof. Dr. Max Otte http://www.max-otte.de/ und viele andere inzwischen einig. Wer genaueres wissen möchte sollte hier googlen: https://de.wikipedia.org/wiki/Transatlantisches-Freihandelsabkommen.

Inzwischen hat sich eine breite Front gegen diesen Wahnsinn in Stellung gebracht und man kann nur hoffen, dass das Schlimmste verhindert werden kann. Ich möchte mich an dieser Stelle nicht weiter damit beschäftigen, das Thema würde ein ganzes Buch füllen. Wer zu den Befürwortern gehört, sollte sich die Folgen des *North American Free Trade Agreement, NAFTA* = Nordamerikanischen Freihandelsabkommens zwischen den USA, Kanada und Mexiko genauer ansehen. Hier nur so viel aus Wikipedia und ich muss zugeben, kaum jemand hätte es besser auf den Punkt bringen können. Der Grund weshalb ich den Text hier verwende ist, auch mal eine andere Meinung in die Erwägungen, von denen unser aller Schicksal abhängt einzubringen. Ich möchte Wikipedia für die ungefragte Verwendung um Entschuldigung bitten.

"Das NAFTA-Abkommen war nicht nur ein Freihandelsabkommen, sondern ein Pionierabkommen hinsichtlich der Sicherung von Privilegien von Investoren durch Schiedsgerichte. Stephen Gill von der York University in Toronto, einer der „Fifty Key Thinkers of International Relations", spricht von einer Privatisierung des Handelsrechts und von der „Verrechtlichung neoliberaler Dogmen". 2014 waren vor den Schiedsgerichten Prozesse mit Schadensersatzansprüchen an Regierungen (vor allem an die kanadische) in Höhe von 12,4 Milliarden US-Dollar anhängig. Auch die wirtschaftlichen und sozialen Folgen des Abkommens

werden außer von den Hauptnutznießern eher negativ beurteilt: Mexiko, früher Selbstversorger mit dem Hauptnahrungsmittel Mais, wurde mit hochsubventionierten US-amerikanischen Landwirtschaftsprodukten und Fleisch überschwemmt, dessen Preis 20 Prozent unter den eigenen Produktionskosten liegt. Die erwartete Spezialisierung der mexikanischen Landwirtschaft trat nicht ein: Millionen Maisbauern mussten aufgeben, die vielen Land- und Arbeitslosen konnten aber nicht in den neu entstandenen Zulieferindustrien absorbiert werden. Die Kriminalität stieg. Mexiko muss heute 60 Prozent seines Weizen- und 70 Prozent seines Reisbedarfs importieren. Kanada wurde wieder zu einem Exporteur von Rohstoffen und hat verstärkt mit Umweltproblemen zu kämpfen, während gleichzeitig die internationale Ölwirtschaft Druck auf die Umweltschutzbestimmungen ausübt. Insgesamt stagnierten die Einkommen in den Mitgliedsländern, während die Einkommens-Ungleichheit stieg".

Wenn man das liest ist man geschockt, muss die Europäische Wirtschaft sich das antun? Sicher nicht und wenn, sollte man all diese negativen Folgen von vornherein, durch knallharte Verträge ausschließen. Als begleitende Maßnahme stelle ich mir vor, für alle Beschäftigten in der EU einen Mindestlohn von 15 Euro einzuführen, der in der Folgezeit, ständig an die Lebensverhältnisse angepasst werden müsste. Das funktioniert natürlich nur, wenn man ihn in der gesamten Eurozone einführt, und sich außerdem gegen die Billiglohnländer abschottet. (Siehe meine Einlassungen dazu) Deutschland ist 2018 zwar wieder Export-Überschuss-Weltmeister, China an zweiter Stelle, aber diesen Berechnungen darf man nicht vertrauen. Schaut man sich die Zahlen des Welthandels an, ist Deutschland nach China und den USA an dritter Stelle. Der nicht vergebene Weltmeistertitel ist eine geschönte Behauptung. Zu unseren Exporten zählen natürlich auch die in allen möglichen Ländern hergestellten Halbfabrikate, welche nur durch unsere Rechnungsbücher laufen. Außerdem schaden wir mit unseren überhöhten Exporten vielen EU-Ländern, weil sie mit uns nicht mehr mithalten können und nach und nach ins Hintertreffen geraten.

Nun soll niemand, auch nicht die Superreichen meinen, dass ihr angehäuftes Giralgeld, (Buchgeld, das sich auf den Bankkonten ansammelt und zur bargeldlosen Zahlung verwendet wird), absolut sicher ist. Geld ist immer nur der Gegenwert einer erbrachten Arbeitsleistung, für die man eine andere Arbeitsleistung „einkaufen" kann. Häuft sich zu viel Geld in wenigen "Händen" an, entsteht eine Inflation, die den Geldwert in kurzer Zeit zusammenschrumpfen lässt, weil niemand seine Sachwerte für Geld hergeben will, wenn er nicht andere gleichwertige Sachwerte dafür erwerben kann. Wenn die Zentralbanken zu viel Geld in den Geldmarkt ausschütten, passiert das Gleiche, das Geld ist nichts mehr wert. Keiner will es haben und jeder behält seine Sachwerte. Dieser Prozess ist zurzeit in vollem Gange, man investiert in relativ sichere Grundstücke und Immobilien. Zum besseren Verständnis für meine Leser, die sich nicht so intensiv mit der Materie beschäftigt haben, möchte diesen Prozess anhand eines Beispiels erläutern.

Das deutsche Kaiserreich war vor dem Ersten Weltkrieg ein wohlhabender Staat. Zu Beginn dieses Krieges zeichneten viele "Patrioten" Kriegsanleihen, die sich ja gut verzinsten. Die Reichsbank *https://de.wikipedia.org/wiki/ Reichsbank* würde ja nach einem "selbstverständlich gewonnenen Krieg" alles zurückzahlen können. Mein Urgroßvater Gustav Menzel verkaufte seine ererbte Bauernwirtschaft für 18.000,00 Goldmark, was einem heutigen Geldwert von 500.000,00 Euro entspricht und zeichnete Kriegsanleihen. Er hatte ja schon 1870-71 im Preußischen Musikkorps mit einem Blasinstrument „mitgekämpft". Aber es kam anders als gedacht. Das Vermögen der Geldgeber und das Volksvermögen, flossen zunächst in die Kassen der Kriegsgewinnler, also der Waffen- und kriegswichtigen Güterproduzenten. Im Laufe des Krieges, man wollte ja an Weihnachten wieder zuhause sein, verschlechterte sich die Situation, der Krieg zog sich in die Länge und das Geld für neue Waffen, und Güterproduktionen wurde knapper und knapper. Also "druckte" die Reichbank munter Milliarden und Billionen, welche sich als Giralgeld auf den Konten der Kriegsgewinnler ansammelte. Das gemeine Volk hatte damals keine Bankkonten, sondern hortete das Geld "unter dem Kopfkissen". Da Waffen keinen Wert an sich haben und überhaupt keinen Gegenwert zum Erwerb darstellen, weil sie ja im Kriegsfall vernichtet werden oder dem Feind in die Hände fallen, kam es nach dem verlorenen Krieg zur Inflation. 1918 war die die Deutsche Mark nur noch die Hälfte Wert. 1923 war der Kurs für einen 1 US-Dollar auf 4,2 Billionen Mark hochgeschnellt. Im Februar 1924 waren Geldscheine von 5, 10, 20, 50 und 100 Billionen Mark in Umlauf.

Mein Urgroßvater, Gustav Menzel *1852 † 1928, der ja nach einem gewonnenen Krieg zu den Kriegsgewinnlern gehört hätte, musste seine Bassgeige nehmen, zu Fuß über die Dörfer zu den Tanzveranstaltungen laufen, um seine magere Rente aufzubessern. Auch all die anderen Kriegsgewinnler und Waffenhersteller waren pleite, sofern sie nicht einen Teil ihres Giralgeldes, rechtzeitig auf Schweizer Bankkonten verschoben hatten. Nun waren das damals noch auf relativ kleine Regionen begrenzte Ereignisse. In der heutigen vernetzten Weltwirtschaft wird es keine Banken mehr geben, über die man sein Geld „trocken halten" kann. Wenn sich das Geld weiterhin in so wenigen „Händen" konzentriert, wird es zu einem Desaster weltweiten Ausmaßes kommen, dagegen war die Bankenkrise ein kleiner Schnupfen und diesmal wird es alle treffen, denn es gibt einen ehernen Grundsatz den jeder Banker kennt: „Man kann schlechtes Geld nicht mit gutem retten". Das mag in der zurzeit noch nicht ausgestandenen Bankenkrise noch funktionieren, in einer weltweiten Währungskrise, wird man für eine Rettung nicht genug „gutes Geld" haben, das sieht man schon an den immer wieder nachzuschießenden Milliardenbeträgen, die den Zockerbanken nachgeworfen werden, weil sie ihr Kapital nicht in reale Sachwerte angelegt, sondern in Börsenspielbanken verzockt haben. Den aufgehäuften Pseudowerten standen und stehen keinerlei realen Werte gegenüber, deshalb lösen sie sich in Luft auf, und für Luft kann man sich nichts kaufen, weil es davon im Überfluss gibt.

Da das meiste Kapital, dass in Produktionsstätten und in die Industrieproduktion investiert wurde, wird dann auch nichts mehr wert sein, wenn die Güterproduktion weiterhin in so rasantem Tempo nach Nah- und Fernost verlagert wird. Europäer müssen erst einmal selber Geld verdienen dürfen, damit sie die im In- und Ausland produzierten Waren kaufen können. Auch die in den ausländischen, neu errichteten Produktionsstätten beschäftigten Billiglöhnern, lässt man kein Geld verdienen, damit sie in die Lage kommen, sich die von ihnen produzierten Waren kaufen zu können. Wäre das der Fall, würden sich die Produktions- und Transportkosten so verteuern, dass man sie auch wieder in Europa produzieren könnte. Da ist natürlich nur eine Frage der Zeit. Doch dann entdecken die findigen Kapitalisten wieder ein neues Billiglohnland und der Zyklus beginnt von Neuem.

Wie man sieht, sorgen die Naturgesetze immer wieder für einen Ausgleich, der alles auf Anfang zurückfährt. Eine Änderung dieses Raubtier-Kapitalismus-Systems, wird wegen ihrer unersättlichen Habsucht nicht geben, es ist ein Naturgesetz dieser Wirtschaftsweise. In früheren Jahrhunderten „war der Krieg der Vater aller Dinge" und machte ein Update, heute werden es mit Sicherheit soziale Unruhen, Kriminalität, Verwahrlosung und die nicht mehr steuerbaren, komplexen Sozialsysteme sein, die in absehbarer Zeit dieses Update erzwingen. Wenn man dann seitens der Politiker nicht endlich zu der weisen Erkenntnis kommt, dass Alles auf diesem Globus mit Allem zusammenhängt, dass sich alle Lebenden dieser Erkenntnis zu unterwerfen haben, und gemeinnützig im Interesse aller handeln müssen, wird ein großer Teil der Menschheit keine Überlebenschance haben.

Wie kommen alle wieder in Arbeit?

Sie werden es nicht glauben, indem alle wieder arbeiten, egal wo, nur arbeiten für die Gesellschaft, so wie die Menschen es früher taten. Da fragte doch keiner, was bekomme ich dafür, man nahm den Besen und fegte die Straße sauber. Man bückte sich, hob den Dreck auf und entsorgte ihn. Man schaute auch auf die Kinder der Anderen, und wenn sie Unfug machten, ja, dann mischte man sich eben ein. Jeder Erwachsene war eine Führungs- und Respektperson, die Erziehung leistete. Wie es heute ist, brauche ich wohl nicht aufzulisten. Probleme wurden in der Familie gelöst, nicht vor Gericht. Jeder kannte jeden, wenn einer aus der Norm fiel, wurde er durch gemeinschaftliche Erziehung wieder auf den >rechten Weg< gebracht. Wie sagte ein weiser Afrikaner: „Für die Erziehung eines Kindes braucht man ein ganzes Dorf." Wer wurde da zum Dieb, wenn er in seiner Lebensgemeinschaft wegen dieser Tat verachtet wurde. Jeder Mensch strebt nach Achtung und Anerkennung, ohne sie kann niemand leben. Auf Achtung folgt Beachtung. Das ist uns allen schon in die Gene geschrieben. Erhalten wir dieses Zuckerbrot nicht, versuchen wir Beachtung zu erzwingen. Ob der Amokläufer, der Totschläger, der Terrorist, die Hooligans, der kleine Dieb, oder auch nur der schlechte Schüler, alle haben zu wenig Beachtung gefunden. Das hatte auch der große Philosoph Jesus schon herausgefunden, als er verkündete: „Lasset die Kinderlein zu mir kommen", da meinte er mit Sicherheit nicht nur die Kinder, sondern auch alle, die sonst keine Beachtung fanden.

Wie sollte nun eine Gesellschaft aussehen, in der alle Beachtung, statt Ausgrenzung erfahren? Jeder weiß es doch. Seit der zweiten großen Industriealisierungswelle nach dem
Zweiten Weltkrieg, sind in einem maß- und ziellosen Aufbau-Wahnsinn, alle gesellschaftlichen Normen zerstampft worden. Es konnte ja nicht schnell genug gehen, also mussten zusätzlich Arbeitskräfte her, egal von wo sie kamen. Man holte Menschen in die Industriegesellschaft, die noch in den jüngeren Steinzeitgesellschaften lebten.

Globalisierung, DDR-Anschluss, Eurogeld, EU-Erweiterungen, Flüchtlingswellen, Gewinnsucht und Umweltvergiftung haben ein Übriges getan, und nun stehen wir vor dem Scherbenhaufen unserer jüngeren Geschichte. Wie kommen wir da wieder heraus. Meiner unmaßgeblichen Meinung nach, indem wir anfangen aus der Vergangenheit zu lernen, oder wie es die Amerikaner sagen würden: „Back to the roots" (Zurück zu den Wurzeln) und zwar so weit wie nötig, aber so viel wie möglich. Globalisierung in diesem Tempo, war ein nicht wiedergutzumachender Fehler. Man wollte Exportweltmeister und noch schneller reich werden. Das hat man ja nun geschafft, aber inzwischen brauchen die Anderen den Exportweltmeister nicht mehr, Knowhow-Transfer und Industrieauslagerung in Billiglohnländer, haben eben eine Langzeitwirkung. Es soll doch niemand glauben, dass mit noch mehr Bildung, technischen Entwicklungen und Wachstum, diese Spirale zurückgedreht werden kann, denn sie dreht sich immer schneller. Dieser Zug ist abgefahren, weil uns die neuen Exportweltmeister, die wir ja „aufgepäppelt" haben, mit gnadenlosem Lohndumping und ohne Rücksicht auf ihre Umwelt unterbieten. Das geht soweit, dass inzwischen unsere Brötchen in China gebacken werden, tiefgekühlt zu uns transportiert und aufgebacken auf unseren Frühstückstischen landen. Was ist also zu tun? Zurückdrehen kann die Globalisierung keiner mehr, andererseits können wir nicht zuwarten, bis sich die Lebensverhältnisse in der ganzen Welt angeglichen haben. Gegen Billiglohnländer und Produktpiraterie können wir mit dem besten Knowhow der Welt nicht konkurrieren, das ist wie mit dem berühmten Hasen und dem Igel. Wenn wir so weitermachen und weiterdenken, fallen wir in den Stand eines Entwicklungs-Landes zurück. In den südlichen Peripherie-Ländern der EU ist der Erosionsprozess schon angekommen. Unsere soziale Marktwirtschaft ist schon lange nicht mehr vorhanden, nur will es keiner wahrhaben, man sieht und merkt es an der gewaltigen sozialen Schieflage in unserem Land, die auch die Gewerkschaften nicht kompensieren können, sonst verlieren sie auch noch die letzten Arbeitsplätze an die Globalisierungs-Gewinner. Wenn wir diesen Teufelskreis beenden wollen, gibt es nur eine Lösung: Die Globalisierung kann niemand mehr aufhalten, aber wir könnten sie auf ein wirtschafts- und gesellschaftlich zuträgliches Maß verlangsamen. Alle ausländischen Produkte müssen nicht nur auf ihre EU - CE Kennzeichnung, sondern auch dahingehend geprüft werden, ob sie nach den bei uns gültigen gesetzlichen Bestimmungen gefertigt werden. Wenn nötig müssen diese Exporte ausgesondert, zurückgeschickt oder auf Kosten der Importeure entsorgt werden. Mittel- und Arbeitslose für diese Kontrollen haben wir genug, man könnte diese Produkte auch an sozial schwache verschenken. Wenn ein Produkt nicht mit unseren Sozialen- und Umwelt-Gesetzen konform geht, wird es nicht ins Land hineingelassen, man kann dem Hersteller ja offenlassen, ob er es auf eigene Kosten zurückholen möchte. Wir dürfen in die EU nur so viele Waren hineinlassen, wie wir auch in die entsprechenden Länder exportieren. Da darf es keine allzu großen Handelsüberschüsse mehr geben. Das klingt brutal, doch bei näherer Betrachtung, ist das kein neuer Zoll, sondern ein Selbstschutz für unser Arbeits- und Sozialwesen. Denn in diesen Billiglohnländern, gibt es keine sozialen Hängematten, dort müssen ja die Leute für 5 € oder weniger am Tag arbeiten.

Eine weitere Maßnahme wäre, die Banken unter Kontrolle zu bekommen. Man könnte z. B. zwei Arten von Banken zulassen, diejenigen, die der Gesellschaft nützlich sind, also die gemeinnützigen Banken und die anderen, die spekulativ ausgerichtet sind. Die Gemeinnützigen werden von der Bundes- oder Europäischen Zentralbank unterstützt, die anderen nicht, gelten als Privatbanken, die keinerlei Schutz durch Staat und Gesellschaft genießen und ihr Risiko selbst tragen müssen.

Warum haben wir immer mehr Arbeitslose in Europa? Wenn ehemalige Staatsbetriebe wie die Post und Bahn kaputtsaniert werden, wird die Fahrkarte oder die Briefmarke auch nicht billiger. Man wirft nur tausende Leute raus, die man dann nicht mehr bezahlen muss, dafür stehen sie dann in den schönen neuen Jobcentern und müssen vom Steuerzahler alimentiert werden. Bei der völlig überlasteten Polizei, oder der Pflege- und Ärzteschaft werden zu viele fleißige Fachkräfte freigestellt, wie es in Neudeutsch heißt, die dann alle wieder in den Kreislauf von Arbeitslosigkeit und Umschulungs-Maßnahmen entlassen werden. Was vergeuden wir hier an Wissen, Leistungswillen, Können und Energie. Wie sollen wir mit diesem Wahnsinns-Apparat, wo immer weniger Menschen für immer mehr Arbeitslose und Freigestellte arbeiten müssen, den Anschluss an die Weltwirtschaft halten? Betrachtet man diesen Unfug von der betriebswirtschaftlichen Seite, würde jeder Ökonom sich die Haare raufen. Stellen sie sich doch einmal die BRD als gesamtwirtschaftlich geführten Betrieb vor und nun vergleichen sie das mal mit einem unserer Industriebetriebe. Wenn diese fiktive Firma zu viele Beschäftigte hätte, die sie entlassen müsste, würde sie natürlich einen Sozialplan aufstellen, damit der Unterhalt dieser Menschen fürs Erste gesichert ist. Was würde das Management eventuell tun können: Es würde in der Hoffnung auf bessere Zeiten bestimmt niemanden nachhause schicken, selbst wenn keine andere Arbeit da wäre, wie z. B. den Hof zu fegen oder das Lager aufräumen.

Auf den gesamten Staat übertragen würde das heißen, alle die arbeiten können, müssen auch etwas tun, und da gebe es sehr viel zu tun. Wenn der Steuerzahler die Menschen über Hartz IV, oder als Arbeitslose sowieso bezahlen muss, können wir sie auch bei der Polizei in der Verkehrsüberwachung, im Pflegedienst, zur Straßenreinigung, in den Schulen, Universitäten, Kindergärten oder in Krankenhäusern usw. usf. einsetzen. Da würde uns bestimmt noch mehr einfallen, was es alles zu tun gäbe. Man könnte bei der Bundesbahn wieder Leute einstellen, welche die Bahnsteige überwachen. Da liefen früher immer "Bahner" herum, die wussten über jeden Zug Bescheid der ein, aus, oder sonst wohin fuhr. Bzw. ein paar Zugbegleiter mehr oder dem Busfahrer nicht auch noch das Kassieren anhängen. Noch besser wäre ein zweiter Busfahrer, desgleichen in zweiter LKW-Fahrer, so könnte man viele Unfälle durch Überarbeitung, Überforderung und Übermüdung vermeiden. Man braucht nur mal in die Vergangenheit zurückschauen, da war keiner genervt, gestresst oder überfordert, weil für die erforderlichen Arbeiten eben genug Leute eingestellt wurden. Das einzige was wir tun müssten wäre, dass Geld das für verordnetes Nichtstun und für Arbeitsbeschaffungs-Maßnahmen rausgeschmissen wird, als gebundene Mittel für Sozialarbeitsstellen dorthin weiterleiten, wo es gebraucht wird. Nur mit einer einzigen Maßnahme könnten zehntausende Arbeitsplätze geschaffen werden, wenn man auf die völlig überforderten Bus- Bahn- und LKWs einen weiteren Fahrer setzen würde. Dann hätte man weniger Unfälle und natürlich würden auch die Folgekosten eliminiert, die Unfälle nach sich ziehen und die Gesellschaft belasten. Dieses System müsste EU weit geregelt werden, dadurch wäre der Wettbewerb weiterhin ausgeglichen und die zwei Fahrer könnten sich beim Fahren abwechseln. Nicht aus der EU kommende Busse und LKW' s dürften nur mit zwei Fahrern einreisen. Da erhebt sich gleich die nächste Frage. Durch den immer schärfer werdenden Konkurrenzdruck, ist mittlerweile in fast allen Betrieben der Laufschritt eingeführt worden. Das Ganze nennt man freie Marktwirtschaft, befeuert aber die Unfreiheit der Arbeitnehmer. Auf den Autobahnen rasen wildgewordene Kleinlasterfahrer durch das Verkehrsgewühl, als ob sie sieben Leben hätten. Diese Fahrzeuge sollte man mit orangener Sicherheitsfarbe ausstatten, damit andere Autobahnbenutzer gewarnt werden und eine Überlebenschance haben.

Der öffentliche Nah- und Fernverkehr

Was spricht dagegen, den öffentlichen Nah- und Fernverkehr kostenlos anzubieten und über Steuergelder zu finanzieren. Die Mehrkosten könnte man locker wieder reinholen, wenn man die Kosten für den Straßenbau, deren Erhaltung und die Folgekosten von Unfällen dagegen rechnet. Auf den Straßen wären weniger Autos unterwegs, die Umweltschäden und die Belastung der Innenstädte würden drastisch zurückgehen. Außerdem könnte man die Superreichen an den Kosten ein klein wenig mitbeteiligen. So würden diese Menschen, die bald nicht mehr wissen wohin mit dem vielen Geld, einen wertvollen Beitrag zum Umweltschutz leisten und Großstädte wie Stuttgart, die im Verkehr und im Abgas ersticken, könnten ihren Bewohnern wieder ein menschenwürdiges Leben ermöglichen. Natürlich kommen dann wieder ein paar Neunmalgescheite und behaupten, das sei Unsinn. Denen halte ich entgegen, dass die Gesellschaft den Bürgern auch alle Straßen, nur gegen ein geringes Entgelt (KFZ-Steuer) zur Verfügung stellt. All das viele Geld, das zurzeit in den Erhalt von Straßen und Brücken gesteckt wird, würde in den öffentlichen Verkehr umgeleitet werden. Mit einem Handstreich hätte man das Verkehrssystem vom Auto entlastet, weil der sparsame Bürger sein Auto nur dann und nur dort benutzen würde, wo kein öffentlicher Verkehr angeboten wird und das sind in der Regel die ländlichen Gebiete.

Lohnkosten und Preisspirale

Warum müssen alle immer mehr Geld verdienen. Natürlich nur, weil die Kosten ständig steigen. Und warum steigen die Kosten ständig, weil die Lohn-Preisspirale sich inzwischen immer schneller dreht, ein Teufelskreis wie es scheint. Alle könnten mit weniger Geld auskommen, wenn sie nicht so viel für den Lebensunterhalt ausgeben müssten. Seit Jahren können die Renten nicht mehr erhöht werden und wenn dann nur geringfügig, weil angeblich kein Geld da ist und wenn sie erhöht werden, gibt es gerade mal zwei Euro mehr. Ja zum „Donnerwetter" nochmal, ich habe die BRD mit aufgebaut, in der Hoffnung von meiner Rente einmal leben zu können. Jetzt kann ich davon geradeso noch so existieren, - gottseidank habe ich etwas vorgesorgt. Aber von allen Rücklagen und Ersparnissen zieht uns der Staat inzwischen eine Einkommen-Steuer ein. Selbst von den Altersrückstellungen in den Betrieben, werden große Teilbeträge an die Pflegekassen abgeführt. Mit welchem Recht? So war das vor Jahrzehnten nicht vereinbart worden. Man kann „fast" alles machen, aber bitte nicht rückwirkend. Damals, als zu Riesters-Zeiten die Betroffenen von den Politikern händeringend gebeten wurden, zusätzliche Altersrückstellungen zu bilden, war nicht davon die Rede, dass man 30 Jahre später große Teile wieder abgezogen bekommt. Die Rentenformel rast mit atemberauschender Geschwindigkeit in die Katastrophe. Wenn Sie heute eine Rente von 1300,00 Euro bekommen wollen, müssen sie 45 Jahre lang durchgehend gearbeitet haben und dabei durchschnittlich 3022,00 € brutto im Monat verdient haben. Dann bekommen Sie eine Bruttorente von 1300,00 Euro, davon sind nach Abzug für Versicherung und Altenpflege noch 1100,00 Euro netto übrig. In manchen Großstadtgegenden reicht das gerade mal für die Miete. Es wird also allerhöchste Zeit das Bürgergeld einzuführen, sonst wird der Platz unter den Brücken für die Obdachlosen knapp. Doch unsere Regierungen fahren weiterhin im Schlafwagen um das Haus, das dem „Dem Deutschen Volke" gewidmet wurde herum und verpennen die Zukunft der arbeitenden Bevölkerung.

Viele Leute in unserer Gesellschaft leben nur von ihrem Einkommen aus Vermietung und Verpachtung, weil sie zufällig ein Haus in bester Lage geerbt, gekauft oder gebaut haben. Sie könnten bestimmt mit weniger auskommen, aber man muss ja mithalten können und nimmt mit, was man bekommen kann und erhöht gnadenlos die Mieten. Städte und Gemeinden verkaufen das von den Bürgern in langen, zähen Aufbaujahren erwirtschaftete Gebäude-Vermögen an sogenannte Investoren, das Gleiche gilt auch für die Post und die Bahn. Was denken die Herrschaften in Berlin sich dabei eigentlich. Das ist Volksvermögen und wer das verscherbelt, gehört hinter Gitter. Leider gibt es für solche „Straftaten" keine Gesetze? In all diesen Aktionen ist kein nachhaltiges Handeln erkennbar. Ich habe dieses Missmanagement weiter vorn schon mal erwähnt. Erst werden mit Steuergeldern Sozialwohnungen gebaut, dann verkauft man sie an sogenannte Investoren, die gewinnmaximiert die Gebäude sanieren und die Mieten steigen in den Himmel. Nun müssen die sozialschwachen Mieter Wohngeld beantragen, um in den Wohnungen bleiben zu können. Was für eine verquere Logik, bei immer knapper werdenden bebaubaren Flächen.

Nötigung

Ganz davon abgesehen, dass das Niveau der Fernsehsendungen schon sehr lange unter der Wasserstands Linie des Erträglichen angekommen ist, bemühen sich Programmgestalter, Cutter, Schauspieler und Regisseure um völlig unverständliche Stories. Die Handlungen werden bis zur Unkenntlichkeit zerhackt und man hat Mühe überhaupt noch zu verstehen, um was es eigentlich geht. In dem Stakkato, der im Minutentakt zersplitterten Szenenbilder, ist keine fortlaufende Handlung mehr zu erkennen. Dazu kommt die schnelle, Worte verschluckende, nuschelnde Sprache, das Ganze wird dann noch mit musikalischer Dauerberieselung und immer dem gleichen, Klimm-Bim-Musik-Gedudel überlagert, dass irgendein Computerkomponist kreierte. Türen quietschen grundsätzlich, Fahrräder klappern immer, sonst sind es keine Fahrräder und werden nach der Ankunft der Radler grundsätzlich in den Dreck geschmissen, das ist cool. Wenn Wald und Wiesen auftauchen, haben Vögel zu zwitschern, obwohl die Landwirtschaft die Singvögel fast ausgerottet hat, wird im Fernsehen auf heile Welt gemacht. Wenn die obligatorische Werbung eingeblendet wird, geht die eingestellte Lautstärke gleich um 30 Dezibel höher. Wo sind die Zeiten geblieben, da die öffentlich-rechtlichen Sender keine Werbung schalten durften? Und das zu Recht. Warum müssen wir diese öffentlichen, rechtlichen Sender zwangsweise bezahlen, wenn sie trotzdem mit Werbung nerven? Ich habe sie gezählt: An manchen Tagen laufen auf den ARD-ZDF Sendern bis zu 20 Krimis und Thriller. Jeder Schauspieler meint mit einer Pistole rumlaufen zu müssen und dann mokiert man sich lautstark darüber, dass die Gesellschaft verroht. Vor Jahrzehnten waren sie noch Vorbilder und lehrten den Zuschauer Anstand, Gerechtigkeitssinn und soziale Verhaltensweise. Heutzutage dienen sie automobilen Rasern und sonstigen Chaoten als negative Vorbilder.

Überhaupt die Schauspieler, manche Gesichter kann man nicht mehr sehen, so abgegriffen sind sie. Da gibt es immer mehr >Unsympathies <, die wären früher aussortiert worden. Natürlich muss es auch die geben, aber im Moment nimmt das überhand. Da werden ungepflegte, schon von ihrem Äußeren abstoßende Typen bis zum Überdruss in die TV-Erzeugnisse eingebaut. Die Regisseure wetteifern mit bekannten, seit Jahrzehnten zu einigem Ruhm gekommenen Schauspielern um die Gunst, in ihren minderwertigen Werken aufzutreten. Sie meinen hierdurch selbst besser in der Hierarchie der Regisseur-Eliten aufsteigen zu können. Und dann diese Mörder-Serien: „Morden im Norden“, „Die Rosenheim Cops“, die „Hafenkannte“ und noch ein paar tausend Tatorte. Bettys Krankenhaus Serie, in aller Freundschaft Storys und kein Ende in Sicht. Dieser ganze Mist ist nicht mehr auszuhalten. Die einzigen Sendungen die man noch anschauen kann, sind Informationssendungen, von Ilgner, Anne Will, Lanz, Terra X, Sport, Hart aber fair usw. usf. Aber auch hier bemühen sich die Moderatoren viel zu wenig um Vielfalt. Alle reiten immer zur gleichen Zeit, das gleiche Thema bis zum Einschlafen.

Was machen die eigentlich mit den eingenommenen Milliarden-Gebühren. Um die Weihnachtszeit laufen regelmäßig „Sissi", „Der kleine Lord" und „Dinner for one", zum tausendsten Mal. Es gibt ca. 20-30 Western aus den 50er Jahren die laufen unendlich und immer, immer wieder. Die Fernsehmacher sind nicht einmal in der Lage ein paar neuere Filme einzukaufen. Doch im Eröffnen von immer neuen, „notwendigen" neuen Sendern die niemand benötigt, sind sie sehr kreativ. In Arte laufen meistens langweilige französische Beziehungskisten und Wiederholungen ohne Ende. Um es rundheraus zu sagen: Es ist zum Kotzen und das per Zwangsgebühreneinzug. Ich würde vorschlagen einen Klageverein zu gründen, der sich bis zum bundes- und europäischen Gerichtshof durchklagt um diese unhaltbaren Zustände zu ändern. Wenn es nicht anders geht, sollte den Sendern eine Quote von Krimis, Wiederholungs-Anstellung von Schauspielern und eine unabhängige Qualitätsprüfungskommission, zur Überprüfung ihrer Leistungen vorangestellt werden. Wie sagte seinerzeit schon Lehnin: Vertrauen ist gut, Kontrolle ist besser.

Aber mit den Fernsehzeitschriften sieht es nicht viel besser aus. Die Schriftgrößen sind unerträglich klein, manche Sachen kann man nur noch mit der Lupe lesen. Wenn die so weiter machen, schaffen sie sich selber ab. Das gilt auch für alle anderen Zeitungen und Zeitschriften. Klar, man muss Papier sparen, nur bei den ganzseitigen Werbeanzeigen ist plötzlich wieder genug Papier vorhanden.

Kennen sie den Ikea-Effekt? Geht man in so ein Monster-Gebäude oder auch bei Toom, OBI und Co. hinein, unterwirft man sich dem Ikea-Effekt, d.h. man wird zur Laustallmaus und kommt aus dem Ding nicht mehr raus. Hat man dann die endlosen Regalreihen hinter sich gebracht und immer noch nichts gekauft, kommt bestimmt ein Prospektverteiler oder einer der Appetit-Häppchen anbietet, alles ganz normal. Vom Warenangebot wird man erschlagen, nur das was man sucht, findet man in den Regalen nicht. Also sucht man entnervt nach Verkaufspersonal, oft bleibt nur der Infostand mit unerträglichen Wartezeiten. Der Bürger hat ja so viel Zeit. Gegen jegliche Vernunft und Wirtschaftlichkeitsberechnung, muss jeder Konzern in jedem kleinen Nest vertreten sein, dass nennt sich freie Marktwirtschaft. Mit Tchibo hat es angefangen. Inzwischen gibt es nur noch die drei AAA' s > Alle wollen Allen Alles< verkaufen, die frühere Spezialisierung auf bestimmte Produkte, die mit Fachpersonal den Kunden ein Einkaufserlebnis verschafften, gibt es nicht mehr.

Der Verdrängungswettbewerb hat inzwischen zur Folge, dass die Ketten, mit immer mehr krimineller Energie versuchen den Kunden übers Ohr zu hauen. Denn irgendwie müssen sie ja ihre Paläste bezahlen, also heißt es Kosten sparen und so kostet inzwischen im Baumarkt eine 10 cm lange VA-Schloss-Schraube 3,50 Euro. An den Autobahnen kommt man nicht mal mehr auf die Toiletten, ohne durch einen Shop genötigt zu werden. Das ist moderner Straßenraub. Hat man dann erfolgreich einen Klo-Schipp ergattert und sich noch nicht in die Beinkleider gemacht, steht in einer Ecke bestimmt eine Klofrau, die auch noch ihren Obolus fordert. Die meisten dieser Einkaufsketten haben nur noch Unisex-Not-Toiletten, die dann auch noch für Behinderte eingerichtet sind, sodass ein kleines Kind da ohne fremde Hilfe nicht mehr auf den Thron hochkommt und selbst durchschnittlichen Erwachsenen baumeln die Beine in der Luft herum. Nichts gegen Behindertenklos, aber dann bitte getrennt. Mit Sicherheit sind sie in diesen Verkaufspalästen nur in einem einzigen Stockwerk vorhanden, gut versteckt und mit so wenigen Zellen ausgestattet, dass möglichst wenige diese Einrichtung finden, weil man ja mit Toiletten kein Geld verdienen kann. Außerdem hat ja der Gesetzgeber dafür gesorgt, dass sie jeden Tag zweimal gereinigt werden müssen, ergo schafft man sie ab. Man sollte mal überlegen, ob man nicht den armen Kaufhäusern ein paar Dixi-Toiletten zu Weihnachten schenken sollte. Es ist unerträglich, was dem Bürger zugemutet wird. Das ist Menschenunwürdig. Das oben beschriebene gilt allerdings auch für Bahnhöfe und die meisten städtischen Einrichtungen dieser Art. Man sollte überhaupt nicht versuchen nach einer öffentlichen Toilette zu suchen, die sind sowieso abgesperrt, kaputt, verdreckt oder besetzt. Ich gehe deshalb mit einem 50- Cent-Stück in die nächste Gaststätte und lege es mit der Bemerkung auf den

Tresen: "Darf ich mal ihre Toilette benutzen" oder ich bestelle im Vorrübergehen einen Kaffee, den ich hernach in aller Ruhe genieße.

Raumordnung und Bevölkerung

Vielleicht haben wir jetzt noch eine zweite Chance, aber eine dritte werden wir nicht bekommen. In Versuchsreihen wurde nachgewiesen, dass sich Ratten in die Schwänze beißen, wenn sie in zu engen Käfigen gehalten werden. Wenn wir unser Land als lebendes Wesen verstehen und realisieren, dass es nach dem Krieg kleiner geworden ist, aber immer noch 80 Millionen Menschen beherbergt, sollten wir eigentlich froh darüber sein, dass die Neuen Bundesländer mit ihrer geringeren Bevölkerungsdichte dazugekommen sind. Der Staat schreit, die Frauen müssen mehr Kinder bekommen oder wir brauchen mehr Zuwanderung, doch für die Eltern und die Alleinerziehenden tut er so gut wie nichts. Welche Überlegung steht hinter dieser Forderung? Die Angst vor der Alterspyramide? Die Angst, die vielen Alten nicht mehr versorgen zu können? Sicher haben die Soziologen diese Überlegungen freigelassen um die Leute zu erschrecken. Aber wenn man das Problem zu Ende denkt, werden wir auch in Zukunft genug arbeitslose Menschen haben, um die Alten bis zu ihrem seligen Ende begleiten zu können. Was hindert uns daran, sie einzusetzen, zumal anzunehmen ist, dass die Arbeitslosigkeit weiter ansteigen wird. Nicht zuletzt, weil wir ja so erfindungsreich sind und immer mehr Maschinen konstruieren, die uns noch arbeitsloser machen. Ich meine, es sind schon zu viele im Boot, deshalb brauchen wir uns nicht wundern, dass die Lebens- und Arbeitswelt immer stressiger wird. In den Ballungsgebieten ist zum Leben kein Platz mehr. Wir leisten es uns jedoch weiterhin, dass im Westen unseres Landes riesige Flächen zugepflastert werden. Mit allen negativen Folgen des Land- und Umweltverbrauchs, bis hin zu den Schadstoffen, welche die dicht bebaute Infrastruktur nach sich zieht, wird (neudeutsch) weiter „verdichtet". Heute kommen die Arbeits- und Leistungsträger der Neuen Bundesländer in den Westen und suchen nach Arbeit. Zwei Millionen sind schon umgezogen, oder pendeln und drüben

werden die Wohnblöcke abgerissen. Stattdessen hätten die West-
betriebe nach Osten gehen müssen, wenn sie expandieren wollen,
aber ohne Fördergelder. Die ehemalige DDR hätte heute nachhaltige neue Industrieansammlungen statt Arbeitslosigkeit. Jeder Kämmerer schaut nur in seine kleine Kasse, das Zauberwort heißt „Arbeitsplätze, Gewerbe- und Industrieansiedlung" = höhere Steuereinnahmen. Auf diese Weise schaffen wir nun in der zweiten Welle, die
Arbeitsplätze die wir im Osten nicht ansiedeln konnten, oder wollten
im Westen. Na toll nicht wahr? Dummerweise müssen wir die Wohnungen und die Infrastruktur auch noch mitliefern. Drüben im Osten
stehen nun die Wohnblöcke leer und müssen abgerissen werden.
Nur wenige können mit den „blühenden Landschaften" etwas anfangen, die mit vielen Steuer-Milliarden geschaffen wurden. Vielleicht einmal dort Urlaub machen, wenn man das Geld dafür im Westen verdient hat. Eine alte Weisheit lautet, „Man kann sein Geld nur
einmal ausgeben", das haben wir getan, aber es ist falsch investiert
worden. Man hätte erst einmal die Industrie im Osten sanieren und
konkurrenzfähig machen müssen, statt sie abzureißen. Dann hätten
sich die ehemaligen DDR-Bürger das Geld für die blühenden Landschaften selber verdienen können. Wenn wir nun im zweiten Anlauf
wieder so viel falsch machen, werden weitere Generationen unter
diesen Fehlentscheidungen zu leiden haben. Es muss daher unbedingt umgesteuert werden, es muss eine neue Raumordnung geschaffen werden, die nachhaltig ist und die Arbeits- und Wohnwel-
ten wieder vereint. Es kann nicht sein, dass jede kleine Gemeinde,
nur um mehr Geld in ihren Säckel zu bekommen, Entscheidungen
von so großer Tragweite trifft, ohne dass ein Ordnungsprinzip, diese
wichtigste Aufgabe der Gesellschaft regelt. Das heißt, wenn eine
Firma bauen oder sich vergrößern möchte, muss erst einmal festgestellt werden, was im Umfeld so an Gebäuden leer steht. Es kann
nicht sein, dass ein Gebäudebesitzer Leerstände haben darf, nur weil
ihm das so gefällt oder weil er es sich leisten kann. Hier wird das Eigentumsrecht ad absurdum geführt. Es gehört zu den gemeinnützigen Aufgaben eine Straße zu bauen, auch für ihn - oder ein neues
Industriegebiet zu erschließen, da wird ja auch aus Gründen der Gemeinnützigkeit enteignet, wenn jemand nicht verkaufen möchte. Es
heißt ja auch nicht umsonst: Eigentum verpflichtet! Bei größeren

Bauvorhaben oder neuen Industriegebieten, muss eine Genehmigungsbehörde entscheiden, wer wohin und was bauen darf. Bei Leerständen, muss ein plausibler Grund vorliegen, der dazu berechtigt ganze Häuser-Gruppen nicht zu vermieten.

Der Klimaschutz

Es gibt viele Ursachen für die drohende Klimakatastrophe. Nein, sie droht nicht mehr, sie ist schon da, aber eine der Hauptursachen dafür, ist das ungezügelte Bevölkerungs-Wachstum und niemand traut sich ernsthaft diesen Aspekt beim Namen zu nennen, am allerwenigsten der Papst. Er zitiert nur die Entwicklungspolitik von Moses, der uns ja den Auftrag gegeben hatte: „Seid fruchtbar und mehret euch". Nun sollte Moses mal langsam stopp sagen: „Ihr seid genug, es geht so nicht weiter, sonst stoppen euch die Naturgesetze und ihr könnt den Überschuss abschreiben". Zu Zeiten von Jesus Christus lebten ungefähr 200 - 300 Millionen Menschen auf der Erde, 1950 waren es schon 1,2 Milliarden und heute 7,8 Milliarden. Diese Wachstumsraten sind aber keineswegs in den Industrieländern zu verzeichnen, da waren es nur ca. 1,4 Prozent. Wenn man nun die Zuwachsraten der Entwicklungsländer in die Überlegungen mit einbezieht, stehen wir vor einer ganz anderen Gewichtung der Schuldfrage, denn über 6,0 Milliarden Menschen mehr seit 1950, also in knapp 70 Jahren. Sie alle müssen schließlich auch ernährt, bekleidet und behaust werden, auch wenn dies zu oft unter menschenunwürdigen Verhältnissen geschieht. Eine weitere Überlegung zeigt, dass wir eigentlich die in den Industriestaaten hergestellten Waren und Güter nicht allein konsumieren, sondern über die Hälfte exportieren. Somit müssen wir einen erheblichen Anteil der bei uns entstehenden Emissionen den Käuferländern zurechnen. Da die Entwicklungsländer eine Menge Entwicklungshilfegelder von den Industriestaaten fordern und bekommen, damit sie ihren Emissionsschutz vorantreiben können, stellt sich doch die Frage, ob diese Forderungen so berechtigt sind, wie es scheint. Aber auch darüber scheinen die Experten nicht nachzudenken, jeder plappert immer das nach, was jemand vorgedacht hat, statt selber einmal nachzudenken. Nun bin ich keineswegs gegen den Klimaschutz, aber diese Mammut-Aufgabe kann nur gelingen, wenn man den Hebel an allen Fronten ansetzt. Wir können uns kein Stückwerk leisten, denn die Zeit wird knapp. Außerdem befürchte ich, dass der Klimaschutz wieder mal eine Hebelwirkung hat und eine günstige Gelegenheit für die Schwellen- und Entwicklungsländer ist, um an neue Entwicklungshilfe Gelder heranzukommen, die dann wie alle anderen Entwicklungshilfegelder, die von den Industriestaaten in den letzten 60 Jahren gezahlt wurden, in undurchschaubaren Kanälen versickern.

Die Energiefrage

Es gibt eigentlich nur eine Frage: Wie kann es uns gelingen, für die Versorgung der 7,3 Milliarden Menschen auf dem Globus genügend Energie zur Verfügung zu stellen. Die natürlichen Ressourcen, Kohle, Erdöl und Gas gehen zu Ende, Atomkraftwerke sind mindestens in Europa rückläufig und die Umwandlung von Masse in Energie macht keine nennenswerten Fortschritte, ist vermutlich überhaupt nicht möglich bzw. bleibt den Sternen vorbehalten. Es gibt daher im Prinzip nur eine einzige Möglichkeit, nämlich die Sonnenenergie anzuzapfen. Das ist ja nun hinlänglich bekannt, leider sind in dieser Hinsicht bisher nur klitzekleine Gehversuche gemacht worden. Um im großen Stil diese Energiequelle anzuzapfen, - um sie dann in andere Energieformen umzuwandeln, streiten sich die Kleingeister immer noch ums Prinzip, wie dies zu realisieren wäre. Dazu kann ich nur sagen, der Herr Benz wusste auch nicht, ob sein Motorwagen, „das Beförderungsmittel" schlechthin werden würde, aber man sieht ja, was heute, nach 140 Jahren Entwicklungsgeschichte, aus dieser Idee geworden ist. Also muss man eben mal ins kalte Wasser springen, sonst streiten sich die Experten in 100 Jahren immer noch um das richtige Konzept. Das muss doch jeden halbwegs gebildeten Menschen einleuchten: Steht uns genügend erneuerbare Energie zur Verfügung, können wir fast alle Probleme der Menschheit lösen. Also packen wir`s an, bauen wir große Solarfarmen dort wo die Sonne scheint, nämlich in Südeuropa und leiten den Strom dorthin, wo er gebraucht wird. Da wird gejammert und gestöhnt, dass dort keine Arbeitsplätze entstehen, dabei wäre es so einfach die vielen ungenutzten Flächen mit Solarfarmen zur Energieerzeugung heranzuziehen, man muss es nur angehen. Den überschüssigen Strom, müsste man nicht einmal nach Nordeuropa transportieren, man könnte ihn vor Ort mit Elektrolyseverfahren in Wasserstoff und zu Lager- und transportfähigen Kraftstoffen umwandeln.

Das Schulwesen

Die Lerngeschwindigkeit in den Schulklassen, richtet sich immer nach den Fleißschülern, die aber nicht unbedingt die Intelligentesten sind. Wer im späteren Leben wirklich etwas für die Gesellschaft leistet, stellt sich immer erst viel später heraus.

Zu wenig Wissen schadet allgemein,
zu viel hindert uns am Glücklich sein.
Die Welt hat so viel Wissen angehäuft,
dass der Mensch darin ersäuft.

Rei©Men

Man sollte Schüler nach ihren Anlagen, Eignungen und ihren Talenten, in Eignungsprüfungen vorsortieren, unterrichten und fördern, stattdessen wird der Unterricht danach ausgerichtet, wie viel Wissensmüll sie in möglichst kurzer Zeit in sich hineinstopfen können. Spätestens wenn die Zensuren im Zeugnisheft stehen, klicken die Schüler dann auf das Papierkorb-Symbol, um den Datenmüll von ihrer Festplatte zu löschen. Schule sollte daher Lehren wie man lernen soll, nicht nur Lehren und Lernen um des Lernens willen und um den Wissenstand zu erhöhen. Bei intelligenten Menschen wächst der Wissensstand ein Leben lang weiter, deshalb muss man unsere Kinder nicht innerhalb von 10 Jahren zum Universal-Lexikon machen. Stattdessen ist es dringend geboten ihnen ein grundlegendes Verständnis der Ethik, des Humanismus, der Empathie anzuerziehen, denn von alters her waren Schule und Gymnasium nie nur Bildungs-

sondern auch immer Erziehungsanstalten. Dieser Aspekt ist mit dem Einzug der antiautoritären Erziehung völlig verloren gegangen, ist zur Selbstverwirklichung der Schüler geworden. Deshalb mahne ich an dieser Stelle an: Bitte etwas weniger Wissen, dafür aber mehr Herzensbildung in den Schulunterricht einzubringen.

Von der exzessiven zur nachhaltigen Industrieproduktion

Endloses Wachstum und exzessives Wirtschaften, führt zum Brutal-Kapitalismus oder Neudeutsch zum „Raubtier-Kapitalismus". Sozialisten, Gewerkschaften und Kommunisten glaubten jahrzehntelang eine bessere Arbeitswelt schaffen zu können. Fast hätte es geklappt, aber dann gab es plötzlich eine neue Religion, es kamen die Globalisierer und an ihrem Glaubensbekenntnis ist „noch nicht" zu rütteln. Wo man vor einigen Jahren noch für die 36 Stundenwoche kämpfte, ist man heute zufrieden wenigstens einen Billigjob zu haben. Doch wo es Globalisierungs-Gewinner gibt, gibt es immer auch Verlierer. Zuerst profitierten die Südeuropäer, ihre Löhne stiegen schnell, jetzt ist die Karawane weitergezogen und die Arbeitsplätze sind nach Nah- und Fernost gewandert. Alle Hungernden dieser Welt drängen sich in unsere Arbeitswelten, machen alles billiger, aber leider nicht besser, nehmen uns mit Billigstlöhnen auch noch die letzten Arbeitsplätze weg, statt in ihren Heimatländern selber eine gesunde, soziale Marktwirtschaft aufzubauen. >Fachkräfte-mangel ist das Zauberwort<, die meisten Europäischen Regierungen und die EU helfen dabei, immer mehr ausländische Arbeitskräfte ins Land zu holen, statt die vorhandenen besser auszubilden und in den Arbeitsprozess einzugliedern. Industrieauslagerungen werden mit Steuergeldern subventioniert, solange die Konjunktur boomt geht das gut, stockt jedoch der Absatz, kommt die nächste Rezession und der Steuerzahler muss die Arbeitslosen, auch jene die ins Land geholt wurden alimentieren. Wann hört dieser Wahnsinn endlich auf?

Beim Verdienen sind die Bosse gern dabei,
die Sozialkosten sind ihnen jedoch einerlei.

Rei©Men

Stagniert der Absatz geistert das Zauberwort „Wachstum" durch Politiker- und Wirtschafts-Wissenschaftlerhirne, der Konsum wird mit Verschuldung, privat wie staatlich angekurbelt und wie von Zauberhand ist alles wieder gut? Leider nur bis zur nächsten Rezession und bis zur nächsten Megaverschuldung.

Was wir brauchen, ist eine nachhaltige Industrieproduktion, die an die Bedürfnisse der Menschen angepasst ist. Dies kann nur erreicht werden, wenn Europa sich Billiglohn-Ländern gegenüber etwas abschottet, das heißt, wir dürfen nur so viele Waren importieren, wie wir dorthin auch exportieren. Außereuropäische Länder dürfen gegenüber der EU keine Handelsbilanzüberschüsse erwirtschaften. Wir dürfen nur Freihandelszonen aufbauen und Waren importieren, die unter den in der EU üblichen gesetzlichen, ökologischen Auflagen, den Arbeitsschutzbestimmungen- und Sozialbedingungen hergestellt werden. Nur auf dieser Basis werden wir gegenüber Billiglohnländern konkurrenzfähig bleiben. Das Zauberwort vom Technologievorsprung der EU-Wirtschaft ist ein Märchen, weil man uns ausspioniert, alles kopiert und dann billiger nachbaut. Der Technologievorsprung hat leider eine Lücke, den Technologietransfer und die Industriespionage. So schnell kann man überhaupt nichts Neues erfinden, wie es andere abkupfern. Es muss endlich Schluss sein, mit der Selbsttäuschung vom immerwährenden Wachstum. Auch die ständig wachsende Weltbevölkerung, kann die Warenschwemme der immer schneller anwachsenden Industrieproduktion nicht verbrauchen, weil den Menschen zum Kaufen das nötige Geld fehlt, das sie eigentlich mit Lohn- und selbständiger Arbeit verdienen sollten. Der größte Horror ist, dass EU-Regierungen die von EU-Banken finanzierten Ausfuhren mit staatlichen Garantien absichern, das heißt, wir bezahlen auch noch die exportierten Maschinen und technischen Einrichtungen, mit welchen dann außereuropäische Firmen unserer eigenen Wirtschaft härteste Konkurrenz machen, nur um überhaupt noch etwas verkaufen zu können. Dieser Irrsinn wird dann mit dem Totschlagargument der Erhaltung von Arbeitsplätzen begründet.

Was wir benötigen, ist eine nachhaltige Wirtschafts-Standort-Organisation, das heißt, es muss Schluss sein, mit der konkurrierenden Standort Auswahl. Die Industrie muss dirigistisch dort angesiedelt werden, wo Arbeitsplätze gebraucht werden und vor allem dorthin, wo noch viel Platz vorhanden ist, also keinesfalls in die Ballungsgebiete. Ein weiterer volkswirtschaftlicher Irrsinn, sind die massenhaft entstehenden Lebensmittel und Einkaufspaläste, rund um die Innenstädte. In einer Kleinstadt mit 30tausent Einwohnern findet man inzwischen fünf große und zehn kleinere Lebensmittel-Märkte, manchmal direkt nebeneinander oder im Abstand von wenigen 100 Metern. Supermärkte und Einkaufszentren auf der grünen Wiese, sollten nur dann eine Baugenehmigung bekommen, wenn sie sich verpflichten, auch in den Innenstädten Filialen zu unterhalten. Wird die Filiale geschlossen, erlischt auch die Bau- und Betriebs-genehmigung ihrer Großmärkte. Die Urbanität unserer Innenstädte verkümmert, wenn man es weiterhin zulässt, dass sich nur ertragreiche Handelsketten in den Einkaufsstraßen breitmachen und für Restaurants und Cafés kein bezahlbarer Platz mehr vorhanden ist. Diesen Fehlentwicklungen, könnte man durch Steuerungs-Maßnahmen der Stadtverwaltungen entgegenwirken, indem man Gesetze schafft, die für Eröffnung und Ansiedlungen eine Betriebsgenehmigung erforderlich machen.

Man darf diese Dinge nicht mehr dem freien Markt überlassen, weil sie mit den Marktgesetzen nicht mehr beherrschbar sind und aus dem Ruder laufen. Der Gegenentwurf ist die Verödung unserer Städte und am Ende dieses Prozesses werden auch die schicken Filialen der großen marktbeherrschenden Modeketten leer stehen. Vielleicht wird man sie dann wieder in lebenden und blühenden

Wohn- und Heimstätten für die Menschen umwandeln. Dieser Prozess, wird durch den rasant wachsenden Internethandel beschleunigt und ist eigentlich nicht mehr auszuhalten.

Der ausgestorbene ehrliche Kaufmann

Ob man sich die Pharmaindustrie, den Lebensmittel-Hersteller-Komplex, die Media- und kommunikations-Märkte oder die Bekleidungsindustrie anschaut, alle zusammen versuchen nur eines: Den Kunden mit an Betrug grenzenden Tricksereien übers Ohr zu hauen. Das fängt schon mit der Werbung an, setzt sich mit den Preisen fort und endet mit nicht erbrachten Garantieleistungen. Egal was sie heute kaufen, die Bedienungsanleitungen werden entweder gleich in Englisch abgefasst, oder mit Minischriften unleserlich gemacht, bzw. von Menschen übersetzt, welche die Deutsche Sprache nur peripher beherrschen, keinesfalls aber Muttersprachler sind. Das Ausmaß, das heutige Verkaufsstrategien angenommen haben, übersteigt alles bisher Dagewesene. Was an deutschen Tankstellen jeden Tag passiert, kann man nur noch als „Verarsche" klassifizieren. Sommer- und Winterschlussverkäufe, Totalausverkäufe, Abverkäufe, Auspreisen und wie sich diese Verkaufsmogelpackungen alle sonst noch nennen mögen, sollten von einer zu schaffenden Preisüberwachungsbehörde kontrolliert werden. Anders ist dieser Wildwuchs meiner Meinung nach nicht mehr zu beschneiden. Ein Übriges tun die abgeschafften Ladenöffnungszeiten. Kleinere Betriebe können sich längere Öffnungszeiten nicht leisten, das kommt natürlich den Großen zugute, was wiederum zur Schließung der letzten übrig gebliebenen Gewerbetreibenden geführt hat. Oh jerum, jerum, jerum?

Der Konkurrenzkampf am Beispiel einer Butterdose

Am Beispiel einer kleinen unbedeutenden Butterdose, möchte ich versuchen zu verdeutlichen, wie heutzutage Wirtschaft funktioniert. Früher gab es den Töpfer, der ist inzwischen bis auf wenige Ausnahmen fast ausgestorben, seine Produkte hielten sehr lange, wie der berühmte Krug, der so lange zum Wasser ging, bis er zerbrach. Dann kam ein neuer Werkstoff, „die Butterdose", wurde nun aus Kunststoff gefertigt. Auch dieses Produkt hielt ordentlich lange, war leichter und zerbrach nicht so schnell, wie ein Tongefäß. Alle waren zufrieden, aber dann kam die Konkurrenz. Ein sogenannter Kontroller sah sich die Butterdose an, sagte zum Designer, die braucht doch nur zwei Zentimeter breiter und höher sein als ein Butterstück. Also sparte man einen Zentimeter ein, der Chef machte mehr Gewinn und eine Zeitlang waren alle wieder zufrieden. Aber nun verkaufte die Konkurrenz plötzlich weniger Butterdosen. Sie ließ auch einen Kontroller kommen, und man sparte in der Höhe und Breite noch einen cm ein. Nun passte das Butterstückchen gerade noch so in die Dose rein, die Benutzer ärgerten sich sehr darüber, weil die Butter den ganzen Dosenrand verschmierte, aber es stellte sich heraus, es gab keine anderen Butterdosen mehr zu kaufen. Weil die Butter nicht mehr in die Dose passte, wurden die am Deckel und an den Rändern klebenden Butterreste ranzig, noch bevor das Butterstück alle war. Aber das Spielchen war noch nicht zu Ende. Es gab noch einen Neunmalschlauen, der sich in seiner Firma noch die Meriten verdienen musste, also ließ er die Dosen nur noch mit halber Wandstärke produzieren. Natürlich gingen die Dosen nun öfter kaputt, wenn man sie fallen ließ. Ja, sagte da die Konkurrenz, die wieder mal dumm dastand, dann nehmen wir halt geschredderten Kunststoffgranulat zum Spritzen und schon, hokos - pokus - Seifenschaum, sind wir wieder billiger! Und nun lieber Leser denken sie, die Leidensgeschichte der deutschen Butterdose ist zu Ende? Keineswegs, sie geht leider weiter. Es kam wieder ein Schlaumeier, der ließ den Knopf am Deckel weg, dadurch fiel nun der Deckel öfter herunter, weil man ihn nicht mehr richtig festhalten konnte und so wurde die Geschichte der Butterdose zur unendlichen Geschichte. Der Verbraucher muss sich jetzt, wenn er Wert auf einen gepflegten Haushalt legt, alle paar Monate eine neue Butterdose kaufen oder weniger schön, die Butter aus dem Stanniolpapier kratzen. Wie wir ja nun alle inzwischen wissen, werden die Butterdosen natürlich nicht mehr in Deutschland, sondern in Fernost produziert, und so hetzen wir alle immer neuen Verdienstquellen hinterher, um den Chinesen, Koreanern oder Taiwanesen, alle paar Monate eine neue Butterdose abkaufen zu können. Na, ist das nicht toll? Meiner Meinung nach gibt es nur eine einzige Methode aus diesem Teufelskreis herauszukommen, man muss schnellstens die Garantiezeiten für Industrieprodukte auf fünf bis zu 10 Jahre erhöhen. Nur so kann man die Produzenten zwingen nachhaltigere Erzeugnisse herzustellen. Billigmacher hätten dann keine Chance mehr, die Preise der ehrlichen Hersteller zu unterlaufen.

Ein Gegenbeispiel ist die „gefahren-geneigte Autoindustrie", sie hat durch sicherheitsrelevante Innovationen die Todesraten durch Verkehrsunfälle drastisch reduziert, gleichzeitig aber die Fahrzeuge zu Rennmaschinen aufgerüstet. In den letzten Jahren wurden die ehemaligen PKWs zu geländegängigen >Panzerwagen< aufgerüstet. Immer mehr Leute kaufen sich SUV- Geländewagen, die in keiner Weise den Sicherheitsbedürfnissen der Fußgänger genügen, weil sie keinerlei weiche Aufprallzonen besitzen. Mit „Vaters Spielzeug", fahren dann die Frauen ihre Kinder zur Schule oder zum Brötchen holen und stellen die aus den 50ziger Jahren stammenden 2,30 m breiten Parkplätze mit ihren LKW s zu. Durch Regulierungen und Qualitätskontrollen, >zyklische TÜV Abnahmen<, war man auf dem Weg außerordentlich umweltfreundliche Qualitätsprodukte auf die Straße zu stellen. Doch den Herstellern wurde nicht rechtzeitig auf die Finger geschaut, sie unterliefen alle Regulierungen und Politiker ließen sich von den Lobbyisten verschaukeln. Inzwischen brechen ihnen die Umsätze weg, wie Streichhölzer, weil keiner mehr die Dieseldreckschleudern kaufen möchte. Den Wechsel zu umweltfreundlichen Elektro- oder Gasantrieben haben sie auch verschlafen und wenn sie nicht schnellstens umsteuern, wird die Autoindustrie aus Deutschland verschwinden, genauso wie in den 1960er Jahren die Kamerafertigung. Sie war einfach zu teuer geworden. Genauso könnte es der Autoindustrie ergehen, wenn die Herrschaften nicht aufpassen.

Hochmut kommt vor dem Fall.

Neueste Entwicklungen: Die Auto-Industrie schenkt inzwischen dem Recycling ihrer Produkte sehr große Aufmerksamkeit. Leider will sie sich nicht zum E-Mobil oder zu Gas- oder Wasserstoffbetriebenen Fahrzeugen durchringen. Neueste Entwicklungen versprechen höchstmögliche Effektivität, in Hybrid-Fahrzeugen sollen kleine Gasturbinen den Strom für die Elektrofahrzeuge liefern, wenn die Batterie leer wird. Man wird sehen wie diese Entwicklung weitergeht. Die von Ludwig Ehrhardt entwickelte soziale Marktwirtschaft, die sich in der damaligen Binnenwirtschaft bestens bewährt hat, nun aber durch die Globalisierung und die weltweit fallenden Zollschranken überholt ist, muss dringend überdacht und auf den neuesten Stand gebracht werden. Was wir brauchen ist keine ausufernde sondern eine kontrollierte, nachhaltige soziale Marktwirtschaft. Gleichzeitig benötigen wir eine Abkehr von den bisherigen Geldkreisläufen, die über den Faktor Konsumgütererzeugung, nur zur Kapitalanhäufung in wenigen Händen geführt hat. Zu viele leben heute nur von Einkünften aus Vermietung und Verpachtung auf Kosten anderer, ohne dass sie wesentliche Leistungen für die Gesellschaft erbringen. Eigentlich lassen diese Schmarotzer der Gesellschaft nur ihr Geld für sich arbeiten und leben herrlich und in Freuden, sind natürlich auf Grund ihres Geldadels überall gern gesehen Gäste und gut gelitten. Damit meine ich nicht die Selbständigen die Unternehmer und andere, die sich ihr Vermögen durch eigene Leistungen und Arbeit erworben haben. Um dies zu ändern müsste man über nachhaltige Produktion (nur so viele Qualitäts-Produkte herstellen wie gebraucht werden) und gewerkschaftliche Maßnahmen über Löhne und Gehälter mehr Kapital in Arbeitnehmerhand umleiten, damit sie selbst als Kapitalgeber auftreten können. Aus Arbeitnehmern würden Geldgeber – aus dem Unternehmer würden die Unternehmer werden. Wenn sich Firmen bisher über den Börsengang und all seine Katastrophen, mit den notwendigen Betriebsmitteln versorgten, könnte man gesetzlich geregelte Kapitalbörsen schaffen die keinen spekulativen Handel mit dem Anlegerkapital zulassen. Der Erfolg wäre garantiert. Wer trotzdem spekulieren möchte, kann das bei den Zocker-Börsen machen oder ins Spielcasino gehen. Das nachwachsende Humankapital der Mensch wird sich weiter vermehren und um die wenigen Arbeitsplätze, welche die fortschreitende Automatisierung übriglässt, Krieg führen. Die nicht nachwachsenden

Rohstoffe für die Produktion sind endlich. Auch durch das Recycling wird sich langfristig die Situation nicht entschärfen lassen, weil irgendwann alle Rohstoffe in mehr oder weniger nützlichen Produkten verbaut sein werden. Meiner Einschätzung nach, wird der Mensch trotzt aller Fortschritte in der Wissenschaft und Technik wohl nie in der Lage sein, die Grundelemente hier auf der Erde selbst herzustellen. Dieser Prozess findet seit Anbeginn der Zeit in den Sternenhaufen statt. Die Kernspaltung ist zwar gelungen, aber ob man eines Tages Materie in Energie umwandeln kann, also nicht die Verbrennung von Kohlenstoffen, sondern wie es bei den Kernfusionsversuchen experimentell versucht wird und ob man dabei mehr Energie gewinnt, als man beim Prozess hineinsteckt, will ich bezweifeln. Das ist der menschlich, naive Versuch die Sonne auf der Erde nachzubauen. Die Kernspaltung auf die wir gern hätten verzichten können, ist auf der Erde gelungen, aber die Kernfusion wird wohl für immer der Sonne vorbehalten bleiben. Davon abgesehen benötigen wir diese Technik auch nicht, weil wir inzwischen in der glücklichen Lage sind unsere liebe Sonne von der Erde aus anzuzapfen, sie liefert seit Milliarden Jahren jede Menge Energie, wir müssen sie nur richtig nutzen, dann benötigen wir keine Atomkraftwerke und auch keine Kernfusionsreaktoren. Die vielen Milliarden für dieses Monster-Projekt, hätte man besser für den Ausbau der Solarstrom-Erzeugung in unseren südlichen EU-Ländern ausgeben sollen. Der Sonnen-Ofen ist doch schon vorhanden, wir müssen ihn nicht neu erfinden. Die CERN-Weltmaschine in Genf dient vermutlich nur der Befriedigung und der Neugier einiger Wissenschaftler, die sich den Nobelpreis erhoffen. Diese meine Bemerkung soll nun nicht den Wissensdrang der Menschheit herabwürdigen, aber ich finde, der Aufwand muss in einem gesunden Verhältnis zum Ertrag stehen, er darf nicht zum Selbstzweck werden.

Wenn man die nicht vorhandenen Atommüll-Endlager
und die Halbwertzeiten des atomaren Zerfalls betrachtet,
sitzt die Welt auf einem Pulverfass mit einer ziemlich kurzen
Zündschnur.

Rei©Men

Die Gesellschaft zerbricht?

Die kleinste Einheit der menschlichen Gesellschaft ist die Familie. Auch wenn progressive Kräfte in der Gesellschaft die Homo-Ehe durchgesetzt haben, wird sie es bleiben, denn sie ist die einzige Form, die das Fortbestehen der Menschheit garantieren kann. Setzt man diese Reihe fort, kommt als nächstes die Gruppe, das Dorf, die Stadt, das Land und der Staat. Bis sich in dieser Reihenfolge, aus der steinzeitlichen Gruppe eine Staatsform gebildet hatte, brauchte es Jahrhunderttausende. Zurzeit ist die Menschheit dabei, aus Staaten größere Wirtschafts- und Regierungsverbände, wie die EU zu schaffen. Das Ziel ist eine Weltgemeinschaft entstehen zu lassen, die friedlich miteinander koexistiert. Sehr weit ist man bisher damit noch nicht gekommen. Progressive Kräfte propagieren seit Jahren die multikulturelle Gesellschaft. Die Absicht die dahintersteht ist doch in die Zukunft hineingedacht, eine friedlichere, kriegsfreie Gesellschaft zu formen, die auf Empathie, gegenseitiges Verständnis und Zusammenarbeit setzt. Wie man aber heute in allen demokratischen Ländern unschwer erkennen kann, sorgt die Durchmischung von unterschiedlichen Ethnien und Kulturen zu gewaltigen Scherkräften, welche die gewachsenen Gesellschaften zu sprengen drohen. Deshalb muss die Durchmischung der vorhandenen Bevölkerung, durch Zuwanderer und Flüchtlinge dringend verlangsamt werden. Menschen sind >Gewohnheitstiere<, wie man so schön sagt. Sie wollen diese Veränderungen nicht, vor allem nicht so schnell. Sie wollen unter den ihnen seit ihrer Kindheit bekannten Lebens- und Umgebungsbedingungen leben, mögen den schnellen Fortschritt und die rasanten Änderungen ihres Umfeldes nicht. Jeder Mensch hat sein Hausrecht, er muss nicht zulassen, dass sich Fremde seiner Wohnung, seiner Stadt bemächtigen, in seinen Staat eindringen und ihn unwiederbringlich verändern. Es muss ein Umdenken erfolgen, man muss die Geschwindigkeit der Änderungen an die Leidensfähigkeit und den Gemütszustand der Bürger anpassen, ihnen mehr Zeit lassen und sie mitnehmen in die neu entstehenden Gesellschaftsformen. Das gleiche gilt für den mit Arbeit, Familie, Kindererziehung und Freizeit vollgestopften Zeitrahmen unserer heutigen Welt. Niemals in der Vergangenheit hat es so viele psychisch gestörte Menschen gegeben wie heute. Die Vergangenheit lehrt uns, dass es wieder tausende Jahre dauern wird, bis diese, von vielen gewünschte Multi-Kulti-Gesellschaftsform, erreicht sein wird.

Die Anonymität in der Unruhe-Gesellschaft, verhindert den Beziehungsaufbau, ohne den keine Bürgergemeinschaft existieren kann. Niemand ist anderen noch Verantwortung schuldig, weshalb die Ellenbogen-Gesellschaft ihr Eigenleben führt. Bevölkerungswachstum und Staatsverschuldung, machen es nach und nach unmöglich, ein geordnetes Staatswesen aufrecht zu erhalten. Die Überfremdung der über Jahrhunderte gewachsenen europäischen Gesellschaften, durch Kriegs- und Wirtschaftsflüchtlinge tut ein Übriges. Deutschland hat in den Jahrzehnten nach dem Zweiten Weltkrieg, zuerst die Vertriebenen aus den deutschen Ostgebieten und danach den endlosen Strom der Ostzonen- und DDR Flüchtlinge aufnehmen müssen. Später kamen dann die Gastarbeiter, jetzt kommen auch noch die Armuts- und Wirtschaftsflüchtlinge, aus den neu aufgenommenen EU-Ländern aus Osteuropa, und obendrauf Millionen Afrikaner übers Mittelmeer zu uns ins „gelobte Land". Das kann nicht gut gehen. Wir sind nicht in der Lage das Elend der ganzen Welt zu kurieren. Immer, wenn solche Zustände eintreten, melden sich plötzlich eine Menge „humanitäre Heilsbringer", die mit ihren Glaubensbekenntnissen die Welt wieder in Ordnung bringen wollen, in dem sie den Mantel mit den Armen teilen wie der heilige Martin. Sie propagieren die Fluchtgründe bekämpfen zu müssen und alles ist wieder in Butter. Mit den Billionen-Entwicklungshilfegeldern haben sich in der Vergangenheit nur die Potentaten in diesen Ländern die Taschen vollgestopft. Wenn das Geld irgendwo tatsächlich bei den Armen ankam, haben diese es nur dazu genutzt, sich auf Grund der nun verbesserten Lebens-Bedingungen rasant zu vermehren. Nun müssen die Industriestaaten auch noch deren Kinder und Enkelkinder alimentieren. Dass ich trotz meiner humanistischen Einstellung diese Zusammenhänge recht drastisch formuliert habe, bitte ich zu entschuldigen, es entspricht jedoch den Realitäten.

Jesus Christus lehrte die Gewaltfreiheit und „Liebe deinen Nächsten", danach kamen Kaiser und Könige, die mit Kriegen und Gewaltherrschaft die Welt zusammenhalten wollten. In all dem Tun, war noch ein gewisser Sinn erkennbar, doch:

Es gab und gibt Menschen die immerzu Krieg führen müssen, gegen alle, gegen alles, gegen jeden und ohne, dass sie es merken, gegen sich selbst. Doch kaum haben wir die Faschisten und die Kommunisten überwunden, die auch nur Unheil über die Welt brachten, sind neue Wahnsinnsgestalten auf den Plan getreten, die sich die Welt zurecht bomben wollen. Die Menschheit muss wirklich aufpassen, - wenn diese Irren an Atomwaffen herankommen, droht unser aller Ende. So lange sollten wir nicht warten. Auf dem Globus gibt es zu viele A-Bomben-Irrenhäuser, dort sitzen Psychopathen am Weltuntergangsknopf und wir warten, bis Murphys Gesetz eintritt. Psychopaten haben keine Schuldgefühle, sie können die Empfindungen und Gefühle anderer Menschen nicht nachvollziehen. Extrem gefährlich sind intelligente Psychopathen, sie führen Kriege, oder lösen weltweite Finanzkrisen aus. Man kann auch mit ihnen keine Verträge abschließen, sie bleiben immer unverbindlich. Es führt unweigerlich in die Katastrophe, wenn beide Vertragspartner Psychopathen sind. Bestes Beispiel hierfür war der Hitler-Stalin-Pakt von 1939. Was dem Pakt folgte ist ja bekannt, es war der Beginn des Zweiten Weltkrieges.

Sie machen keinen Unterschied zwischen Freund und Feind, Schuldigen und Unschuldigen, Frauen und Kindern, Starken und Schwachen. Alles was lebt und sich bewegt, wird vernichtet, auch das eigene Leben. Man könnte meinen, alle sind plötzlich verrückt geworden? Aber, ist dem wirklich so? Wo liegen die Ursachen, wie sind die Überlegungen dieser Leute einzuschätzen, was treibt sie an ihr eigenes Leben einzusetzen und gegebenenfalls auszulöschen. Was haben sie davon, wenn sich durch ihre Taten vielleicht doch etwas in der von ihnen gewollten Richtung ändern würde, dann sind sie doch schon tot und könnten an der neuen von ihnen veränderten Welt, nicht mehr teilhaben? Wer soll diesen Wahnsinn begreifen, aber, so frage ich mich, sind diese Leute wirklich so dumm oder nur irregeleitet? Nein, das glaube ich nicht, jemand der solche Strapazen auf sich nimmt, um so viele Menschen wie möglich zu töten, kann nicht total verrückt sein! Leider hat die Gesellschaft nur immer die gleichen Antworten auf diese Ereignisse. Die staatliche Gegengewalt wird aufgerüstet, ein Glaubenskrieg entfacht. Sagt jemand mahnende Worte der Besinnung, wird er verbal niedergewalzt und man zweifelt auch noch an seinem Verstand.

Aus diesen Grundgedanken ergibt sich zwangsläufig eine Folgerung: Was lernen wir daraus und was können wir besser machen, um mit diesen Phänomenen fertig zu werden? Wir sollten uns auf unsere demokratischen Grundwerte besinnen, welche da sind, das Gespräch, der Diskurs, der Kompromiss und der Konsens, denn mit Gegengewalt werden wir dieses neu aufgetauchte Problem nicht aus der Welt schaffen können, genauso wenig, wie es gelang den Kommunismus mit Gegengewalt abzuschaffen. Erst, als er sich in den Köpfen als unrealisierbar entpuppte, brach er zusammen, nicht zuletzt durch die Beharrlichkeit einiger weiser Köpfe wie Konrad Adenauer, Willy Brand, Egon Bahr, Hans Dietrich Genscher, Helmut Kohl und Michail Gorbatschow, sowie einiger amerikanischer Präsidenten, wie Donald Reagan, die mit sanfter Hand und kompromisslos mit ihren Ideen von der Freiheit des Menschen und der Unantastbarkeit des Lebens, langsam aber stetig den kommunistischen Stein aushöhlten, bis er zerbrach.

Was können wir daraus lernen? Wir müssen versuchen in diese „Wirrköpfe" hineinzusehen, wir müssen sie fragen, was wollt ihr eigentlich, was treibt euch um, was können wir tun oder unterlassen, damit euch diese unsere gemeinsame Welt besser gefällt? Wir müssen sie zum Reden und zum Mitreden bringen, wir müssen unsere gegensätzlichen Standpunkte versuchen auszudrücken, versuchen, die Andersdenkenden zu verstehen, versuchen eine Welt zu schaffen, in der alle miteinander leben können. Was würde das bedeuten und wie können wir diese Erkenntnisse praktisch anwenden? Meiner Meinung nach, müssen die Regierenden sich aus allen Konfliktherden auf der Welt heraushalten, sonst werden sie immer ideologisch oder mit Waffengewalt angreifbar sein. Man kann nicht in anderen Ländern Gewalt ausüben, auch wenn es nur der Schlichtung dienen soll, andererseits aber die Gewaltlosigkeit predigen. Die sognannten Großmächte, die ja nur „große Waffen" haben und damit Terroristen bekämpfen möchten, machen sich wie der Piratenkrieg am Horn von Afrika lehrte, und der Taliban-Krieg in Afghanistan zeigt nur lächerlich. So lehrt man den Gewalttätigen dieser Welt, wie harmlos, angreifbar und wehrlos so ein Elefant ist, wenn er von einer Hornisse gestochen wird. Amerikanische und europäische Armeen müssen aufhören die Weltpolizei zu spielen. Es ist die Aufgabe der UNO für den Weltfrieden zu sorgen. Deshalb müsste sie aufgerüstet werden, hier könnten alle Abenteurer dieser Welt, die bereit wären ihr Leben dafür einzusetzen, für solche Aufgaben ausgebildet und eingesetzt werden. Dazu wäre es als erstes notwendig, dass die überkommenen Veto-Vorrechte bei den Vereinten Nationen beendet werden. Jedes Land hat nur eine Stimme, Gleiche unter Gleichen, die heutige Welt verträgt keine noch Gleicheren mehr. Die UN brauchen ein handlungsfähiges Exekutiv-Gremium, das in Ausnahmefällen selbständig und ohne erst alle Mietgliedstaaten zu fragen, handeln kann.

Dazu gehört dann auch das Ausschalten von Terroristen und Diktatoren, wenn zu befürchten steht, dass viele unschuldige Menschen ums Leben kommen oder gerade getötet werden. Der Vorteil einer kämpfenden und schießenden UN-Armee liegt doch klar auf der Hand. Die UNO ist überall, niemand kann sie kaputtbomben, denn keines seiner Mitgliedsländer würde dann noch den „Buhmann" abgeben, so wie zurzeit die USA und Europa, auf die man einschlagen kann, die man meint vernichten zu müssen. Nur, - die UNO in ihrem jetzigen Zustand ist leider ein zahnloser Tiger.

Seit Jahrzehnten versucht man die Neonazis ideologisch zu bekämpfen, anstatt mit ihnen zu reden? Wozu haben wir die Sprache, wenn wir mit ihnen nicht über die wirklich wichtigen Dinge reden, wie sollen diese Leute eine andere Sicht der Dinge, der gewesenen und der heutigen bekommen, wenn man nicht mit ihnen spricht. Statt sie mit V-Leuten zu unterwandern, sollte man sie mit Wissen und Argumenten überschütten, sie in die Gesellschaft vereinnahmen und vom Außenseitertum befreien. Hat schon mal irgendein Politiker versucht mit den Neonazis zu sprechen? Er würde sofort ausgebuht, zum Spinner erklärt und Schlimmeres noch, als Gesinnungsfreund der rechten Scene abgestempelt werden.

Wortekünstler

Worte wiegen manchmal schwer,
unausgesprochene noch viel mehr.
Ist es oft auch schwer zu ertragen,
man muss immer die Wahrheit sagen.

Jahrmillionen arbeitet die Evolution,
an der menschlichen Sprache schon.
Wir sprechen mit Geist, Händen und Füssen,
und manchmal sehr gern auch mit Küssen.

Rei©Men

Gewaltexzesse, die weltweit um sich greifen und von außen in unser Land hineingetragen werden, müssen von den staatlichen Institutionen konsequent strafrechtlich verfolgt werden, egal, ob sie von rechts, links oder anderen Wirrköpfen ausgehen, aber nicht erst nach Monaten oder Jahren, sondern sofort. Wie es so schön heißt: „Wehret den Anfängen", doch hier wird viel zu wenig getan, erst, wenn dann manche Demonstrationen ausarten, wird mit brachialer Polizeigewalt zugeschlagen. Statt sich rechtzeitig mit den Wort- und Anführern, die ja namentlich bekannt sind, auseinander zu setzen, sie zu Gesprächen einladen, wartet man bis die Fensterscheiben klirren. Polizei, Geheimdienste und Staatsanwaltschaften führen ein Inseldasein, Erkenntnisse und Informationen verschwinden in Geheimcomputern und werden eifersüchtig gesammelt, gehütet und bewacht, statt sie einer zentralen Auswertungsstelle, die es natürlich auch nicht gibt, zu zuführen.

Die Vergnügungssucht vieler Menschen kennt keine Grenzen mehr. Fun, Spaß haben, den >Kick< erleben ist „In", das kleine Vergnügen wird verschmäht, zählt nicht mehr. Alle wollen alles und sofort haben, und wenn sie es sich nicht leisten können, dann eben auf Pump. Zu viele jüngere Menschen sehen ihre Freizeitgestaltung darin, alles zu zerstören, was andere geschaffen haben. Reiner Übermut? Nicht nur, der Frust greift um sich, wenn man von der Gesellschaft ausgegrenzt wird, nicht >dazu gehört <, keinen Ausbildungs- oder Arbeitsplatz und schlechte Zukunftsaussichten hat. Jemand der mal mit eigenen Händen etwas geschaffen hat, weiß um die Mühen die damit verbunden waren und wird niemals die Arbeit von anderen zerstören. Ein altes Sprichwort besagt: >Müßiggang ist aller Laster Anfang<.

Fußballgladiatoren kämpfen nicht mehr nur um die Ehre, sondern, so könnte man meinen, ums Überleben. Fritz Walter und seine Mannen, erhielten 1954 für den Weltmeistertitel eine goldene Armbanduhr? Heute geht es um Milliarden, alle, auch die auf den Zuschauerrängen, wollen „mitmischen". In den Stadien sitzen zehntausende Trainer und Schiedsrichter, die den Daumen heben oder senken, wie einst in römischen Gladiatoren-Arenen, doch auch dieses Weltreich ist einstmals an der Vergnügungssucht zerbrochen.

Der ganz normale Politikwahnsinn

Die Karriere eines Politikers ist nicht nur von seiner Intelligenz abhängig, sondern vielmehr von seiner Schlitzohrigkeit und vor allem von seiner Redegewandtheit. Doch Abgeordnete mit einstudierter Schauspielergestik ersetzen nicht das Profil, das dem Bundeshause würdig wäre. Die Politikverdrossenheit ergreift auch die Abgeordneten selbst, Gradmesser sind die leeren Sitze im Bundestag. Wie erfüllt man den Tatbestand eines Durchschnitts-Politikers? Nicht allzu viel nachdenken, aber viel von sich reden machen. Worauf wir wohl ewig warten müssen, sind Politiker, die ihre Fehler selbst erkennen und auch zugeben können. Politiker sind zum Feindbild des Volkes geworden, trotzdem arbeiten sie mit Fleiß, weiter an ihrem eigenen Untergang. Massen-Medien zeigen und beschreiben was wir denken, was wir fühlen oder was wir lieben sollen, sie wollen mit ihrer Meinungsmache per Schlagzeile, unseren Alltag bestimmen.

Das gefühlte und das tatsächliche Recht haben sich zu weit voneinander entfernt, diese Lücke muss durch den Gesetzgeber schnellstens wieder geschlossen werden. Geldadel und autoritärer Machtmissbrauch beherrschen das politische Leben. Das „dumme Volk" soll doch glauben was es zu glauben hat. Die Versklavung der Menschheit wird mit Gesetzen und Verordnungen, von der Staatsmacht mit höchster Perfektion zur Vollendung gebracht. Dem Rechtsstaat ist die Gerechtigkeit abhandengekommen, weil man erst prüft, was sie kostet, bevor man sie anstrebt. Der Staat muss lernen, das gefühlte Recht bei sich selber einzuklagen, sonst wird er unglaubwürdig. Soldaten erhalten mit dem Fahneneid die Lizenz zum Töten, wenn es dann tatsächlich einer tut, kümmert sich sofort der Staatsanwalt darum (Siehe die Tanklaster in Afghanistan).

In jeder Firma wird Intelligenz und Können gefördert und besser bezahlt, weil sie den Wagen zieht, auf dem die Mannschaft mitfährt.

Nur in der Politik werden Talente und Querdenker wegen politischer Rivalitäten ausgegrenzt, daran sind schon viele große Weltreiche zugrunde gegangen. Was wir brauchen sind Vordenker und keine Hinterbänkler.

Die kreative Intelligenz und der gesunde Menschenverstand, sind einem unbekannten Virus zum Opfer gefallen. Regierungen dienten noch nie dem Volke, sie domestizieren es zu ihrem eigenen Nutzen. Parteispenden-Millionen, als Investitionen in die Zukunft gedacht, korrumpieren die Macht.

Wenn Politiker dasselbe Thema reiten,
kommen meistens schlechte Zeiten.
manche lügen, dass sich die Balken biegen.
Wachstum erzielen sie allgemein,
nur bei ihrem eigenen Machtanteil.

Rei©Men

Unsere Regierungen fahren im Schlafwagen von einer Großbaustelle zur nächsten und hoffen, dass ein Autoimmun-System die Schäden repariert, die sie angerichtet haben. Gegenüber Politikern gilt immer die Misstrauens-Vermutung. Die heutige Politikergeneration kann man nur noch ertragen, wenn man in der Metamorphose verharrt. Die politischen Entscheidungsträger schwimmen in einem dunklen, tiefen Wasser und kommen nur an die Oberfläche, wenn ihnen beim Dumm schwätzen die Luft ausgeht. Weil vielen der gesunde Menschenverstand abhandengekommen ist, benötigen wir ein Unsinn-Vermeidungsgesetz. Die heiße Luft die der Klimagipfel produziert, belastet die Umwelt zusätzlich. Wenn sie sich das Brett vor dem Kopf nicht bald abreißen, wird es diejenigen, die sich dem Klimaschutz verweigern zuerst erschlagen.

Vor 70 Jahren haben die Alten die Ärmel hochgekrempelt, ihre 40 Mark genommen und in die Hände gespuckt, aber dann muss etwas schiefgegangen sein. Schlaraffenland ist abgebrannt, jetzt stehen

die Talkshowmaster in Berlin an der Brandstätte und versuchen mit
den Löschmethoden von vorgestern, neues Wachstum in die Asche
zu pusten, dabei ist ihnen längst der Finanzschlauch geplatzt. Mit
den Patentrezepten der vergangenen 60 Jahre, lassen sich die angehäuften politischen Katastrophen nur beheben, wenn man Querdenker mit der Reparatur beauftragt. Die Staatsmacht ist eine Interessengemeinschaft der Machtbesessenen geworden, die sich gegen die Interessen der ohnmächtigen Bevölkerung richtet, die
glaubt in einer Demokratie zu leben. In Wirklichkeit leben wir in einer
Lobbykratie in der Presse, Industrie-Lobbyisten und altetablierte
Parteien mit festgefahrenen Besserwisser-Betonköpfen das Sagen
haben und das Volk darf einmal in vier Jahren dazu sein Kreuzchen
machen. Die Aussagen der Politiker sind wie beschriftete Seifenbla-
sen, sie zerplatzen bevor sie richtig aufsteigen können. Demokratie
und Kompromiss als Staatskunst sind leider nur eine Fata Morgana,
der wir schon zu lange hinterher hetzen und sie nie erreichen werden. Man sollte sie durch die Betriebs-Wirtschafts-Lehre ersetzen,
sonst müssen unsere Politiker bald beim Konkursrichter vorsprechen, denn sie liefern schon zu lange eine Bankrotterklärung nach
der anderen ab. Den heutigen Politiker-Generationen ist anscheinend der Verstand abhandengekommen, sonst würden sie sich nicht
im Unwesentlichen verlieren und die wirklich wichtigen Dinge igno-
rieren. Gründet ein kluger Mensch eine neue Partei, stürzen sich die
Etablierten sofort auf den vermeintlichen Konkurrenten und schieben ihn mit unsachlichen Argumenten in die rechte oder linke Ecke.
Niemand kommt auf die Idee, dass neue Parteien auch Akzente setzen und Impulse geben können, welche die verkrusteten Strukturen
aufbrechen. Sie werden gnadenlos von Presse und Politik niedergemacht. In Talkshows fallen die Moderatoren und die etablierten Parteien dann gemeinsam über die neuen her. Es ist einfach abscheu-
lich. Nur was man als alleinseligmachende Wahrheit festgelegt hat,
darf verbreitet werden. Obwohl sie sonst übereinander herfallen,
stürzen sie sich nun gemeinsam auf den Gesinnungsfeind, um ihre
Erbhöfe zu verteidigen. Nur was sie unter Demokratie verstehen ist
gut und richtig, alles andere ist rechtes oder linkes Gedankengut -
nur so einfach ist die Welt eben nicht. Weil der Kuhhandel im politischen Geschäft, ebenfalls der Korruption zu zuordnen: Gebe ich dir

das, bekomme ich was? Und wegen des ausufernden „Lobbyings", muss der alte Demokratiebegriff neu definiert werden. Würden nur die Klugen in die Parteien gehen, hätten wir sicher ein besseres Leben. Manchmal wird auch der ganz normale Mensch zum Staatenlenker, als politisch Verantwortlicher plötzlich aber der gleiche Fehlerdenker.

Die Bürger leisten der Staatsverschuldung Vorschub, indem sie Staatsanleihen zeichnen. Jeder, der sein Geld nicht zur Bank bringt, weil er keiner mehr traut, ist ein weiterer möglicher Steuersünder, weil ihm der Finanzminister das Horten von Schwarzgeld unterstellt. Die Unschuldsvermutung wird zur Beweislastumkehr, indem der Staat seine Bürger zu potentiellen Steuersündern erklärt und von ihnen verlangt, ihre Unschuld zu beweisen. Man sollte sich, statt Geld anzunehmen, Schuldscheine ausstellen lassen, darauf hätte der Finanzminister keinen Zugriff.

Der Staatshaushalt finanziert sich auf wundersame Weise wie ein Perpetuum Mobile. Die Kreditinstitute erhalten von den Zentralbanken ohne nennenswerte Sicherheiten zu leisten, zinsgünstige Darlehen, die der Staat dann in Form von Anleihen zurückleast. Im allgemeinen Sprachgebrauch nennt man dies ein Schneeballsystem, oder wenn man so will, der Durchbruch zur Erfindung des Goldesels. Banken sind jedoch nur Zahlengebäude, ohne Wertschöpfung. Deshalb sollten sie an den Kosten ihrer Fehlentscheidungen großflächig beteiligt werden, stattdessen werden sie auf Kosten der Allgemeinheit saniert. Die Macht und das Roulette-Spiel der Finanzmärkte muss durch Gesetze beschnitten und kontrolliert werden. Es kann nicht angehen, dass Finanzmärkte keinerlei Besteuerung unterliegen. Sie sind allesamt Nutznießer der Gesellschaft und müssen daher auch ihren Anteil zur Aufrechterhaltung des Gemeinwesens leisten. Das Gleiche gilt für Reiche und Superreiche, die ja nur einen lächerlich kleinen Anteil ihrer Einkommen zu versteuern haben. Richtig ist, Arbeit und Leistung müssen belohnt werden, schließlich fließt ja auch das Geld der „Reichen" wieder in den Wirtschaftskreislauf zurück und hält das System am Laufen. Aber die höheren Steuereinnahmen, könnten genauso gut auch vom Staat wieder ausgegeben werden, so hätten alle etwas davon. Natürlich nur dann, wenn das Geld nicht von den Politikern wieder sinnlos verplempert wird und da habe ich dann doch wieder so meine berechtigten Zweifel.

Ein weiteres großes Ärgernis, das keine der etablierten Parteien zu lösen wagt, ist es, die GKV/PKV Kranken-Versicherungen und das Rentensystem zu reformieren. Unsozialer geht's gar nicht mehr. Wir haben ein Zweiklassensystem, das noch aus Kaisers Zeiten stammt. Ruft man beim Arzt an, um einen Behandlungstermin zu erbitten, ist die erste Frage: Gesetzlich- oder privatversichert? Privat bekommt man sofort einen Termin, gesetzlich muss man warten. Kommt dann der gesetzlich Versicherte zum Termin, erfährt er zuerst was die Gesetzliche alles nicht bezahlt. Der IGEL lässt grüßen. Ich möchte das hier nicht ausweiten, aber eins steht fest, so kann es nicht weitergehen. Es muss ein einheitliches System her, in das alle die Steuern zu zahlen haben, anteilmäßig je nach ihrer Steuerbelastung einzahlen müssen, daran führt kein Weg vorbei. Anteilmäßig muss natürlich auch in die Rentenkasse und in die Pflegeversicherung eingezahlt werden, egal ob oder wie lange eine/einer gearbeitet hat. Wer Geld verdient, sei es durch selbständige oder unselbständige Arbeit, von seinen Einkünften aus Vermietung und Verpachtung oder von Kapitaleinkünften lebt, muss sich an den Kosten beteiligen, die das Gesundheitswesen und das Rentensystem verursacht. Das Argument, das einige nie gearbeitet haben, und trotzdem Gesundheits- und Rentenleistungen bekommen, darf nicht außer Acht lassen, dass diese Leute auch jetzt schon eine staatliche Mindestrente und kostenlose ärztliche Leistungen erhalten. Vor allen Dingen ist es dringend erforderlich, dass die Rentenkassen einen Kapitalfont bilden, der als Puffer für schlechte Zeiten eingesetzt werden kann und auf den die Politiker keinen Zugriff haben dürfen.

Die Staatsverschuldung hat ungefähr die gleiche Dimension, wie die Guthaben auf den Konten der Sparsamen. Kippt dieses Gleichgewicht ins Haben, geht es den Armen besser, kippt es ins Soll, haben wir einen Staatsbankrott und es geht allen schlechter. Bevor es Geld gab, wurden die Schuldscheine erfunden, heutzutage ist jeder bei jedem verschuldet, deshalb haben auch nur ein paar Superreiche das gesamte Geld angehäuft. Wirtschaftskrise ist immer, und immerfort findet man einen Grund fürs Schulden machen. Die Regierenden finden zwar plausible Erklärungen fürs Schuldenmachen, nur bei den Gründen zum Sparen sind sie nicht so kreativ.

Viele Konzerne sind heimatlos geworden und vagabundieren im temporären Gewinnmaximierungsraum. Seit ein wert-schöpfend Tätiger für zwei schaffen muss, haben wir so viele Arbeitslose oder ist es eventuell umgekehrt? Vom Sozialstaat wird die soziale Marktwirtschaft ruiniert, der Staat inzwischen zum Unsozial Staat mutiert, weil ihn kaum noch jemand kontrolliert.

Winston Churchill war ein weiser Mann und prägte folgenden Satz:

>Manche Leute halten den Unternehmer für einen räudigen Wolf, den man totschlagen müsse. Andere sehen in ihm eine Kuh, die man ununterbrochen melken könne. Nur wenige erkennen in ihm das Pferd, das den Karren zieht. <

Zwischen diesen Extremen steht unsere Regierung und muss dafür sorgen, dass ein Mittelweg gefunden wird. Keine leichte Aufgabe, aber lösbar. Was ist zu tun, gegen die immer weiter um sich greifende Arbeitslosigkeit, die Zerstörung der Umwelt und gegen die soziale Kälte in unserer Gesellschaft. Die Regierenden müssen lernen, den Staat als Ganzes zu verstehen, alle sind wichtig wie der Organismus in einem Bienenvolk. Wenn die Gesellschaft es zulässt, dass sich Einzelne unverhältnismäßig bereichern, während andere verarmen, wird es mit unserem Land weiter abwärtsgehen. Was wir brauchen, ist eine ausgeglichene Verteilung der gemeinschaftlich erarbeiteten Wertschöpfung. Ein Staat kann nur überleben, wenn alle Staatsbürger ihrem Können gemäß, am Erfolg beteiligt werden, vor allem daran mitarbeiten dürfen. Der Wohlstand muss angemessen und nachvollziehbar verteilt werden. Wer mehr leistet darf auch mehr verdienen, das berechtigt aber nicht Milliarden anzuhäufen, während schwächere Mitglieder der Gesellschaft nicht einmal das Existenzminimum bekommen.

Das Mindeste, was jeder Mensch braucht, ist ein Dach über dem Kopf, zu essen und zu trinken, sowie eine angemessene ärztliche Versorgung. Das Wichtigste für alle ist eine Arbeitsstelle, bei der man für gute Arbeit gutes Geld verdient. Ohne diese Grundvoraussetzungen kann kein Gemeinwesen überleben. Alle Gruppen der Ober- Mittel und Unterschicht, müssen dies zu ihrem obersten Ethik-Grundsatz erheben, denn ohne die da unten, gebe es die da oben auch nicht.

In der heutigen, rastlosen rund um die Uhr lebenden Massen-Konsum- Freizeit- und Arbeitswelt, ist die Empathie verloren gegangen. Zu viele Menschen bleiben zurück, verlieren ihren Lebensinhalt. Wer noch nicht von der allgemeinen Konvention verbogen und vom Schicksal abgefertigt wurde, hat sich durch eisernen Fleiß und Können, in dieser Ellbogengesellschaft nach oben gearbeitet, dabei aber eventuell seine Seele verloren. Man sehe sich nur einmal die Randgruppen der Alleinerziehenden an. Da will der Staat mehr Kinder, lässt aber die Eltern, vor allem die alleinerziehenden Frauen finanziell im Regen stehen. Ich bin der Ansicht, dass Kinder bekommen und Kindererziehung für alle Eltern kostenneutral sein muss, schließlich opfern sie schon unendlich viel Freizeit, die sie von Niemand bezahlt bekommen.

Offiziell ist es in Deutschland verboten im Freien zu übernachten. Die Obdachlosen und Asylanten dürfen das, aber nur, weil man sie dafür nicht bestrafen kann, denn sie haben ja kein Geld und nichts, was man ihnen noch wegnehmen könnte. Da ist eben nichts zu holen und die Gefängnisse sind voll. Machen sie das als „Normalbürger", werden sie von Polizeistreifen erkennungsdienstlich behandelt, oder bekommen ein Strafmandat. In den Neuen Bundesländern hat man tausende Plattenbauten abgerissen, inzwischen sucht man händeringend nach Unterkünften für die Flüchtlinge aus den Kriegs- und den Krisenländern, - welch eine Idiotie.

Man schafft im Handstreich die konkurrenzlose staatliche Post ab. Ein Geniestreich meint man, aber, was seit Postkutschenzeiten und tausend Jahren gut und richtig war, kann doch nicht so falsch gewesen sein, oder? Ja, nun weiß man es besser, inzwischen gibt es zu viele Post- und Paketdienste, die sich auf Kosten ihrer Beschäftigten gegenseitig kaputtkonkurrieren. Die Gewerkschaften, die ja das alles richten sollten, stehen Gewehr bei Fuß, wissen sich nicht zu helfen, schauen zu, wie die Zusteller im Schweinsgalopp von Haustür zu Haustür hasten, dreimal in zehn Sekunden klingeln, weil immer „noch niemand öffnet", weil der vielleicht noch die Treppe runter muss oder sich gerade hinter dem Haus befindet. Ja, so ist das in Deutschland, die einen müssen rennen, rennen, rennen, die anderen sitzen daheim im Sessel und haben keine Arbeit, das ist volkswirtschaftlicher Selbstmord.

Hier komme ich an den Punkt ein paar Überlegungen anzustellen, wie man diesen ruinösen Wettbewerb der Dienstleister durchbrechen und verändern könnte. Allein mit den Mindestlöhnen ist es nicht möglich, dieses neuartige Phänomen in den Griff zu bekommen. Es gibt zu viele Schlupflöcher und zu viel Bürokratie für die Firmen, denn Sie werden gezwungen Arbeitszettel zu führen, wo der Arbeitsbeginn, das Arbeitsende und auch die Pausen aufgezeichnet werden müssen. Nehmen wir mal eine Putzfrau. Sie bekommt jetzt endlich ihren Mindestlohn, muss dafür aber statt bisher zwei, nun drei Büroräume in der gleichen Zeit putzen. Was nutzt ihr nun ihr Mindestlohn? Was soll sie machen, schneller arbeiten oder oberflächlicher putzen? Ich würde mich für Letzteres entscheiden - und da ist er wieder, der Qualitätsverlust!

Man sollte lieber in eine Wolke sehen,
als einen Politiker beim Worte nehmen.

Rei©Men

Im Gegensatz zum Industrieprodukt, wo man über die Verlängerung der Garantiezeiten, die Qualität der Produkte verbessern kann, wird das bei Dienstleitern bürokratisch nicht zu lösen sein. Im Gespräch ist ja schon lange, die monatliche Auszahlung eines angemessenen Bürgergeldes, in Form eines Grundgehaltes an alle Staatsbürger. Um die Mittel für ein solches System zusammen zu bekommen, würden alle bisherigen Zahlungen an Bürger, z. B. Arbeitslosengeld, Renten, Kindergeld und Sozialhilfen wegfallen. Diese Idee wird vermutlich auch einen erheblichen Einfluss auf die Durchsetzung der Mindestlöhne haben. Zudem würde der bisherige Bürokratismus komplett wegfallen, was da sind die vielen Prüfungen, ob berechtigt oder nicht. Schon durch den Wegfall dieser ganzen Ämter und Verfahren, würde ein erhebliches Einsparpotential entstehen. Leute die Kinder erziehen, müssten zusätzlich ein kostenneutrales Kindergeld bekommen, wie weiter oben schon erwähnt.

Die Auswirkungen auf den Arbeitsmarkt wären zunächst einmal gravierend, weil jemand der eine Grundversorgung bekommt, kaum noch jede Billiglohnarbeit annehmen müsste. Ab diesem Zeitpunkt wären die Arbeitgeber die Konkurrenten um die Arbeitskräfte. Nur wer besser zahlt, bekäme auch Arbeitskräfte, zumindest müsste es sich lohnen, zusätzlich zum Grundeinkommen etwas zu verdienen, das demjenigen danach aber auch zukommt und nicht wie zurzeit von den Sozialleistungen wieder abgezogen wird.

Die meisten Argumente, für oder gegen das Grund-Einkommen, sind nicht zu Ende gedacht. Wenn Sie meine Ausführungen zu künftigen Arbeitswelten gelesen haben, werden Sie verstehen, dass wir an der Auszahlung von Grundeinkommen auf Dauer nicht vorbeikommen, denn es wird in Zukunft durch die fortschreitende Automatisierung, immer weniger Arbeitsplätze geben. Wie dort schon erwähnt, bin ich der Meinung, dass jeder Bürger im Rahmen seiner Möglichkeiten, für das Grundeinkommen etwas für die Gesellschaft leisten sollte, aber nicht muss. Er hätte aber jederzeit die Möglichkeit, sein Einkommen aufzubessern. Man kann über das Grundeinkommen lange diskutieren ob es gerechtfertigt ist oder nicht. Eines ist jedoch klar, in unserer Gesellschaft wird so oder so niemand verhungern, denn die sozialen Netzwerke fangen jeden auf, egal ob er arbeiten kann oder nicht. Was liegt also näher, als dem Bürger statt Sozialhilfe ein Bürgergeld zu geben. In Österreich funktioniert dieses System bereits, warum nicht auch bei uns?

Damit komme ich zum Begriff des Grunderbes. Mit dem Geborenwerden, leitet sich für jeden Menschen das Recht ab, an den Ressourcen der Erde teilzuhaben. Leider gibt es immer Menschen, die da meinen, sich davon eine größere Scheibe abschneiden zu dürfen und anderen, weniger Starken und Erfolgreichen dieses Recht absprechen. So ist es im Laufe der Jahrtausende dazu gekommen, dass inzwischen fast alles sehr Wenigen gehört, dazu gehört hauptsächlich der Grundbesitz. Für die Nachgeborenen bleibt nichts übrig, es sei denn, sie sind in der glücklichen Lage, etwas von ihren Vorfahren zu erben oder sie können etwas käuflich erwerben. Dieses System hat dazu geführt, dass Reiche immer reicher und Arme immer ärmer werden und allzu oft von der Sozialhilfe leben müssen. Zum Grunderbe gehören das Wasser, die Luft zum Atmen und das Recht, sich auf der Erde frei bewegen zu dürfen. Vor allem das Recht auf Nahrungsmittel. Die einzige Ressource, die für alle noch frei zugänglich ist, ist die Luft. Alle anderen sind inzwischen von den „zuvor geborenen" besetzt. Jede nachfolgende Generation versucht sie den Besitzenden wegzunehmen. Daraus entstehen die meisten Konflikte in der Welt. In Schweden und anderen Ländern gibt es das sogenannten Jedermannsrecht. Es beinhaltet das Recht jedes Menschen die Natur und ihre Früchte zu nutzen und zu genießen und das, - unabhängig von den jeweiligen Eigentumsverhältnissen am Grund und Boden. In diesem Fall muss nicht erst die Genehmigung des Besitzers eingeholt werden. In der BRD ist dieses Recht bis zur Unkenntlichkeit verfälscht worden und inzwischen fast alles verboten. Das ist natürlich auch eine Folge der Überbevölkerung, aber in erster Linie den verantwortlichen Politikern geschuldet, die versuchen alle Lebensbereiche der Bürger mit Gesetzen und Verordnungen zu regeln. Passiert irgendetwas „Unerlaubtes", muss dagegen ein neues Gesetz geschaffen werden. Der Hang der Besitzbürger, seine vermeintlichen Rechte durchzusetzen überfrachtet unsere Gerichte, vor allem, seit man auch ohne Geld jederzeit den Klageweg beschreiten kann. Dabei wird vergessen, dass niemand in der Lage ist, alle Gesetze und Verordnungen zu kennen und sie Buchstabengetreu einzuhalten. So lebt der Bürger mit dem gefühlten Recht sehr kommod, doch plötzlich schaut er dumm aus, wenn ihn die Gerichtsbarkeit am Haken hat. Die Gesetze sollten deshalb auf ein Mindestmaß an Verständlichkeit und Logik zurückgeführt werden. Ebenso verhält es sich mit dem Jedermannsrecht, das dem Besitzenden klare Vorgaben macht, was er auch auf seinem Grund und Boden zulassen muss. Der Mensch wird geboren, muss in den Kindergarten, muss in die Schule, muss einen Beruf erlernen, muss eventuell studieren um mehr Geld zu verdienen, muss in den Krieg ziehen, den andere heraufbeschworen haben. Muss, Muss, Muss. Das Wort „Muss", muss abgeschafft werden. Dem Menschen sollte wieder mehr Freiheit und Selbs-verantwortlichkeit zugestanden werden. Diese untragbare Situation ist auch ein Hauptargument für das Grundeinkommen. Damit erhielte jeder Bürger einen legitimen Ausgleich, für das inzwischen aus unserem Leben weites gehend verschwundene Jedermannsrecht und das Recht diese Erde zu benutzen.

Weiter oben im Buch habe ich mich über das Thema des bürgerlichen Grundeinkommens schon lang und breit ausgelassen und einen ähnlichen Vorschlag wie Herr Götz W. Werner (dm Drogeriemarkt) angedacht. Sie würde allerdings eine erweiterte Wertschöpfung durch Arbeit voraussetzen, die ebenfalls freiwillig wäre, aber doch einer elektronischen Kontrolle unterliegen würde. Ich glaube nicht so ganz an den freiwilligen Einsatz der Menschheit zum Wohle aller. Wie sagte Lenin: „Vertrauen ist gut, Kontrolle ist besser". Schon das Römische Weltreich ist wegen der Völlerei, der Vergnügungssucht und der Bequemlichkeit zusammengebrochen. Letztlich auch deshalb, weil man aus den eroberten Ländern keine Arbeits-Sklaven, die für die Wertschöpfung zu sorgen hatten, mehr generieren konnte.

Das bedingungslose Grundeinkommen, oder BGE (Bürgerliches Grundeinkommen) das Götz W. Werner, der „dm Chef" favorisiert, ist in der angedachten Form nicht realisierbar, sonst entsteht das Prinzip „rechte Tasche, linke Tasche", aber eine Wertschöpfung findet dabei nur noch auf freiwilliger Basis statt. Die Ideen sind grundsätzlich richtig, aber auf diese Weise würde eine Gelddruckmaschine in Gang gesetzt, die in die Inflation führt.

Wenn Unternehmenssteuern, Steuern aus Vermietung und Verpachtung, sowie Vermögens- und andere Steuern nicht mehr erhoben werden, bricht die in Jahrhunderten gewachsene Staatsfinanzierung zusammen. Reiche Deutsche würden das BGE kassieren, ihr Vermögen aber in Steueroasen parken und auch im Ausland ausgeben. Davon einmal abgesehen, würde ein Reicher ja nicht sein ganzes Geld in den Konsum stecken, damit genug Staatseinnahmen realisiert würden, sondern vermutlich nur sein Geld für sich arbeiten lassen und dadurch nach und nach noch reicher werden. Dieses Übel hat ja mal ein kluger Kopf nachgerechnet. Wenn jemand bei Christi Geburt ein Mark auf seinem Konto deponiert hätte, würde ihm heute die ganze Erde gehören und genau das soll ja verhindert werden. Der Dumme wäre wieder mal der deutsche Konsument, denn nur durch ihn kämen Konsum-Steuer-Gelder in den Kreislauf zurück. Um die Finanzierung eines BGE stemmen zu können, muss ein sehr gut durchdachtes, ausgewogenes, total neues Steuersystem entwickelt werden und dann über lange Zeiträume beobachtet und nachjustiert werden, so würde ein Schuh daraus. (Lesen Sie zum besseren Verständnis seine Bücher, Einkommen für alle und 1000 € für jeden)

Nachdem sich die Menschheit durch Bewegungsmangel und vom Staat zugelassener Fastfood-Industrie krankgelebt hat, wird sie aus humanitären Gründen vom Pharma-Gesundheits-Komplex mit Pillen wieder gesundgepflegt. Die ausufernden Kosten sind inzwischen nicht mehr in den Griff zu bekommen. Würde man die Lebensmittelindustrie gesetzlich und überprüfbar dazu zwingen, gesunde Lebens- und Genussmittel auf natürlicher Basis herzustellen, statt krankmachenden Fast Food, die Bevölkerung zu mehr Sport und weniger Auto- Büro- und Fernsehsitzen anhalten, könnte man sich das alles sparen. Auf Dauer und in Generationen gedacht, kommt das heutige System einem bewegungsmangel- und lebensmittelgesetzlich verordneten, gemeinschaftlichen Selbstmord gleich. Meine Familie versucht dem zu begegnen, indem wir uns weitgehend von Grundnahrungsmitteln ernähren und Sport treiben.

***

Seit ein paar Jahren versucht man die 50 - 60 Millionen Fahrzeuge in Städten und Gemeinden auszugrenzen. Das geschieht auf vielerlei Arten. Da gibt es immer mehr Strafzettel, das bringt ja auch Geld in die Kassen. Die Fahrbahnen werden mit Inseln eingeengt, Umwelt- und Fußgängerzonen eingerichtet, das geht bis zu totalen Fahrverboten. Dabei haben unsere Politiker all diese Probleme, die sie nun bekämpfen, selbst herbeigeführt. Vor Jahrzehnten fing es an und setzt sich bis heute fort. Das Wort Raumordnung ist zwar bekannt, wird aber nicht angewandt, sonst ständen die diversen Firmen, Einkaufs- Versicherungspaläste- die Arztpraxen, Banken, Handwerkskammern etc. und Museen nicht gehäuft in den Innenstädten, die sich zudem noch in Ballungszentren befinden herum und müssen von den Menschen, die dort arbeiten, jeden Tag angefahren werden, aber die Infrastruktur, Bahnen, Straßen, Radwege und Fahrrad-Mitnahme-Systeme in Bahnen sind nicht vorhanden oder werden zurückgebaut. Auf den meisten Bahnhöfen fehlt die sogenannte Barrierefreiheit, in Fahrstühle passen keine Fahrräder hinein, Toiletten sind nicht auffindbar oder fehlen gleich ganz. An manchem Streckenhalt ohne Bahnhofsgebäude, fehlt sogar der Fahrkartenautomat. Der Bahnkunde wird genötigt, sich im Internet eine Fahrkarte zu besorgen. Da fragt man sich, wo ist der einst vorhandene Komfort geblieben, als man in jedem Zug eine Fahrkarte nachlösen konnte? So wird man die Menschen nicht in die Züge locken können.

Gefährlich ist das Entwicklungsgeld, es befördert nur das Kinderwachstum in der dritten Welt. Ewiges Wachstum kann es nicht geben, weil zu viel Menschen auf dem Globus leben. Der Mensch sollte den Naturgesetzen folgen und wieder den Kampf ums Überleben aufnehmen, anstatt ständig nach der Hilfe der Gesellschaft zu rufen, sonst werden wir alle zusammen untergehen.

Dem ganz normalen Politikwahnsinn, folgt der Niedergang der Gesellschaft. Die Zeiten des Wartens auf ein Wunder sind vorbei, jetzt müssen wir es endlich anpacken. Wir müssen Politiker wählen, die etwas auf den Weg bringen können, die anpacken und die ewigen Zankapfel-Baustellen beseitigen. Es gibt keine Wunder, aber ein paar Grundregeln für Wahlen, die ich mir in langen Wählerjahren erworben habe, ich möchte sie hier einmal aufzählen.

Welche Politiker sollten vom Volk nicht gewählt werden!

Wir dürfen keine Politiker wählen, die nur an ihrer politischen Kariere basteln, eine/einer die dieses Wort in den Mund nimmt, ist schon dadurch für die anstehende Regierungsarbeit nicht geeignet.

Politiker müssen aufhören in Parteikadern zu denken, nur ihre Partei macht alles richtig, alle anderen sind Dummköpfe.

Politiker, die anderen nicht zuhören können oder sie öffentlich „mobben", weil sie ihrer Meinung nach zu weit rechts oder links stehen, dürfen nicht mehr gewählt werden.
Politiker, die in Talkshows ein politisches Gezänk anfangen oder überheblich sind, hämisch über andere lächeln, statt sachlich zu diskutieren, fallen durch das Raster.

Politiker, die in ihrer Partei andere intelligente Köpfe, die eventuell ihre „große Karriere" behindern könnten, wegmobben, sind fehl am Platze.

Keine Lehrer, Beamte, Pfarrer und möglichst wenig Akademiker wählen. Das ist keine Diskriminierung, sondern Notwehr, denn wir haben schon eine kopflastige Lehrer-Beamten-Pfarrer- und Akademiker Regierung.

Keine Menschen wählen, die nur gut und viel reden können, keine neuen Ideen entwickeln, aber auch sonst nichts zu sagen haben, weil sie nur ihre Partei-Ideologie verbreiten.

Keine Menschen wählen die Lügen oder sich um ehrliche Antworten herum mogeln.

Vor allem keine Parteien, die schon länger in der Regierung Verantwortung tragen oder die bestehenden Missstände mit zu verantworten haben. >Neue Besen kehren besser<

Keine Personen oder Parteien wählen, die mehr Geld ausgeben als sie einnehmen.

Keine Politiker mit einstudierter Schauspielergestik und vor allem keine Berufspolitiker.

Keine Politiker, die sich der dringenden Reform des Renten- und Kassensystems verweigern.

Welche Politiker sollten das Volk wählen:

Vor allem ehrliche Menschen, >Macher< und Leute, die schon im Berufsleben etwas geleistet haben und viel Erfahrungen gesammelt haben, z. B. ehemalige Industriemanager.

Leute aus dem Volk, mit gesundem Menschenverstand, die bisher keine Politiker waren.

Nur Parteien, die seriös auftreten und keine Wunder versprechen.

Nur Parteien, die die Belange der kleinen Leute nicht aus dem Blickfeld verloren haben.

Nur Parteien, die sparen können und nicht das Geld für unsinnige Prestige-Projekte zum Fenster hinausschmeißen.
Sich natürlich gebende Menschen.

Leute, die das Banken- und Finanzwesen in Ordnung bringen wollen.

Leute, die die soziale Kälte in Deutschland bekämpfen wollen.
Menschen, welche die Rente für alle, auch für Frauen und Männer auf 65 Jahre festsetzen. Das ist Gleichberechtigung, denn es gibt keine plausiblen Gründe warum Frauen schon mit sechzig Rente bekommen, denn sie leben statistisch gesehen, ohnehin länger als die Männer.

Alle Personen die versprechen verheiratete, unverheiratete oder andere Partnerschaften gleich zu behandeln und zu besteuern.

Alle Personen die vorhaben das Kindergeld ansteigend nach dem Kindesalter zu berechnen, sodass es für Unterhalt und die Erziehung von Kindern auskömmlich ist.

Politiker die Kriegseinsätze und Waffenverkäufe grundsätzlich ablehnen. Die Ausnahme bildet hier einzig und allein der Verteidigungsfall, wenn unser Land angegriffen würde.

Wie sollte eine zukünftige Gesellschaftsordnung aussehen und welche Einrichtungen sind für einen modernen Staat Überlebenswichtig?

>Schnelle Kommunikationswege<, die haben wir inzwischen, aber nicht, weil sie staatlicherseits gefördert wurden, sondern weil sie

sich durch die internationale Entwicklung des Internets ergeben haben. Unser Staat schafft es ja nicht einmal alle Städte und Gemeinden mit Glasfaserkabeln zu versorgen, bzw. die Internetkriminalität zu stoppen.

>Schnelle, unkomplizierte Verkehrssysteme<, siehe auch weiter unten, dazu gehören in erster Linie Radwege durchs ganze Land. Nur so kann man den Ressourcenverbrauch langfristig stoppen, denn es ist schon lange bekannt, dass die meisten Wege für Erledigungen und Besorgungen innerhalb Entfernungen von weniger als fünf bis zehn Kilometer stattfinden. Inzwischen breitet sich das Pedelec, ein von einem Elektromotor unterstütztes Fahrrad, rasant schnell aus. Aber wieder einmal verschläft die Politik die einmalige Chance, diese geniale Lösung für den Kurzstreckenverkehr, mit Maßnahmen wie den schnellen Ausbau der Radwege und der Infrastruktur zu unterstützen. Wenn Sie mehr darüber wissen möchten, lesen Sie bei Amazon im Kindle Verlag als E-Book oder auch als Taschenbuch: Elektrofahrrad Pedelec von A - Z.

>Effektive Verbrechensbekämpfung<, - es kann nicht sein, dass Gerichte mit Fällen ohne Ende zugemüllt werden, nur, weil jeder sich mit Hilfe von geldgierigen Anwälten durch alle Instanzen klagen kann, auch wenn er es sich finanziell nicht leisten kann. Ein alter Grundsatz besagt, dass Verbrechen durch Polizeipräsens schon im Ansatz verhindert werden können, aber was macht die Politik, sie verringert die Polizeiposten und die Zahl der Beamten. Früher sah man öfters die Autobahnpolizei oder Polizeistreifen in den Straßen. Die durch die Ausdünnung eingesparten Kosten, werden dann in dreifacher Höhe für Gefängnisse, Gerichte und weitere Folgekosten ausgegeben. Menschen, die durchaus in der Lage wären bei der Polizei zu arbeiten, sind arbeitslos und beziehen Sozialhilfe, die natürlich auch aus dem Staatshaushalt finanziert werden muss. Welch ein Widersinn, welch eine Verschwendung von Ressourcen, welche Vergeudung von Steuergeldern. Was fehlt ist ein ausgewogenes System von Prophylaxe, Exekutive und Judikative. Man begreift einfach

nicht, dass alles miteinander stimmig sein muss und kuriert immer nur an den Symptomen herum.

>Verbesserung des aus dem Ruder gelaufenen Verkehrs-Wesens<, zur Verfolgung von Verkehrsverstößen reicht es nicht aus, immer mehr und höhere Strafzettel zu verteilen und noch mehr Radarfallen und Verkehrsschilder aufzustellen. Es muss endlich eine umfangreiche Verkehrserziehung aufgebaut werden. Statt Strafzettel zu verteilen, müssten Verkehrssünder in eine Verkehrsschule gehen, die ihnen den § 1 der Straßenverkehrsordnung nahebringt, der da besagt:

>Jeder Verkehrsteilnehmer hat sich so zu verhalten, dass kein anderer geschädigt, gefährdet oder mehr, als nach den Umständen unvermeidbar, behindert oder belästigt wird<.

Diese Grundsätze und Verhaltensweisen, sollte man eins zu eins auf die Gesellschaft übertragen, denn unser Verhalten im Straßenverkehr ist auch ein Spiegelbild der heutigen Gesellschaft. Wenn Sie mehr darüber wissen möchten lesen Sie mein Buch: >Das Verkehrs ABC<, Amazon als Taschenbuch oder Kindle E-Book Verlag.

Man könnte diese Reihe unendlich weiter fortsetzen, denn die Versäumnisse von Jahrzehnten bilden eine lange Kette, die sich immer stärker spannt und unsere Gesellschaft zu zerreißen droht, wenn diese Probleme nicht bald und konsequent aufgearbeitet werden. Eine neue Gesellschafts-Ordnung muss auf der vorhandenen aufbauend, ausgeglichene Verhältnisse zwischen Arm und Reich schaffen. Es kann und darf niemanden geben, der sich auf Kosten der Gesellschaft übermäßig bereichert, ohne dafür zu arbeiten. Durch entsprechende Steuerpolitik muss in Zukunft verhindert werden, dass Reiche immer reicher werden und Arme immer ärmer, das hat nichts mit Sozialismus zu tun. Jeder Mensch sollte ein auskömmliches Einkommen haben, um später auch eine auskömmliche Rente erhalten zu können. Die Schwächsten der Gesellschaft, Alleinerziehende,

Kranke und Behinderte, müssen mit ausreichenden Geldmitteln unterstützt werden. Aus der Bankberatung ist die Bankberaubung geworden, das Bankenwesen muss staatlich überwacht werden, genauso, wie man dies heute schon mit Industriebetrieben macht. Die Infrastrukturen, Verkehrswege, Bahnen, und Kommunikationswege müssen ausgebaut, verbessert und den heutigen Erfordernissen angepasst werden, denn die meisten stammen noch aus dem 19. und 20. Jahrhundert. Die Wirtschaft verlangt flexible und schnelle Transport-Systeme, seit aber die Lager auf die Straße verlegt wurden, brechen die Verkehrswege unter der Last zusammen. Man leistet sich den Luxus von teuren, stör- und unfallträchtigen Transportsystemen wie Schiene, Straße und Schifffahrtsstraßen, die unsere Stadt- Land- und Flusslandschaften restlos zerstören. Dabei liegen schon lange Ingenieurs-Konstruktionen in der Schublade, die Waren und Güter automatisch, ohne großen Personaleinsatz, entlang der Autobahn-Trassen, längs- und quer durch die ganze Republik transportieren könnten. Dabei meine ich nicht den Transport über die Fahrbahnen, sondern zusätzliche vollautomatische Bahnen auf Schienentrassen über oder neben den Autobahnen. Die Container existieren ja schon, der Rest müsste nur gebaut werden. Das Geheimnis solcher Transportwege ist die relative Langsamkeit. Kombiniert mit der ausgefeilten Logistik unseres digitalen Zeitalters, könnte man die punkgenauen Anlieferungen der Waren und Halbfabrikate, von den Zulieferern zu den Montagestraßen planen. Das neue Lager wäre dann das Transport-System und nicht die straßenverstopfenden LKW-Karawanen. Die eingesparten Fernfahrer, könnten dann in der Beförderung und in der Unterhaltung der Systeme eingesetzt werden. Denkt man den Weg der Güter weiter, würden die Anlieferungen bei den Betrieben direkt am Montageband und ohne Umschlag-Prozesse enden. Für den individuellen Transport von Menschen und anderen Waren, könnten dann die alten entlasteten Verkehrswege weiter genutzt werden.

Die Arbeitslosigkeit zu bekämpfen, heißt die vorhandene Arbeit auf alle Arbeitswilligen- und fähigen zu verteilen. Dieses vorrangige Ziel können wir nur erreichen, wenn man gestattet, dass Betriebe wieder Beschäftigte entlassen dürfen, wenn sie weniger Arbeit haben oder einstellen, wenn sie Leute benötigen. Dieser altbewährte Prozess, ist von Gewerkschaftern und Politikern außer Kraft gesetzt worden. Dabei wurde außer Acht gelassen, was schon immer klar war: Kein Betrieb stellt Leute fest ein, die er nicht mehr los wird, sondern schließt stattdessen befristete Zeitverträge ab oder stellt Leiharbeiter ein, welche die Beschäftigungslücken schließen sollen, aber jederzeit wieder nachhause geschickt werden können. Volkswirtschaftlich gesehen sind diese prekären Arbeitsverhältnisse ein Wahnsinn, weil das sogenannte „Heuern und Feuern" durch das Zwischen-Parken von Arbeitskräften den Leiharbeitsfirmen übertragen wurde, die mit der sozialen Not der Arbeitslosen, die man verhindern wollte, ein Riesengeschäft machen. Einen weiteren Unsinn stellte die Weigerung vieler Politiker dar, einen auskömmlichen Mindestarbeitslohn einzuführen. Inzwischen ist es ja nun gelungen den Mindestlohn einzuführen, leider ist nur ein Minimalmindestlohn dabei herausgekommen, von dem niemand leben kann. Außerdem ist er mit einem massiven bürokratischen Aufwand für die Betriebe verbunden worden. Sehend und wissend, wird weiterhin auf der sogenannten Freiheit der Lohn- und Gehaltsgestaltung durch die Gewerkschaften hingewiesen, die aber ganz offensichtlich nicht in der Lage sind, einen gerechten und gleichen Lohn für gleiche Arbeit, durchzusetzen. Einen größeren Betrug, an der auf Arbeit zum Lebensunterhalt angewiesenen Bevölkerung, kann es überhaupt nicht mehr geben. In letzter Zeit sind ja nun erste zaghafte Versuche in dieser Richtung angelaufen, aber die ist gleich wieder für die Firmen mit einem riesigen Verwaltungsaufwand verbunden worden. Alle Arbeitnehmer müssen nun sämtliche geleisteten Arbeitsstunden auflisten, damit die Mindestlöhne nicht unterlaufen werden können. Schon wieder so ein Verwaltungs-Aufwand-Monster. Erneut werden Milliarden zum Fenster hinausgeworfen und die die Wettbewerbsfähigkeit verschlechtert. Mit diesem überbordenden Bürokratismus, kann man Deutschland nicht konkurrenzfähig erhalten werden. Statt unsere eigenen Arbeitslosen zu qualifizieren, um sie in den Arbeitsprozess einzugliedern, holt man immer mehr weniger qualifizierte Menschen, mit samt ihren Familien nach Europa, die inzwischen unsere

Sozialsysteme belasten. Um das zu verstehen, benötigt man nur einen kleinen Taschenrechner, denn die Rechnung ist sehr einfach. Ein Wertschöpfender Familienvater kommt z. B. mit seiner Frau und meistens mit vielen Kindern, eventuell noch mit einem oder sogar zwei Großelternpaaren nach Deutschland. Das können im Extremfall bis zu 10 Personen sein, die nur einen Ernährer mitbringen. All diese Menschen müssen behaust, ernährt und bekleidet werden und die Kinder belegen Ressourcen in den Kitas und in den Schulen. Jeder, der nur ein kleines Wörtchen darüber zu sagen wagt, wird sofort verrissen. Die Politiker reklamieren die Meinungshoheit für sich gepachtet zu haben, öffentliches Nachdenken ist in unserer Lobbykratie nicht erlaubt. Es wird voraussichtlich wider besseres Wissen so weitergehen. Unsere eigenen Arbeitslosen, zu denen teilweise auch die ehemaligen Gastarbeiter zählen, werden mit Harz IV alimentiert. Die Industrie braucht nur erklären, nicht genügend qualifizierte Fachleute auf dem Arbeitsmarkt zu finden, schon öffnen sich wieder die Einfallstore für neu anzuwerbende >Fachkräfte<, die natürlich auch wieder Familien mitbringen, die weiteren Infrastruktur Ausbau nach sich ziehen usw. usf. So beißt Hund und Katze, sich munter im Kreis drehend in den Schwanz und es ist kein Ende in Sicht! Es wird zwar behauptet, dass wir hoch qualifizierte Arbeitskräfte und Ingenieure aus dem Ausland brauchen - schon war, aber dürfen wir anderen Ländern diese Leute abwerben, die sie wahrscheinlich selber noch dringender benötigen. Wo bleibt da die Solidarität. Ich nehme meinem Nachbarn doch auch nicht die Hausfrau weg, weil ich gerade keine habe. Wenn eine Firma einer anderen das Personal ausspannt, nennt man dieses Verhalten Abwerbung, das ist regressive Entwicklungshilfe und mangelnde Empathie. Deutsche Politiker sollten sich wegen dieser Denk- und Handlungsweise schämen.

Es lebe die zerredete Demokratie, griechisch: Volksherrschaft. Nur, das Volk hat ja nichts zu sagen, Entschuldigung, es hätte schon, aber da sind sich alle Parteien einig, Volks-Befragungen, igitt, igitt, da kommt doch nur dummes Zeug bei raus, siehe den Brexit. Auch wenn sich die Parteien ständig in den Haaren liegen, in diesen Punkt halten sie zusammen wie Pech und Schwefel. Das Volk ist dumm und

angeblich nicht in der Lage die Tragweite von Entscheidungen zu
überschauen, Punkt. Das ist ein Glaubens-Grundsatz aus Kaiserzeiten, aber wir leben im 21. und unsere Politiker anscheinend noch im
19. zehnten Jahrhundert.

Rei©Men

Das haben dann die Regierenden auch bei Stuttgart 21 drastisch zu
spüren bekommen. Das Volk hat, als es am Wahltag ausnahmsweise
Mal was zu sagen hatte, alle unqualifizierten Landespolitiker abge-
wählt. Dann aber, als das Projekt kaum mehr rückgängig gemacht
werden konnte, für den Weiterbau gestimmt. So viel zu Volksabstim-
mungen und zu megagigantischen „Babel Turmbauten“ wie den ab-
gestürzten Flughafen von Berlin, die Elbharmonie und Stuttgart 21.
Aber wie sagt der Volksmund: Dumm geboren und nichts dazugelernt. Schon steht das nächste Megaprojekt an. Die „Stuttgarter
Staats-Oper“, soll nur eine kleine Milliarde kosten. Was solls, wir haben es ja, nur für eine angemessene Bürgerrente reicht es nicht. Die
armen Alten leben doch auch gar nicht so schlecht? und dann gib‘s
da ja noch die „Tafel“.

Nach all den Betrachtungen erhebt sich doch die Frage:
Brauchen wir eine andere Regierungsform – hat sich die Dis-
kurs-Demokratie heutiger Prägung überlebt? Mit Sicherheit
nicht, doch sie muss sich weiterentwickeln und nicht im Starrsinn
versinken. Der Grund hierfür ist die Berufspolitiker-Kaste, die manchmal über 40 Jahre im Bundestag sitzen und das politische Geschehen
diktieren. Es wäre dringend geboten diesen Wildwuchs auf höchs-
tens zwei Legislaturperioden zu begrenzen. Das würde das verkrus-
tete System aufbrechen und gleichzeitig die Kanzlerschaften auf ein
erträgliches Maß verkürzen. Auch die untergegangene DDR behaup-
tete eine Demokratie zu sein. Man nahm sich das griechische Wort

Demokratie = Herrschaft des Volkes, münzte es in >Diktatur des Proletariats< um, diese Diktatur wurde dann von der SED ausgeübt, aber das Volk hatte die >Schnauze zu halten<. Was will ich damit zum Ausdruck bringen: Wenn im Staatsnamen der Begriff demokratisch auftaucht, muss noch lange keine Demokratie unseres Selbstverständnisses dahinterstehen. Die Weltbevölkerung ist durch die modernen Informations- und Kommunikationsmöglichkeiten wie Fernsehen, Telefon, Internet, Film, Fax, Chat, WhatsApp, Facebook, E-Mail, Film usw. zur Weltgesellschaft zusammengewachsen. Die Diktaturen sind zum Aussterben verurteilt, vereinzelt gibt es noch Autokratien, Theokratien (Herrschaft der Priesterschaft), Oligarchien (Alleinherrscher), Volksrepubliken jeder Couleur, die aber fast alle der demokratischen Regierungsform zustreben. Durch diese Entwicklung, wie die schnelle Weitergabe von Nachrichten und Informationen, haben es Diktatoren immer schwerer ihre Macht zu erhalten, weil inzwischen überall öffentlich regiert wird. Nun sollte man meinen die Welt ist auf einem guten Weg. Leider weist unsere Demokratie einige schwerwiegende Mängel auf und der Demokratiebegriff muss deshalb neu überdacht werden.

Was wir brauchen ist eine Demokratieform, die es einer Regierung unmöglich macht am Volk vorbei zu regieren. Nur weil sie die Legimitation zur Exekutive erhalten hat, darf sie dann für vier lange Jahre machen was sie will. Wir brauchen ein neues Gesellschafts- und Staatsmode das unser Land wieder regierbar macht. Bund und Länder sind nicht mehr in der Lage die Aufgaben einer offenen, globalen Gesellschaft in vernunftbegabter Weise abzuarbeiten und zu Entscheidungen zu kommen, die für unser Land überlebenswichtig sind. Je nach den Mehrheitsverhältnissen gebärden sie sich hoffnungslos zerstritten und ineinander verhakt. Was die eine Regierung auf den Weg bringt, schafft die nächste wieder ab und dazwischen sind entweder Länder- oder Bundestagswahlen und viele schlimme Besserwisser, die mit den Mehrheiten in den Ländern, wichtige Entscheidungen blockieren. So hatten die Gründerväter der BRD sich das mit der Gewaltenteilung bestimmt nicht vorgestellt. Die Politiker und die Regierungen werden von Lobbyisten belagert, Medien und

Presse beeinflussen die Gesetzgebungs-Prozesse, heben oder senken mit Diffamierungskampagnen den Daumen über potentielle Kanzlerkandidaten oder Parteien. Das Bund-Länder Jo-Jo führt dazu, dass die Oppositionsparteien in den vier Jahren die Mehrheiten in den Länderregierungen bekommen, wird dann sehr oft Regierungspartei und verliert in weiteren vier Jahren in den Ländern wieder die Macht. Danach startet mit der anderen großen Volkspartei alles in die Gegenrichtung. Dazwischen ist alle paar Monate Wahlkampf und es müssen alle möglichen Rücksichten auf die Länderfürsten genommen werden. Das Volk der sog. Souverän darf dann wieder mal sein Kreuzchen machen und entmündigt sich damit selbst für weitere vier Jahre. Wen wundert es da, dass große Teile der Bevölkerung überhaupt nicht mehr zur Wahl gehen, weil sie dieses Gezerfe nervt. Wie kann es sein, dass der mündige Staatsbürger für solange Zeit die Macht aus den Händen gibt? In jeder Familie müssen jeden Tag mitunter weitreichende Entscheidungen getroffen werden, doch hier gibt es das Mitspracherecht aller Familienmitglieder. Nun behaupten die Regierenden gern, bei so viel Mitsprache könne man überhaupt nicht mehr zu vernünftigen Entscheidungen kommen. Sie verkennen nur, dass ihnen durch diese Mitspracherechte ein Großteil der Verantwortung abgenommen wird. Je mehr Mitsprache und Mitentscheidung dem Volk abverlangt wird, desto breiter ist der Konsens. Man sollte sich auch hier mal das Schweizer Modell genauer ansehen, eine der ältesten Demokratien in Europa, und meiner Ansicht nach, die Einzige in der Welt, die einigermaßen funktioniert. Hier sind die Mitentscheidung und die Bürgerbefragung gängige Praxis und sie funktioniert hervorragend. Über 30 Jahre seit der ersten Kohlregierung tritt jede Regierung auf der Stelle, inzwischen haben sich so viele Baustellen aufgetan, dass man Jahrzehnte an der Sanierung wird arbeiten müssen. Je länger man zuwartet desto teurer kommt es uns zu stehen. Zum besseren Verständnis liste ich hier mal die gravierendsten auf:

Auf der Stelle tretende Regierungen, die Billionen Schulden anhäufen und unsere Soldaten in unsinnige Kriege schicken.

Zitat Peter Struck, Verteidigungsminister 2002 -2005: „Unsere Sicherheit wird nicht nur, aber auch am Hindukusch verteidigt." Gelähmte Gewerkschaften, die in der Metamorphose verharren, statt aktiv die Interessen ihrer Mitglieder zu vertreten. Ein kaputtgespartes Gesundheitswesen, das den Streit zwischen Kassen und Ärzten auf dem Rücken der Patienten austrägt. Dabei wird das Kassensystem von den Privatversicherten subventioniert. Ein ungerechtes Rentensystem, das im Vorgriff kommende Generationen belastet, statt Rücklagen zu bilden. Ein marodes Sozialsystem, das es nicht schafft allen Bürgern Arbeit, ein Dach über den Kopf und eine Tätigkeit zuzuweisen. Das muss nicht unbedingt eine Vollzeitarbeitsstelle sein, es würde schon reichen, wenn es für viele eine sinnvolle Beschäftigung - eine Aufgabe gäbe, denn Arbeit ist genug vorhanden, sie wird nur nicht gleichmäßig verteilt. Bei einem Waldspaziergang in unserer alten Heimat trafen wir ein paar Frauen mit Plastiktüten. Was sie hier denn täten fragte ich: „Ja, wir putzen die Natur". „Wird das denn gut bezahlt?" „Na ja, immer noch besser als arbeitslos zu sein", so hörte ich. So wie diese Arbeit, gäbe es bestimmt hunderte Beschäftigungen, die für unser Gemeinwesen nützlich wären. Aber die Agentur für Arbeit bezahlt ja lieber die Leute fürs Nichtstun und die Stadtverwaltungen haben für solche auch sehr wichtigen Arbeiten keine Gelder zur Verfügung. Was läge also näher als von den Agenturen für Arbeit Geld, das sie für Arbeitslose ausgeben in die Kommunen umzuleiten. Ein völlig zerrüttetes Bankensystem, auf Provisionsbasis werden unsichere Wert- und Zockerpapiere unters Volk gebracht. Außer Rand und Band geratene Börsen verzocken des Bürgers Geld, und ein privates Versicherungssystem, das zwar gern des Bürgers Geld einsackt, aber wenn dann ein Schadensereignis eintritt die Schadenregulierung verweigert. Die Versicherten müssen in der Regel die versprochenen Ersatzleistungen einklagen.

Verwaltungen erlangen erst dann ihre größte Virtuosität,
wenn sie die hohe Kunst der Selbstverwaltung erreichen.

Rei©Men

Gerichte, Staatsanwaltschaften, Geheimdienste und Polizei bilden einen Staat im Staate, eine unkontrollierte Macht, die niemand kontrolliert. Dabei wäre es ein Leichtes, mit Gesetzesänderungen ihre Macht zu beschneiden und Fehlentwicklungen zu beeinflussen. So kommen völlig irreale Urteile zustanden, die diesen Gerichten nicht zustehen. Sie regieren sozusagen in den Meinungsbildungsprozess hinein und entmündigen das Parlament. Der Prozesshansel-Wahnsinn zerstört unser Gemeinwesen, weil sich jeder der sich ungerecht behandelt fühlt, bis zu Europäischen Gerichthof durchklagt. Dessen nicht genug, berufen sich inzwischen die Politiker auf diese Urteile, je nachdem ob sie ihnen oder der Opposition besser ins Konzept passen. In Zusammenarbeit mit der sensationslüsternen Presse, die ja auch nur vom Verkauf ihrer "Blattwerke" lebt, werden Menschen mit einem „Anfangsverdacht" belastet, von ehrgeizigen Staatsanwälten vor Gericht gezerrt und von Richtern die durch den ganzen Gutachterunsinn, auf dem sie ihre Urteile aufbauen, verunsichert sind, verurteilt. Stattdessen sollten Richter und Staatsanwälte mehr ihrem Fachwissen und dem gesunden Menschenverstand vertrauen. Das bisherige Leben der Beklagten und ihre Familien sind zerstört, das Umfeld meidet die Delinquenten, will er/sie überleben, gibt es nur eines, nach Australien auswandern. In Deutschland sind sie verbrannt, zerstört und bekommen keinen Fuß mehr an den Boden. Nun ja, es gibt ja noch ein Gericht, das Gerichtsurteile auf ihre Verfahrensrichtig- und Genauigkeit überprüft, das Verfassungsgericht. Das ist aber für Verfahrensfehler nur dann zuständig, wenn es sich um verfassungsrechtliche Dinge handelt. Deshalb sollte es für alle anderen Verfahren ein übergeordnetes Gericht geben, dass man bei einer Unschuldsvermutung anrufen kann. Bei >Im Zweifel für den Angeklagten< oder bei erwiesener Unschuld, sollten die Verfahren überprüft werden. Die Verfahrensbeteiligten sollten wegen Fehlurteilen zur Verantwortung gezogen werden können, wie jeder andere Bürger auch, der Fehler macht und die Angeklagten sollten angemessen entschädigt werden. Die Entschädigungen, die bisher vom Staat gezahlt werden, sind für die Menschen, denen man ihr Leben weggenommen und ihre Existenz zerstört hat, schon fast eine Beleidigung.

Die Infrastruktur

Autobahnen, Brücken, Straßen, Bahnen und Infrastruktur, werden vernachlässigt, die Energiewende kommt nicht voran, weil man sich nicht über die Führung der Stromtrassen einigen kann. Die Landwirtschaft und die Viehzucht, mit ihrer auf maximalen Überschuss ausgelegten Arbeitsweise, überdüngt die Felder, vergiftet die Umwelt und die Gewässer mit Gülle, Genmanipulationen, Antibiotika, Insektiziden, Chemikalien und Pflanzenschutzmitteln, die alle anderen Pflanzen ausrotten. Glyphosat lässt grüßen! Mit den Pflanzen und den Insekten sterben erst die Tiere und zuletzt wir Menschen. Die Lebensmittel- und Fast-Food-Industrie spielt ihrer Kundschaft mit schönen Werbebildern auf den Verpackungen eine heile Welt vor, die es schon lange nicht mehr gibt. Da werden Packungsgrößen und Inhalte manipuliert, dem Käufer irreführende Angaben im Kleingedruckten verabreicht, ich nenne das Betrug, an welchem der Staat und die Politiker ein gehöriges Maß Mitschuld tragen.

„Zurück in die Zukunft" - heißt ein amerikanischer Science Fiktion Film. >Vorwärts in die Vergangenheit<, nenne ich die von einigen profilsüchtigen Politikern und Wahlstrategen durchgepaukte Mautbestrafung von Ausländern. Da kommt doch die Frage auf: Wer ist denn im vereinten Europa Ausländer? Statt die Maut in ganz Europa abzuschaffen, werden immer mehr neuen Schlagbäume errichtet. Man kommt sich vor wie im Mittelalter. Brückenzölle, Tunnelgebühren, Maut und Pickerl'n, es ist zum Verzweifeln, immer mit dem Kopf durch die Wand - wie du mir - so ich dir. Stattdessen sollte man alle Mautsysteme abschaffen und die Kraftstoffpreise in allen Ländern um genau den Betrag anheben, der für den Bau- und die Unterhaltung von Verkehrswegen benötigt wird. Wer viel fährt, -zahlt viel. Die Mehreinnahmen könnte man dann nach einem Schlüssel, z. B. Verkehrsaufkommen, Straßenlänge, Tunnel und Brückenanteile usw. verteilen.

Die Verstädterung der Naturlandschaften und der Flächenverbrauch nehmen in rasantem Tempo zu. Man lese die Einzelheiten zu dieser größten aller Katastrophen der Nachkriegszeit besser in Wikipedia nach.

http://de.wikipedia.org/wiki/Fl%C3%A4chenverbrauch

Wenn wir eine Änderung herbeiführen wollen, müssen wir eine neue politische Kultur anstreben. Erste Maßnahme wäre eine Verringerung der Bundesländer. Die Stadt-Bundesländer sollte man in die jeweiligen Bundesländer integrieren. Kleinere Bundesländer würden großen angeschlossen, was in Baden und in Württemberg ging, muss auch anderswo funktionieren. Als Zweites sollte man die Bundestags- und die Landtagswahlen auf denselben Tag zusammenlegen. Alle fünf Jahre sollten die Landtagswahlen genau in die Mitte der Bundes-Legislaturperiode und das für alle Länder auf das gleiche Datum gelegt werden. Die Wahlbeteiligung würde in ungeahnte Höhen hochschnellen. Das Wichtigste wäre aber eine Verfassungsänderung, welche die Bürgerbeteiligung an wichtigen Entscheidungen per Volksbefragung festschreibt. Man könnte auch festlegen, dass Regierungen vor wichtigen Entscheidungen die Umfragewerte der Meinungsforschungs-Institute in Ihre Entscheidungen einbeziehen müssen. Sind die Bürger mehrheitlich anderer Meinung als die Regierung, muss eine Volksbefragung durchgeführt werden. Natürlich scheuen Regierungen solche Kontrollen wie der Teufel das Weihwasser, das sollte die Bürger aber nicht davon abhalten ihre Rechte durchzusetzen. Mit zwei Kreuzchen alle vier Jahre, kann in einer modernen Gesellschaft die Demokratie und Mitbestimmung des Volkes nicht mehr funktionieren.

Zu einer anderen politischen Kultur gehört auch, dass man andere Parteien nicht diskriminiert, ausgrenzt und in Talkshows belächelt, hämisch grient, anstatt ihnen zuzuhören und sachliche Gegenargumente vorträgt. Politiker sind in ihrer Argumentation einfach zu anmaßend. Nur ihre Ansichten sind die richtigen, ihnen fehlt das Fingerspitzengefühl für eine Diskussionskultur, wie sie im Geschäftsleben üblich ist. Das kommt bei den Wählern nicht gut an. Wenn diese Leute als Geschäfts-Frau/Mann etwas zu verkaufen hätten, würden sie bald Schiffbruch erleiden. Die von vielen praktizierte Selbstdarstellung mit eingelernten Gesten und Posen, anscheinend nehmen sie Schauspielunterricht, sieht nicht nur lächerlich aus, der aufmerksame Zuschauer hat ein feines Gespür dafür, ob es jemand ehrlich meint oder nur ein Blender ist. Ein weiteres typisches Politikerverhalten ist das Schönreden eigener Parteipositionen wider besseres Wissen. Oft werden sie von ihren Parteioberen in die Kampfzone geschickt und müssen Dinge verkünden, die sie selbst nicht glauben, jeder sieht es ihnen an und merkt, wie sie sich abplagen und lächerlich machen. Ich persönlich glaube daran, dass sich Ehrlichkeit auch bei Politikern bezahlt macht und hoffe, dass man in Deutschland bald wieder ehrlich, und nicht nur als Lippenbekenntnis singen kann:

Einigkeit und Recht und Freiheit
für das deutsche Vaterland!
Danach lasst uns alle streben
brüderlich mit Herz und Hand!
Einigkeit und Recht und Freiheit
sind des Glückes Unterpfand:
|: Blüh im Glanze dieses Glückes,
blühe, deutsches Vaterland! :|

Das Helfersyndrom ist bei vielen Menschen ein weit verbreitetes Phänomen, natürlich ist es in unseren Genen verankert. Wenn wir andere notleiden sehen, schalten unsere Gehirnareale auf Hilfestellung. Dabei denken wir zunächst nicht einmal an unsere eigene Gesundheit. Wir stürzen uns ins Wasser, rennen ins Feuer um zu retten und zu helfen – überhaupt, wenn es sich um uns bekannte Menschen oder Familien-Angehörige handelt. Diese Verhaltensweise dient hauptsächlich der Arterhaltung, weil die Sterblichkeitsraten in einer Jäger- und Sammlergruppe viel höher waren, als heutzutage konnte man sich Menschenverluste nicht leisten. Erst sehr spät schaltet sich dann der Selbsterhaltungstrieb ein. Aber es gibt ihn, auch in unserer Gesellschaft, denn wer würde seine Familie nicht gegen einen Feind verteidigen? Ganze Staaten besitzen ihn, diesen übergreifenden sich aufopfernden Selbsterhaltungstrieb. Letztes Beispiel sind die kurdischen Peschmerga-Krieger, die ohne Rücksicht auf ihr eigenes Leben den IS (Islamischer Staat) bekämpfen um ihre Sippen zu schützen. Ganze Generationen Soldaten sind mit diesen Argumenten für „Volk und Vaterland" mehr oder weniger freiwillig in Kriege gezogen um ihr Land und ihre Familien zu verteidigen. Ihre „Feinde" meinten das Gleiche tun zu müssen, so schlachtete man sich ab und zerstörte sich gegenseitig die Lebensgrundlagen. Ein Ende dieser verhängnisvollen Ereignisketten ist nicht in Sicht, man lernt anscheinend nichts dazu. In jeder Generation fängt man mit dem Denkprozess immer wieder von vorn an. Es scheint so zu sein, dass jeweils immer nur die Betroffenen, also jene die Kriege und Elend erlebten, ihr genetisches Erbe an die nächste Generation weitergeben können. Da diese, das Leben bedrohenden Ereignisse nur von den Jüngeren, Reproduktionsfähigen weitergegeben werden können, wird es noch viele tausend Generationen der genetischen Weitergabe brauchen, bis sich irgendwann einmal Ergebnisse zeitigen, die Kriege verhindern können. Inzwischen erleben wir eine neue Völkerwanderung ungeheuren Ausmaßes. Die Folgen kann man nur erahnen, eines aber steht jetzt schon fest, sie wird unser Leben tiefgreifend verändern. Zunächst wurde diese Entwicklung nicht so recht ernst genommen, wurde verschlafen und ignoriert. Die Maßnahmen und Mittel, die nun versucht werden gleichen dem Löschen von Feuer mit Benzin. Dabei geht es um nichts weniger als um das Überleben ganzer Staaten-Gemeinschaften, derjenigen, aus welchen die Kriegs- und Armutsflüchtlinge kommen und denjenigen in die sie flüchten. Hinzu kommt, dass 90 Prozent der Flüchtlinge ohne Frauen bei uns ankommen und oft eine völlig anderes Frauen- und Familien-Verständnis aus ihren Volksgemeinschaften, die in hunderten von Jahren gewachsen sind, zu uns mitbringen. Der soziale Sprengstoff wandert mit den Flüchtlingen ein und wird über mehrere Generationen der Einwanderer abgebaut werden müssen. Zudem werden aus den zu erwartenden Misch-Lebensgemeinschaften farbige Kinder hervorgehen, falls sie sich nicht so wie in Amerika und teilweise auch hier bei uns bei den türkischen und islamischen Einwanderern zu beobachten ist, in Bevölkerungsblöcke aufspalten, die ihr Eigenleben führen, nicht daran denken sich zu integrieren und einen Staat im Staate bilden. Diesen Prozess kann niemand mehr aufhalten, er ergießt sich über uns wie ein Wasserfall und wird die Nationalstaaten nach und nach auflösen. Damit dieser Prozess nicht in eine Katastrophe mündet, muss eine weltweite Koordination eingeleitet werden. Schleuserbanden kann man nicht mit Paragrafen bekämpfen. Flüchtlinge aus humanitären Gründen nicht in Diktaturen, Kriegs- und Hungergebiete zurückschicken. Auch wenn sich die Lebensverhältnisse in den Herkunftsländern bessern sollten, was sehr, sehr lange dauern kann, wird sie niemand mehr dorthin zurückbringen können. Was wir brauchen ist eine weltweite, offene Gesellschaft in die jeder Mensch hingehen, reisen, leben und arbeiten kann wo er dies möchte, das sollte jedenfalls das Ziel aller Bemühungen sein. Natürlich müssen alle Menschen die diesen Weg gehen für sich selber sorgen, ohne langfristig der Gesellschaft zur Last zu fallen. So war es immer, so muss es bleiben, das ist ein eisernes Naturgesetz, das niemand ausheben kann. Wer das nicht glauben will, sollte mal bitte „Die Nacht von Lissabon" ein Roman von Erich Maria Remarque lesen. (Remarque, der seinen Namen umdrehte, denn er hieß Kramer, ist auch der Autor von: „Im Westen nichts Neues"). In diesem Roman beschreibt er die Verhältnisse der letzten großen Völkerwanderungen im Zweiten Weltkrieg. Niemand wollte ihnen helfen, niemand wollte sie haben, niemand wollte sie aufnehmen, niemand fühlte sich verantwortlich und so irrten die Flüchtlinge mittellos, abgerissen, frierend und hungernd durch ganz Europa. Viele Juden hätten gerettet werden können, wenn sich die Weltgemeinschaft um sie gekümmert hätte, aber niemand sah die ihnen drohenden Gefahren. Zugegeben, man hatte damals andere Sorgen und jeder war sich selbst der Nächste. Auch von den Sowjetarmeen wurden die Ostflüchtlinge auf ihrer Flucht in den Westen mit Torpedos, Kanonen und Bomben umgebracht, Flüchtlingsschiffe wurden versenkt und diese Menschen waren auch nur Kriegsflüchtlinge. Ich möchte nun an dieser Stelle nicht dem unkontrollierten, die Bundesrepublik überrollenden Flüchtlingsstrom das Wort reden. Ich halte auch die sogenannte „Willkommenskultur" für falsch. Damit lockt man nur weitere Flüchtlingsströme an, die ins „gelobte Land" wollen und unsere Infrastruktur überfordern. Nur in einer konzertierten Aktion der Europäischen Union kann die Lösung gesucht werden. Alle 28 - immer noch Nationalstaaten - müssen eingebunden werden. Aber es kann auch nicht nur allein die Aufgabe der EU sein, auch die WHO, (Weltgesundheitsorganisation) und vor allem die Vereinten Nationen, die G 20 Länder, UNICEF usw. sowie alle Staaten die sich auf ihre humanistischen Ideale berufen, müssen sich federführend daran beteiligen. Warum sollten die USA, die mit ihren Machterhaltungs-Kriegen so viel in der Welt durcheinandergebracht haben, keine Flüchtlinge aufnehmen? Ich nenne hier nur mal Afghanistan und den Irak mit drei Kriegen. Die jahrzehntelange Unterstützung von Israel und dessen Expansionspolitik, haben auch sehr viel zu dieser Situation beigetragen. Gerade dieses Land, das eigentlich nur aus Flüchtlingen besteht, sollten ebenfalls Flüchtlinge aufnehmen. Das wäre der ideale Zeitpunkt für Israel, etwas für die erhaltene Unterstützung der Weltgemeinschaft, bei ihrem Überlebenskampf zurückzugeben. Auch die USA, die sich als Weltpolizei versteht, ist an erster Stelle geradezu verpflichtet, an einer Lösung mitzuarbeiten, auch und weil sie im Gegensatz zu uns über eine riesengroße Landfläche verfügt, könnten einige Millionen Flüchtlinge locker verkraften. Letztendlich trägt auch Deutschland, wegen seiner Waffenlieferungen in alle Welt und die Teilnahme an Kriegen, eine erhebliche Mitschuld an der entstandenen Situation. Gemäß den Gesetzen der BRD dürfen keine Exporte von Waffen in Krisengebiete stattfinden, aber in Wirklichkeit gelangen die gelieferten Waffen über dunkle Kanäle genau dorthin oder die belieferten Länder werden selber zu Kriegs- und Krisengebieten, in welchen deutsche Waffen eingesetzt werden - weil die Waffen schon da sind. Wer Waffen über den Selbstschutz hinaus herstellt und verkauft, ist immer für den Tod vieler Menschen mitverantwortlich. Dieser Verantwortung wird unser Land leider nicht gerecht. Die Rechnung für diese Handlungsweise bekommen wir nun nach Jahren präsentiert. Frankreich besitzt annähernd die doppelte Landfläche wie die Bundesrepublik, will nun endlich 24.000 Flüchtlinge aufnehmen. Angesichts der Tatsache, dass die BRD prognostizierte eine Million aufnimmt, empfinde ich diese Alibi-Erklärung der Franzosen geradezu lächerlich.

Wenn es durch gemeinsame Anstrengungen nicht gelingt, weltweit die Aufnahme-Kapazitäten entsprechend dem Bedarf anzupassen, wird man den "Schleuser-Sumpf" nie austrocknen können. Wartet man damit noch länger, wird es noch weitere tausende ertrunkene und in Containern erstickte Flüchtlinge geben. Wer will dafür die Verantwortung übernehmen? Was zurzeit in der EU abläuft ist zutiefst beschämend. Alle EU-Länder außer der BRD tun so, als ob sie die Flüchtlingskrise nichts anginge. Viele haben schon seit Kolonialzeiten große Schuld auf sich geladen. Wenn es darum geht die Zahlungen aus dem EU-Haushalt einzusacken, greifen die neuen EU-Länder im Osten ungeniert zu. Wenn sie schon niemand aufnehmen wollen, dann sollen sie dafür bezahlen, indem man die EU-Zahlungen entsprechend reduziert. Unsere Regierung hat in den vergangenen Jahren sehr viel, vielleicht zu viel für andere Länder getan. Statt uns jetzt zu helfen, lässt man uns im Regen stehen. Das Hausrecht gestattet es jedem Haus- und Wohnungsbesitzer, ungebetene Personen des Hauses zu verweisen. Jeder Staat hat das gleiche Recht und übt es an seinen Grenzen aus. Warum das so ist, ergibt sich aus dem Landes- und dem Völkerrecht. Die Grundlage dessen, war vor Urzeiten die Inbesitznahme eines freien Jagdrevieres, denn dieses bildete die Ernährungsbasis der Sippe. Ohne dieses Naturrecht wäre keine menschliche Gesellschaft überlebensfähig gewesen. Kommt es zum Eindringen von Fremden, wird diese Ordnung beeinträchtigt. Die Ressourcen reichen oft, um einige wenige Zuwanderer aufzunehmen, doch wenn es zum Massenansturm kommt, werden die seit Jahrtausenden bewährten Strukturen nachhaltig gestört, es kommt zu Konflikten und Verteilungskämpfen, die eine Volksgemeinschaft nachhaltig beeinträchtigen und zerstören können. Es ist daher das uralte Gewohnheitsrecht jeden Volkes sich dagegen zu schützen.

Über das Glück ein Narr zu sein

Über das Glück ein Narr zu sein,
dazu fällt mir so manches ein.
Narren müssen nicht viel wissen,
das ist ein gutes Ruhekissen.

Descartes sagte als Gottesbeweis: „Ich denke also bin ich". Wenn Gott in welcher Form auch immer existiert, so tut er nicht nur Gutes! Es gibt auch Böses in der Welt, doch das wäre dann auch von Gott erschaffen worden, nicht wie die Theologen verkünden vom Teufel. Diese Mär wurde nur als Alibi für den allumfassenden „Guten Vater im Himmel" geschaffen. Mammon sagt: „Ich denke, also habe ich", das ist die neuere Version einer materiellen Sichtweise. Aber „Mammon" ist kein Gott, nur ein Begriff für die seit dem Zusammenbruch des „real existierenden Sozialismus" sich weltweit verbreitende soziale Kälte, geprägt von dem ausufernden kapitalistischen Imperialismus. Nach dem Zweiten Weltkrieg träumten wir alle vom Sozialismus, aber die Realität holte uns schnell auf den Boden der Tatsachen zurück. Der Sozialismus war eine Utopie die an den menschlichen Unzulänglichkeiten gescheitert ist. Wenn es also Gott gibt, so gibt es nicht nur den Teufel und Mammon als Gegenspieler des guten Gottes, sondern ein physikalisches Prinzip wie z. B. Gut und Böse, wie heiß und kalt, hoch und tief, lang und kurz. Die Reihe dieser Wortspiele könnte man weiter fortsetzen. Ich denke jedoch, dass diese

Weisheit nicht alles ist, nicht nur eine Feststellung, sondern alles, was das Dasein aller Lebewesen und damit meine ich aller Pflanzen und Geschöpfe der belebten Natur ausmacht.

Der Sinn des Leidens

Ohne Leiden keine Lebensfreude,
Ohne Schmerz kein Wohlbefinden,
Ohne Sehnsucht nie Erfüllung,
Ohne Sorgen gibt's kein Glück.

Ohne Streit keine Versöhnung,
Ohne Lebewohl kein Wiederseh'n,
Ohne Lüge keine Wahrheit,
Ohne Liebe niemals Treue.

Ohne Tod gäb' es kein Leben,
Ohne Krieg auch keinen Frieden,
Ohne Not keine Erlösung,
Ohne Licht nur Dunkelheit.

Das Böse mahnt zum Guten,
Chaos zur Vollkommenheit,
Schuld verlangt nach Sühne,
Dissonanz nach Harmonie.

Rei©Men

Wer nun auf alle diese fundamentalen Lebensereignisse verzichten möchte, wird nicht wirklich leben. Schon ein weiser Elternspruch besagt: „Man kann Kinder nicht vor allem beschützen", Erwachsene noch viel weniger, jeder ist sich selbst der Nächste. Hilfe wird sich also immer nur auf das Mögliche an Hergabe von Geld, Zeit und Unterstützung beschränken, hört aber bei der Sicherung des eigenen Lebens in der Regel auf. Menschliche Hilfe ist also ein Paradoxon, das nur durch den Ausschluss von Möglichkeiten im Zusammenhang mit den Ereignissen gelöst werden kann. Ereignisse wie die moderne Völkerwanderung des 21. Jahrhunderts sind letztendlich durch die jahrhundertelangen Bemühungen der weltweit agierenden Macht- und Wirtschaftspolitik, der Gesundheit- und Hilfsorganisationen und dem Einsatz von Waffen durch die Großmächte entstanden. Oft gut gedacht, aber schlecht gemacht. Über allem thront der Zauberkreis der Globalisierung, der nur der Großindustrie, den Konzernen, den Banken und den Börsenspekulanten dient. Diese Lebenskreise werden immer reicher, andere immer ärmer. Aber auch die Lebenserwartung der oben genannten Dominanten, ist durch die schwindenden Ressourcen begrenzt.

Jahrmillionen haben das Prinzip von Umweltbedingungen und Nahrungsangebot allen Populationen und Lebensformen, das Gleichgewicht in der Natur auf hohem Niveau und das Überleben gesichert. Dann aber hat der so erfolgreiche Homosapiens-Sapiens, das Artensterben durch starke Bejagung, Entziehung und Zerstörung der Lebensräume ausgelöst und dieser Prozess ist noch in vollem Gange. Der Verteilungskampf unter den Menschen ist seit Jahrhunderten gnadenlos geführt worden und bekommt in vielen Regionen des Globus erst in unseren Tagen ein etwas humaneres Gesicht. Inzwischen hat das Rennen um den Besitz der letzten Agrarflächen und Bodenschätze gerade erst begonnen und wird unweigerlich durch Überpopulation, bei knapper werdendem Nahrungsangebot, zum Aussterben vieler Milliarden Menschen führen. Mit Vernunft könnte man den Prozess verzögern oder sogar aufhalten, wenn man die Industrieproduktion auf Nachhaltigkeit umstellen würde und die erzeugten Lebensmittel nach humanen Grundsätzen gerechter verteilen würde. Gleichzeitig müssten in den Entwicklungsländern die Geburtenraten drastisch reduziert werden, daran führt kein Weg vorbei. Nach und nach würde sich bei rückläufigen Geburtenraten wieder ein Gleichgewicht einpendeln. Aber das ist letztendlich alles Wunschdenken. Dem überbordenden Imperialismus scheinen dieselben Gesetzmäßigkeiten wie den Naturgesetzen zu Grunde zu liegen. Die Kapitalisten und Imperialisten sind demnach überhaupt nicht daran schuld, denn sie folgen in ihren Bestrebungen nur diesen Gesetzmäßigkeiten, würden sie es nicht tun, wären sie ebenfalls vom Aussterben bedroht. Letztendlich ist auch hier Ursache und Grund zu suchen, warum trotz aller restriktiven und diktatorischen Maßnahmen der „Ostblock" das Rennen gegen den „Westen" haushoch verloren hat. Die letzte Bastion der minimalistischen Doktrin eines Mao Tse-tung in China, mausert sich im Moment von einer angeblichen „Diktatur des Proletariats" (Karl Marx) zu einer „Diktatur des Kapitals", folgt also ebenfalls diesen Gesetzmäßigkeiten.

Die modernen Völkerwanderungen, wieder einmal ausgelöst durch Wirtschafts- und Glaubenskriege und auch von unersättlichen Diktatoren befeuert, stellen Politiker und Behörden vor unlösbare Aufgaben. Die einen möchten alle Grenzen dichtmachen, andere wollen sie total öffnen. Das Erstere lässt sich nicht realisieren, siehe die ehemaligen Grenzen zum Ostblock. Das andere Übel - hineinlassen aller Flüchtlinge geht natürlich auch nicht. Die einheimische Bevölkerung würde ihr ererbtes Territorium gegen die hineinströmenden Menschenmassen mit Gewalt verteidigen, was ja letztendlich auch ihr gutes altes Naturrecht ist. Da können Politiker noch so viel Humanität predigen, das Hemd ist näher als die Jacke, wie es so schön heißt. Der unkontrollierte Zustrom würde innerhalb ganz kurzer Zeit alle staatlichen Strukturen zerstören. Es käme zum Chaos, der das gute alte Europa zerreißen würde. Davon hätten auch die Migranten nichts, sie würden aus ihren zerstörten Ländern ins ruinierte Europa kommen. Also bleibt nur eines, man muss den Zustrom aufhalten, kontrollieren und wieder umkehren. Die Frage ist nur wie das geschehen könnte, denn bisher hat niemand eine Patent-Lösung für dieses Problem gefunden. Meiner unmaßgeblichen Meinung nach, ginge ein solcher Prozess nur über rigorose Abschiebungen der sogenannten Armutsflüchtlinge, dazu hat sich die Politik inzwischen durchgerungen. Die Kriegsflüchtlinge und politisch Verfolgten, muss man nach Europa rein lassen, aber sofort wieder „nach Hause" schicken, wenn sich die Lage in ihren Heimatländern normalisiert hat. Für die Zeit des Hierseins der Berechtigten, dürfen nur Sachleistungen und ein angemessenes Taschengeld zur Verfügung stehen. Um den Zustrom zu begrenzen, helfen natürlich auch keine Grenzkontrollzonen und Übergangslager oder wie man das auch immer nennen möge. Die Flüchtlinge würden dort nicht hineingehen und sich andere Wege über die grüne Grenze suchen. Besser wären also in jedem Fall Auffanglager in welchen sich die Leute freiwillig melden, wenn man hierzu Anreize schaffen würde. Was gibt es nun für Möglichkeiten, um sie an der Flucht zu hindern? Da wäre zunächst einmal ein Dach über dem Kopf, Nahrungsmittel, Kleidung und die eventuell mögliche Integrations-Möglichkeit. Vor allem müssen Signale gesetzt werden, dass in Europa nicht nur Milch und Honig fließen, sondern inzwischen ein ebenso harter Überlebenskampf stattfindet, wie überall auf der Mutter Erde. Dies sind die wichtigsten Maßnahmen, die aber von allen EU-Staaten gemeinsam getragen werden müssen. EU-Staaten die hier nicht mitziehen, sollten von EU-Zahlungen ausgeschlossen werden, das ist zurzeit das einzige Druckmittel, welches Brüssel zur Verfügung steht. Sollte sich Brüssel in dieser Frage nicht durchsetzen, käme nur eine Zurückhaltung von Geldern der Geberländer an die EU - wie die BRD, welche die meisten Flüchtlinge aufnimmt und zu finanzieren, hat in Frage. Mindestens aber ein Abzug, der für die Flüchtlinge aufgewandten Gelder, von den an die EU zu zahlenden Summen. Anderes ausgedrückt, die Finanzierung des Flüchtlingswesens, muss aus einem EU-Topf geschehen. Länder die aufnehmen, bekommen eine pro Kopf- und Tag-Zahlung, anderen die keine aufnehmen müssen diesen Topf finanzieren.

Eine andere Frage ist noch viel wichtiger - nämlich die: Warum entstehen auf diesem Globus immer wieder Kriege, die zu sozialen Katastrophen und Verwerfungen führen - und wie kann man sie verhindern? In den allermeisten Fällen sind die Auslöser ideologische und religiöse Streitigkeiten, sowie der Hang mancher Menschen zum totalitären Machtstreben. Unbelehrbare Dummköpfe, Chaoten und charismatische Dogmatiker, bringen ständig Unruhe in die Weltbevölkerung, sie versuchen mit Erpressung, Gewalt und Kriegen, ihre scheinbar berechtigten Ziele durchzusetzen. Grundsätzlich kann man sagen, dass in jedem Lebewesen die Bereitschaft zum Kampf, dem Kampf ums Überleben angelegt ist. Dieser Kampf wird meistens verbal ausgetragen, eskaliert aber regelmäßig, wenn es zu Überpopulationen kommt. Dann wird der Verteilungskampf um Ressourcen schärfer, aus Drohgebärden und verbalen Attacken werden Übergriffe, welche die "Verteidiger" der Ressourcen und Lebensräume zu Gegenmaßnahmen zwingen. Können die Konflikte nicht durch diplomatische Bemühungen beigelegt werden, entstehen Kriege. Oft suchen sich Provokateure und Verteidiger gleichgesinnte Verbündete, fühlen sich dadurch gestärkt. Das Aggressionspotential steigt auf beiden Seiten und das Muskelspiel potenziert sich. Dieser Teufelskreis kann nur durchbrochen werden, wenn eine Seite nachgibt. Dadurch liefert sie sich der anderen aus und muss Zugeständnisse machen. Die aggressive Partei wird durch ihren „Erfolg" ermutigt, stellt weitere Forderungen und das Spiel beginnt von vorn. Oft ist es nun eine Abwägung ob man weiter nachgibt, dadurch Zeit gewinnt oder konsequent sagt: bis hierhin und nicht weiter. Bei dieser Abwägung stellt sich die Frage, ob der Schaden für eine Gesellschaft, den ein Krieg mit sich bringt nicht größer ist als ein Nachgeben. In den Jahren nach dem Zweiten Weltkrieg hat eine Kombination aus NATO-Verbündeten, Aufrüstung und Zeitgewinn einen dritten Weltkrieg verhindert. Nach dem Zusammenbruch des Kommunismus sah es eine Zeitlang so aus, als wenn dieser Frieden auf lange Zeit sicher wäre. Nun aber, nachdem die NATO-Verbündeten ohne einen Schuss abzugeben „gesiegt" hatten, reihten sie Fehler an Fehler indem sie versuchten „"ihr" Territorium mit NATO und EU- Erweiterungen zu vergrößern, gleichzeitig rüsteten sie wie nach dem Ersten- und dem Zweiten Weltkrieg weitgehend ab. Russland, das sich weiter als Weltmacht versteht ist düpiert, schlägt nun mit verbalen Attacken und Kleinkriegen zurück, die Situation eskaliert wieder. Auch die Abrüstungsverträge sind nur noch Makulatur, werden sogar gekündigt. Nach weiteren Muskelspielen der NATO, wie die Aufstellung von Raketenabwehr-Batterien in den „verbal eroberten Gebieten", entwickelt Russland nun lenkbare Atomraketen, die mit den vorhandenen Abwehrraketen nicht vernichtet werden können. Nun wird die Nato wohl oder übel auch bessere, lenkbare Raketenabwehrsysteme bauen müssen. Wie man sieht, gibt es keine gerechten und ungerechten Kriege, gerechte Kriege führt immer nur der Sieger. Erst die Geschichtsschreibung späterer Generationen sieht die Ereignisse aus einer anderen, neutralen Perspektive und wird in aller Regel den kriegführenden Parteien eine mehr oder mindere Mitschuld an den Ereignissen zuschreiben. Wir lernen daraus: Keine Provokationen, keine Macht-Demonstrationen, Territorialforderungen oder Ausgrenzungen an den vermeintlichen Gegner auszusenden, stattdessen auf ihn zugehen, ihm Hilfsangebote machen, ihn in die Völkergemeinschaft der Friedfertigen aufnehmen und die Freundschaft befeuern, so wie es seiner Zeit De Gaulle und Adenauer begonnen haben. All diese Erkenntnisse aus zwei Weltkriegen wurden leichtfertig in den Wind geschlagen und könnten sich bald bitter rächen, wenn man nicht über seinen Schatten springt und den „vermeintlich bösen Putin" schnellstens an die Hand nimmt, um gemeinsam zu einem Interessenausgleich zu kommen.

Es wurde in diesen Tagen viel davon geredet wie man die kleinen Brandherde in den arabischen Ländern, die unsere Wohlfahrt und unser aller Leben bedrohen, löschen kann. Zunächst stelle ich einmal fest, dass zu wenig Bildung und ein stark auf Religion fokussiertes, verengtes Weltbild in den unterentwickelten Staaten verhindert, dass gesunde demokratische Verhältnisse entstehen können. Oft haben Frauen, die ja eine mäßigende Wirkung auf Männer ausüben, in diesen Ländern kein Mitspracherecht, werden unterdrückt und können daher nicht deeskalierend auf die Männer einwirken. Diese Situation macht es Diktatoren sehr leicht ihre Ziele durchzusetzen. In den Demokratien, die sich weltweit in den letzten Jahrzehnten rasant vermehrt haben, gibt es ein Bildungsbürgertum, das sich nicht mehr unterdrücken lässt, und ein Mitspracherecht bis zum Volksbefragung-Referendum (Volksentscheid = direkte Demokratie) einfordert. Ein Übriges tun die weltweiten Informations- und Nachrichten-Vernetzungen durch das Internet. In diesen Ländern passiert nun aber folgendes. Den Begriff: „Wissen ist Macht" kennt jeder, leider nutzen heutzutage viele Menschen rigoros ihr Spezialwissen aus, um sich auf Kosten der Gesellschaft zu bereichern. Einerseits zeigt sich, dass Bildung Humanismus und Demokratie fördert und damit Kriege verhindert, andererseits aber führt das Spezialwissen von "Intellektuellen" zu massiven Wissensblockbildungen in Konzernen und politischen Parteien, aber auch im Gesundheitswesen und vielen großen Organisationen, die in Wechselwirkung mit Lobbyisten das gesamte Geschehen in einem Staat nicht nur beeinflussen, sondern es gezielt zu ihrem eigenen Nutzen steuern. Damit sind wir wieder bei den Naturgesetzen angekommen, wonach nur der Starke überleben kann, den ich als modernen Wissensmacht-Menschen bezeichnen möchte. Waren es in früheren Jahrhunderten die Gewaltbereiten, Könige, Kaiser, Potentaten und die Kriegsgewinnler, die in Kriegen ihre territorialen, finanziellen Interessen durchsetzen, so sind es heute die Kapital-Industrie-Wissenscluster, welche die Geschicke der Menschen lenken. Dennoch hat sich die Friedensliebe gegenüber dem Krieg langsam verstetigt und setzt sich immer mehr durch. Frieden ist also ein permanentes Ziel geworden, das es zu erreichen gilt, aber der Weltfrieden liegt noch in weiter Ferne. Der Friedenszustand den alle Lebewesen sich wünschen, wird nur erreicht werden können, wenn es gelingt, das ungebremste Macht- und Kapitalstreben der Wissenscluster zu durchbrechen - und wenn man gleichzeitig den Demokratiebegriff auf eine breitere Basis in den Völkern verankert, - zugleich aber die Macht der politischen Eliten beschränkt. Sie sollen lenken, steuern, für den Interessensausgleich im Staat sorgen und die Wohlfahrt fördern, aber nie mehr darüber befinden dürfen, ob Krieg geführt wird oder nicht. Eine so weittragende Entscheidung, kann in einer vollkommenen und gerechten Demokratie, nur vom Souverän, in einer Volksabstimmung mit einer Zweidrittelmehrheit, beschlossen werden.

Zu den Intellektuellen und Bildungsbesessenen wäre noch zu sagen, dass es oft nur Geltungsbesessene sind, die sich mit Titeln schmücken, die aber mit Können oder Intelligenz nichts zu tun haben. Intelligenz kann man nicht lernen, man bekommt sie von der Natur geschenkt. Natürlich haben diese Leute einen hohen Wissensstand und manchmal kommt beides zusammen, das ist der Idealfall. Ist dies aber nicht der Fall, können sie, falls sie in hohe Positionen aufsteigen, an der Gesellschaft viel Schaden anrichten, weil der naive Bürger eben meint, wenn jemand einen oder mehrere Doktortitel besitzt oder sogar Professor ist, muss er auch sehr schlau und vor allem intelligent sein. Indessen haben sie oft nur einen sehr hohen Wissensstand, der ihnen gegenüber anderen, bei der Eroberung von Positionen und hohen Stellungen in der Gesellschaft einen großen Vorsprung verschafft. Überdurchschnittlich intelligente Menschen, haben in unserer Gesellschaft leider kaum noch eine Chance in hohe Führungspositionen aufzusteigen, wenn sie keine Doktortitel vorweisen können. Damit liegt ein großes Potential von unentdeckten Genies brach, welche durch den schulischen Leistungsdruck aussortiert werden. Nicht ohne Grund, werden immer wieder Sitzenbleiber oder Spätentwickler erst nach Jahren entdeckt und oft auch durch eine Spezialbegabung berühmt. Die Selbstverwirklichung breiter Massen, wie wir sie zurzeit erleben, muss letztendlich vom Gesamtbrutto-Sozialprodukt, also aller von einem Volk erwirtschafteten Werte, oder der wertschöpfenden Arbeitsleistung bezahlt werden. Dabei sind es meist diejenigen, die gezielt durch ununterbrochene Wissensaufnahme überdurchschnittliche Zeugnis-Zensuren erreichen, um danach auf Kosten der Gesellschaft zu studieren. Dann endlich im "reifen" Alter von 30 Jahren in ein kurzes Arbeits- oder Politikerleben eintreten, in diesen Funktionen hohe Gehälter beziehen, um danach mit ebenso hohen Pensionen für eine eher mittlere Lebens-Leistung reich beschenkt zu werden. Damit meine ich nicht die Hochleistungsträger, die sich ja erst, wenn sie ins Berufsleben eintreten, von den anderen durch Höchstleistungen absetzen und „ihr Geld wert sind", weil sie der Gesellschaft ein Mehrfaches des eingesetzten Kapitals zurückgeben. Der Weg diese ungleichen Startpositionen ins Berufs- und Arbeitsleben abzubauen, wäre, schon im Bildungswesen nach Begabungen zu suchen, diese zu fördern und weiterzubilden. Bei uns schielt man nur auf die Zensuren im Zeugnis, filtert nicht die Talente heraus, sondern seit Jahrzehnten die Lerneifrigen, die sich oft nicht für manuelle Tätigkeiten eignen. Das führt unweigerlich zu einer Geist-Arbeiter-Armee, welche erst viel zu spät in die meisten praktischen Berufe kommt. Sie haben wohl ihr Hirn

gebildet, aber die Zeit, wo Kinder und Jugendliche ihre Handge-
schicklichkeiten erwerben, verpasst. Diese Versäumnisse können sie
in ihrem Leben nie mehr aufholen.

Manuelle Fertigkeiten schlagen sich nicht in Sprachgewandtheit oder in
Schulzeugnissen nieder, „Handwerker" tragen die Intelligenz in ihren gol-
denen Händen.

Rei©Men

Man kann das nicht verstehen. Wenn z. B. ein Indianer-Häuptling
seinem Sohn erst im Erwachsenenalter das Bogenschießen hätte
beibringen wollen, wäre die Sippe etwas später verhungert. Man
fängt doch auch nicht erst mit 18 oder 20 Jahren an Fußball zu spielen, sondern schon als Kind. Auch Erwachsene werden in ihrem Leben nie mehr richtig schwimmen oder Radfahren lernen, wenn sie
es nicht von Kindesbeinen an üben. Der Volksmund sagt nicht umsonst: Früh übt sich, wer ein Meister werden will. Das gilt auch für
manuelle Fertigkeiten. Vor Jahrzehnten kamen Jugendliche schon
mit 13 oder 14 Jahren in Lehrberufe, heutzutage verlangen Meister-
betriebe und Industrie, dass der Auszubildende ein Abiturzeugnis
vorlegt. Neulich baute ich mit meinem Enkelsohn (er hat er heute
Abitur) ein Holzgestell, er war mit 16 Jahren nicht in der Lage einen
Nagel gerade einzuschlagen, obwohl seine Vorfahren alle Hand-
werksberufe ausübten. Das hatte meine Generation schon mit 10
Jahren gekonnt. Seit Jahrzehnten streiten sich nun Politiker um den
richtigen Bildungsweg.

Meine Antwort folgt der Logik. Wir bilden viel zu viele Akademiker
aus und es fehlt uns an gut geschulten Menschen, mit einer univer-
sellen manuellen und gleichwertigen, geistigen Ausbildung. Man
muss unbedingt den Bildungsweg in der Berufsausbildung aufwer-
ten, indem man den Absolventen einen hochwertigen Abschluss, als
Basis ins Berufsleben anbietet. Zum Beispiel einen Manuel-Master,
welcher später mit einem Diplom aufgewertet werden könnte.

Die Schule muss in der Zukunft eine umfassende Bildungsanstalt werden, in der eine Grundausbildung in allgemeinbildenden Fächern für alle zur Pflicht gemacht wird, dann aber nach einem bestimmten Zeitpunkt, die Ausbildung je nach Neigung oder Talent in Geisteswissenschaften, in musisch- künstlerischen oder handwerklichen Abteilungen, dieser Bildungsanstalten weitergeführt wird. In diesem System könnten Schüler mit manuellen Neigungen, anders als in dem, der geforderten Wissensvermehrung, ihre Zeugnisse ausgleichen. Dieses System würde Schülern auch den weiteren Weg in eine Berufsausbildung oder ins Studium aufzeigen. Welchen Weg Schüler ihren Neigungen und Talenten nach einschlagen wollen, könnten sie dann selbst herausfinden.

Eine der wichtigsten Aufgaben des Schulbetriebes sehe ich in der Bewusstseinsschärfung der Schüler für Umwelt, Empathie und Gesellschaftspflege. Das passiert nicht von allein und das Elternhaus, das in der Vergangenheit dafür zuständig war gibt es nicht mehr. Warum gehen Lehrer und Schüler nicht einmal Abfälle auflesend durch die Landschaft z. B entlang der Bundesstraßen? Bei dieser Beschäftigung bekäme mancher Unbelehrbare schon in der Jugend einen Ordnungs-Impuls eingepflanzt, der anmahnt nicht alles was man gerade nicht mehr benötigt, einfach so, wo man geht und steht wegzuwerfen. In der Nähe unseres Hauses, gibt es einen kleinen Durchgang. Immer wenn ich ihn passierte, ärgerte ich mich über weggeworfene Schnapsfläschchen, Papiertüten, Zigarettenschachteln und Verpackungen von Schokoriegeln. Ich hob sie auf und entsorgte sie im 50 Meter entfernten Papierkorb. Den meisten Abfall fand ich in den Büschen beiderseits des Weges. Das zeigte mir sehr deutlich, dass die Umweltsünder bei ihrem Tun ein schlechtes Gewissen haben. Gut, dachte ich, dann muss doch noch ein Restschuld-Bewusstsein vorhanden sein, zumindest in ihrem „Unterbewusstsein". Ich überlegte, wie man das zum „Bewusstsein" aufwecken könne! Dann kam mir die Erleuchtung: Mit meinen Walkingstöcken kratzte ich die Abfälle in die Mitte des Weges, dort lagen sie nun massenweise herum und ich war gespannt, was passieren würde. Aber statt sie aufzuheben, kickten die „Fußgänger" sie wieder unter die Büsche. Ober waren es eventuell die „Wegwerfer"? Meine Frau erklärte mich zwar für verrückt, doch ich kickte sie mit meinen Stöcken permanent wieder in die Mitte. Mal sehen, wie lange die das aushalten, fragte ich mich, und weil die Müllberge immer größer wurden, nun auch für alle sichtbar, geschah das Wunder. Nach und nach verschwanden die Abfälle. Wer sie entsorgt hatte, konnte ich nicht feststellen, aber der Durchgang ist bis heute saubergeblieben. Es muss also doch noch, wenn auch ein verkümmertes Umweltbewusstsein vorhanden sein. Ein anderes Beispiel war ein Erlebnis mit jugendlichen Komasäufern. Monatelang trieben sie auf Parkbänken ihr Unwesen. Soffen, zerschmetterten Bierflaschen und machten auf dem Gehweg Feuerchen an, sodass der Makadam schmolz. Hunde schnitten sich an den Scherben die Pfoten auf, doch die Erwachsenen in der Umgebung trauten sich nicht die Bande zur Ordnung zu rufen. Motto: Was geht mich das an, soll doch die Gemeinde usw. Die Besitzer der Wiese veranlassten, dass die Parkbank von der Gemeinde entfernt wurde. Nun stand sie auf Gemeindegrund, Flaschen und Scherben wurden von Fußgängern und der Gemeinde entsorgt und die Übeltäter freuten sich, für ihre Partys jedes Mal wieder eine vom Dreck gesäuberte Bank vorzufinden. Von Mal zu Mal wurden die Exzesse schlimmer. Als wir im Dunkeln wieder durch den schmalen Weg gingen, hörte ich Bierflaschen zerplatzen. Einer von der Bande hatte an der nächsten Tankstelle „Nachschub" geholt und ein Sixpack war ihm runtergefallen. Er nahm die noch heilen Flaschen auf und ließ den Rest liegen. Da platzte mir der Kragen. Ich forderte ihn auf, den Scherbendreck mitzunehmen, doch der grinste mich nur frech an und ging zu seinen Saufkumpanen. Ich hatte so eine Wut auf die Burschen, weil sich unser Haushund schon zweimal die Pfoten an den Scherben aufgeschnitten hatte. Mit den Scherben im Karton, stellte ich mich vor der Bande hin, zog das Handy und fotografierte die ganze Gruppe. Dann erzählte ich ihnen von den kaputten Pfoten und immer lauter werdend drohte ich ihnen sie anzuzeigen, wenn ich an den Bänken noch einmal solche Sauereien vorfinden würde. Keiner sagte etwas, das machte mich noch mutiger: „So", schrie ich, „da habt ihr eure Scherben nun klaubt sie mal selber aus dem Gras, hoffentlich schneidet ihr euch ordentlich in die Finger.

Kein Mensch hat etwas dagegen, wenn ihr hier eure Partys macht, aber diese Sauerei hört auf. Ist das klar." Meine Frau stand hinter mir und als wir weggingen, fragte sie mich was ich gemacht hätte, wenn sie mich angegriffen hätten. Ich antwortete: „So viel Mann' s bin ich noch, dass ich zwei oder drei von den besoffenen Burschen außer Gefecht gesetzt hätte, die anderen hätte dann sicher das Hasenpanier ergriffen und wären fortgelaufen." „Ja, aber dann wärst du bestraft worden!" Und genau das ist das Problem, niemand, außer ein paar Mutige, trauen sich noch einzugreifen und selber Ordnung zu schaffen. Inzwischen gibt es Leute, die der Meinung sind, dass die Müllabfuhr für die Geländesäuberung zuständig ist. Klar, sie haben ja oft genug gesehen, dass sie das nach Veranstaltungen macht. So geht es nach und nach ins Bewusstsein über, das „wir" ja genug Steuern bezahlen, da sollen sich dann auch mal „die Behörden", gefälligst um den Dreck kümmern.

Ein weiteres Problem unserer Gesellschaft ist die Zivilcourage. Früher galten Erwachsene und damit meine ich über 35-jährige, denn das Erwachsenwerden hört nicht mit der Erreichung der Volljährigkeit auf, als Respektspersonen. Was sie sagten, war Gesetz. Die jüngeren beugten sich dem Erfahrungsschatz, dem Wissen, Können und vor allem der finanziellen Potenz der Älteren. Wer es nicht glaubt, sollte sich einmal ältere Filme ansehen. Heutzutage ist die gesamte Gesellschaft dem Jungendlichkeitswahn verfallen. Ältere Menschen werden als „Gruftis" abgetan. Zeit, dass sie „entsorgt" werden. Das führt dazu, dass die jüngere Generation den Respekt vor dem Alter verliert. Erfahrung und Lebensleistung zählen nicht mehr. Dabei sind es nach wie vor die gereiften, mit mehr Lebens- und Berufserfahrung ausgestatteten Menschen, die unsere Gesellschaft weiterbringen und zusammenhalten. Die Jungen müssen erst einmal in diese tiefen Fußabdrücke hineinwachsen. Diese Schieflage führt dazu, dass Raudies sich ungehindert ausleben können, und bis jemand die Polizei holt, sind sie lange wieder weg. Hier fehlt die Zivilcourage und niemand traut sich noch, diese Typen zur Ordnung zu rufen, weil man Schaden an Leib- und Leben befürchten muss. Und, warum soll denn ausgerechnet ich eingreifen, wenn Halbstarke Jugendliche durch S-Bahnen randalieren. Da schaut man besser weg. Die Ausnahme bilden manchmal alte Damen, die mit ihrem Gehstock Räuber vertreiben. Die Empörung ist bei ihnen größer, als die Angst um ihr Leben. Und weil das so ist, tummeln sich immer mehr frustrierte Chaoten inmitten unserer Gesellschaft herum, die auf Abenteuer aus sind, schupsen Frauen die Treppen hinunter oder vor Bahngleise und belästigen schwächere. Keiner hält sie auf, niemand greift ein, das war einmal völlig anders. In der vergangenen DDR hatte sich die Hierarchie der „Ordnungshüter" am Längsten erhalten, doch das war ein Polizei- und Überwachungsstaat. Doch die Bürger sind immer noch von dem ruhigen, fast verbrechensfreien Dasein geprägt und möchten es zurückhaben. Davon zeugen die Ergebnisse der letzten Wahlen, wo wir einen wesentlichen Anteil am Erstarken der AfD zu verzeichnen hatten. Doch die alten Zeiten sind verloren und niemand kann sie recyceln. Da fragt sich der Bürger, was sind das für Jugendliche, die versuchen mit Laserpointern Flugzeuge zum Absturz zu bringen, was sind das für Chaoten auf unseren Straßen, die rücksichtslos Menschenleben auslöschen, nur um noch schneller vorwärts zu kommen? Ich meine, es ist die Anonymität: Ich mache unerlaubte Sachen und werde dafür nicht bestraft. Ich komme im Leben schneller zu Wohlstand, wenn ich andere betrüge. Ich habe Spaß, wenn ich die Stadtlandschaften mit Graffitis zu spraye. Ich werde kaum erwischt, wenn ich Autos zerkratze. Ich, Ich, Ich und wenn ich mal erwischt werde, dann bekomme ich „nur" eine kleine Ministrafe. Was fehlt ist die Bestrafung durch die Gesellschaft, die Verachtung der Mitmenschen und die Ächtung für das Unerlaubte das man getan hatte, so wie es frühere Generationen gnadenlos praktizierten. Man vergaß nie: Ach, das ist doch der, der da und da, und ist das nicht der, der da mal eingebrochen hatte. Heute dürfen Schwerstverbrecher vor Gericht ihre Gesichter verhüllen! Hier wird die Wiedereingliederung in die Gesellschaft, von der Justiz ad absurdum geführt und die Moral geht immer mehr in den Keller. Hier muss der Erziehungsauftrag in Elternhaus, Schule, Studium und Lehre todernst genommen werden, andernfalls wird diese Gesellschaft im Chaos enden.

Was die Bildung angeht, muss man sich allerdings bewusst machen, dass jede Selbstverwirklichung über die Bildungswege, vom Steuerzahler bezahlt werden muss. Entscheidend ist daher, welche „Quote von Intellektuellen" benötigt wird. Es gibt leider zu viele, die sich auf Grund ihres erworbenen Wissens, später auf Kosten der anderen Bürger bereichern. Da diese im gegenwärtigen System einen hohen Anteil haben, wird es in naher Zukunft kollabieren. Dass es noch nicht so weit gekommen ist, verdanken wir dem Zuzug von weniger Gebildeten aus dem Ausland. Gleichzeitig läuft diese Art der Selbstverwirklichung, der zu erreichenden Friedensordnung eines Staates zuwider, weil in der Masse der Unzufriedenen und Ausgestoßenen der Gesellschaft, der Keim zur Unruhestiftung angesiedelt ist. Langfristig werden sich diese Gruppen zusammenfinden, um es den Besitzenden mal richtig zu „zeigen". Wird hier nicht schnellstens ein sozialer Ausgleich geschaffen, gehen wir unruhigen Zeiten entgegen. Das Gespenst des Kommunismus ging 100 Jahre durch die Weltgeschichte, warum es scheiterte ist bekannt. Marx predigte die Produktion und die Verteilung aller Konsumgüter bis zum Überfluss, so meinte er würde jeder Krieg um Besitzstand überflüssig gemacht werden. Er bedachte aber nicht, dass dann jeder eine Villa, mehrere Autos, Jachten, Ferienhäuser inklusive und alle erdenklichen Luxusgüter besitzen möchte. Als Regulativ für den „Run" auf all diese Leckerbissen, dachte er sich den mündigen sozialen Mitbürger aus, der sich natürlich immer nur dann einen neuen Anzug aus dem Warenverteilungszentrum holen würden, wenn sein alter verschlissen wäre. Über den Ressourcen-Verbrauch machte er sich natürlich auch keinen Kopf; eine nicht zu realisierende Traumwelt. Die Verteilungs-Gerechtigkeit und die klassenlose Gesellschaft wird es natürlich auch nie geben, sie ist ein Ziel, das wie der ewige Friedenszustand vor uns herläuft, dass die Menschheit aber nie erreichen wird. Auch die Reduzierung der Geburtenraten führt nicht zu diesem Ziel. Wie man ja nachlesen kann, bevölkerten zu Christi Geburt etwa 300 Millionen Menschen die Erde. Glaubt man den Bibeltexten, so gab es damals die gleichen Probleme um den Besitzstand aus dem ja alles Gut und Böse kommt, in gleichem Maße wie heute. Wäre dieser Zustand damals nicht gleich oder schlimmer gewesen, hätte es den großen Philosophen der Menschheitsgeschichte „Jesus Christus" nicht gegeben. Aber seine Lehren werden bis in unsere Tage nur halbherzig befolgt, sonst wäre das Bewusstsein der Menschheit schon weiterentwickelt, als wir es in jedem Einzelnen von uns erkennen können.

Ein eigenes Scenario ist die Behandlung der durch religiösen Fanatismus ausgelösten Kriege, wie wir sie zurzeit in Nah- und Fernost erleben. Diesen Glaubenskriegern ist mit logischen Argumenten kaum beizukommen. Sofern sie ihre „Kriege" auf der Basis der allgemeingültigen, humanistischen Welt-Ethik „ohne Waffen" führen, muss man sie gewähren lassen. Das gewähren lassen hört aber da auf, wo sie sich erdreisten unsere „Freiheitliche Grundordnung" und unsere in Jahrtausenden entwickelte Lebensweise zu desavouieren. Greifen sie gar zu den Waffen, um ihre verqueren, religiös, legitimierten Ziele durchzusetzen, müssen sie auch mit Waffengewalt gestoppt werden. Im Moment bombt sich ein neues religiös verklärtes Gespenst durch die Weltgeschichte, dass man seitens der Großmächte versucht, genauso wie den ideologisch widerlegten Kommunismus, mit Drohungen und Waffengewalt zu vernichten. Beim Kommunismus hat schon die Bedrohung mit Waffen und eine kluge Politik seine weitere Ausbreitung verhindert, weil es auch schon damals auf der Seite des kommunistischen Ostblocks Realpolitiker gab. Das wird bei dem Phänomen des Islamismus nicht funktionieren, denn im Gegensatz zum Kommunismus kämpft auf Seiten der Gotteskrieger, der „einzige wahre Gott Allah" den sie anerkennen, an vorderster Front mit und der kann nur ideologisch bekämpft werden. Sein Prophet Mohamet, der Religionsgründer des Islam, hatte in den ersten 15 Jahren seiner „Karriere", in Mekka eigentlich keinen Erfolg mit der Verbreitung des Islam und konnte nur ca. 150 Getreue um sich scharen. Danach ging er nach Medina und änderte seine Strategie, indem er den Islam staatspolitisch auf Eroberungskriege ausrichtete. Das gab dem Islam eine neue Prägung, die meiner unmaßgeblichen Meinung nach, nichts mehr mit Gott zu tun hat, weil sie allen Grundsätzen einer humanistischen Weltgemeinschaft widerspricht. Es ist der uns als der liebende auf Ausgleich, Mitmensch-lichkeit und Frieden bekannte Weltschöpfer fast aller Religionen, den Mohamet Allah nannte. An seine Stelle setzte Mohamet nun den Welteroberer Allah, der mit einer pervers ausgerichteten Erobe-rungsstrategie erlaubte, alle „Ungläubigen" zu töten. Unter Ungläu-bigen verstand und verstehen heute noch viele Moslems alle Men-schen, die Allah nicht anbeten. Eigentlich die gleiche Strategie mit der das Christentum verbreitet wurde. Was blieb ist nur der allmäch-tiger Gott Allah, der einzig wahre Gott, den man anzubeten hat. Tut man dies nicht, ist man ein Ungläubiger, ein „Kafir", den jeder Mos-lem ohne Strafe töten darf. Ja man verspricht ihm, dass er in Allahs Himmelreich aufgenommen wird, wenn er im "Krieg gegen die „Kufar" (Mehrzahl von Kafir) getötet wird. Und noch böser geht gar nicht, wenn er die Kämpfe überlebt, darf er sich am Eigentum der Getöteten bereichern. Es dauerte nur ein paar Jahre, dann hatte sich der Islam im Nahen Osten und in Teilen Afrikas ausgebreitet. Nach dem 7. Jahrhundert eroberten Muslime die Iberischen Halbinsel und drangen bis nach Süd-Frankreich vor. Das Osmanische Reich beein-flusste und beherrschte die Balkanstaaten vom Jahre 1000 n. Chr. fast 700 Jahre lang und wurde erst von den deutschen Ritterheeren zurückgedrängt, als sie vor den Toren Wiens, der damaligen Haupt-stadt des „Heiligen Römischen Reiches" standen (zweite Wiener Türkenbelagerung 1683).

Diese Strategie der Islamausbreitung wirkt bis in unsere Tage hinein und wird sich nur über eine rigorose Aufklärung aller Muslime und Nichtmuslime, über diese ihnen meistens nicht bewusste Ideologie des Islam stoppen lassen. Die dritte Eroberung der westlichen, frei-heitlich geprägten Staaten erfolgt im Moment mit der Unterwande-rung durch muslimischen >Flüchtlinge <, die in ihren angestammten Heimatländern durch die Ausbreitung der Gotteskrieger ihre Exis-tenzen verlieren. In Wirklichkeit handelt es sich bei den >IS-Kämp-fern< (IS: Islamischer Staat) den >schihadisten-Milizen<, >Boko Ha-ram< und wie sie alle heißen, natürlich um Verbrecher, die auf der Basis der von Mohammed aufgestellten Islam-Glaubenssätze, ihre verbrecherischen Kreise ziehen. Damit will ich nicht gegen die

Flüchtlinge polemisieren und schon gar nicht gegen den friedlichen Islam. Aber die Entwicklung auf dem Balkan zeigt eindeutig, dass der Islam sich auch nach der Zurückdrängung des Osmanischen Reiches etabliert und verfestigt hat und er breitet sich rasant weiter aus. Genauso wie unsere Christlichen Kirchen, die im Mittelalter ihre Ausbreitung mit Feuer und Schwert betrieben, - ich nenne hier nur mal die diversen Kreuzzüge, die mit den sogenannten Kinder-Kreuzzügen ihre Perversion aufzeigten. Auch damals wurde den Kreuzfahrern nach ihrem Tode das Himmelreich versprochen.

Auch die Moslems werden ihre Glaubensgrundsätze zu überdenken haben und an die Stelle des kriegerischen Gottes Allah, einen friedlichen „Gott" Allah setzen müssen, daran führt kein Weg vorbei. Das oberste Gesetz des Islam, die „Scharia" verlangt, dass sich die ganze Welt Allah und dem Islam zu unterwerfen hat. Die von Mohammet in der Sunna überlieferten Aussprüche, Verhaltens- und Handlungs-Anweisungen des Propheten, sind die Richtschnur für alle Muslime und für ihre Lebensweise. Dies kann man nicht wegdiskutieren, so wie manche Traumtänzer in der Welt es gerne hätten. Moslems müssen und werden sie einhalten, weil sie sonst nicht in das versprochene Himmelreich gelangen können, das ist die Drohung die dahintersteckt. In etwa ist es das Gleiche wie es die christlichen Kirchen mit der Höllenandrohung halten. Nun sprechen ja viele Fachleute und Laien davon, dass der Islam eine friedliche Religion ist. Das war sie wohl auch zu Anfang, in einer Zeit als Mohammet noch seine neue Religion etablieren wollte. Aus dieser Zeit in Mekka gibt es einen Koran-Vers: Sure 73,10, der eindeutig die Friedfertigkeit verlangt. Als Mohammet damit nicht den gewünschten Erfolg hatte, änderte er seine Strategie. Nachdem er dann zum Kriegsherrn aufgestiegen war, kam eine neue Sure in den Koran: 8,12, die das Töten der Ungläubigen „Kuffar" erlaubt. (Haut ihnen mit dem Schwert auf den Nacken... usw.) In den ca. 1300 Jahren nach Mohammed, haben sich im Islam viele Glaubensrichtungen herausgebildet, die sich gegenseitig, auch mit Waffengewalt bekämpfen, genauso wie die Christlichen Kirchen bis zum Ende des 30jährigen Krieges und die verbalen Kämpfe dauern bis heute an.

Je nach den erforderlichen Ereignissen, interpretieren Islamge-
lehrte nun die jeweils passenden Koranverse als Glaubensbekennt-
nisse, die sie an ihre Jünger weitergeben. Die Fundamentalisten unter ihnen, gehorchen bedingungslos den Vorgaben Mohammets und
werden zu Hasspredigern. Andere versuchen den Koran moderater
auszulegen, sie gehören zum friedliebenden Islam. Jene Ersteren
ziehen mit Fleiß Terroristen heran, die sich die Welt mit Gewalt zu-
rechtbomben wollen, um dann entweder ins Paradies zu kommen,
oder in ihrem erträumten Gottesstaat leben zu dürfen. Möchten Sie
mehr über die Scharia und den Koran wissen, dann lesen sie das
Buch von Bill Warner: „Scharia für Nicht-Muslime". In letzter Zeit
konvertieren viele Jugendliche, die in unserer Leistungsgesellschaft
keine Anerkennung finden zum Islam, gehen oftmals in die Kriegs-
gebiete des Islamischen Staates und glauben dort das Himmelreich
zu finden. Junge Europäerinnen tragen plötzlich Kopftücher, den Ni-
kab oder gar eine Burka, wollen vermutlich damit nur provozieren,
meinen mit dem Islam glücklich zu werden oder denken, sie seien
nun die besseren Menschen. Schon Friedrich der Große hat gesagt:
„Jeder soll nach seiner Fasson glücklich werden." Richtig, damit ist
der individuelle Lebensstil, die Religionsausübung und die Lebens-
auffassung gemeint. Ich bin überzeugt, dass er das Tragen dieser
Ganzköper-Verschleierung nicht erlaubt hätte. Im Allgemeinen ist es
jedem Bürger selbst überlassen wie er sich kleidet. Doch es gibt geschriebene und ungeschriebene Gesetze die eingehalten werden
müssen. Zum Beispiel kann man in öffentlichen Schwimmbädern,
aus hygienischen Gründen, nicht mit Kleidern oder Anzügen baden
gehen. In Hallenbädern werden oft sogar Haarnetze vorgeschrie-
ben. Außerdem hat man sich vor dem Schwimmen zu duschen. Diese
Maßnahmen dienen der Hygiene und sollen die Übertragung von
Krankheiten verhindern. Plötzlich tauchen nun Mädchen und Frauen
mit Ganzkörper-Badekleidern in diesen Einrichtungen auf, da fragt
man sich doch, wieso dürfen die das? In westlichen Gesellschaften
ist es üblich mindestens das Gesicht zu zeigen. Es ist der Ausdruck
einer Offenheit, die dem Gegenüber signalisiert, „schau mir ins Gesicht und ich schaue dich an". Am Gesichtsausdruck und der Mimik,
die ein Teil der Körpersprache ist, erkennen wir, ob unser Gegenüber

freundlich, missgestimmt oder gar aggressiv ist. In Bruchteilen von Sekunden erkennen wir, ob es eine offene, freundliche, für uns ungefährliche oder eine schwer einzuschätzende, ja eventuell gar gefährliche Begegnung ist, der wir besser aus dem Wege gehen sollten. Schon ein Kopftuch erweckt bei Europäern den Eindruck der Zurückgezogenheit, der Abkapselung, bringt eher zum Ausdruck: >Sprich mich bitte nicht an<. In der Tat, fragen sie mal „westliche geprägte Männer", ob sie schon einmal mit einer Kopftuchträgerin auf der Straße ein Gespräch geführt haben, das über allgemein Notwendiges, hinausging. Obwohl Musliminnen seit Jahrzehnten in unserer Gesellschaft leben, habe ich noch nie auch nur ein einziges Wort mit ihnen ausgetauscht. Das ist keine Absicht, ich würde ja gern, schon um diese Mitmenschen kennen zu lernen. Nur, die schauen ja bei jeder Begegnung auf den Boden, können mir nicht ins Gesicht sehen und wenn sie es dann aus Neugier doch mal tun, blicken sie sofort weg, wenn sie sich dabei ertappt fühlen. Da fragt man sich dann doch, was sind das für Menschen, mit denen wir hier zusammenleben müssen. Das ist keine Normalität, das ist Zurückgezogenheit, das ist Abkapselung. Es wird signalisiert, schau mich nicht an, rühr mich nicht an, ich will mit dir nichts zu tun haben. Gemeinschaftsgefühl, gegenseitiges Verständnis und Vertrauen, oder gar Integration kann so nicht entstehen. Hier prallen völlig unterschiedliche Lebensäußerungen aufeinander, die uns völlig fremd sind und bleiben werden. Mit den islamischen Männern, geht es uns nicht viel anders oder haben sie schon mal mit einem am Stammtisch zusammengesessen? Die Familien dieser Zuwanderer führen ein Eigenleben, ein Inseldasein in unserer Gesellschaft, es ist fast so als kämen sie von einem anderen Stern. Die erste Generation wird sich überhaupt nicht integrieren lassen, die zweite deutsch sprechen und erst die dritte oder vierte wird langsam in der Gesellschaft aufgehen, aber auch nur dann, wenn es ihnen gelingt den Restmüll ihrer Vergangenheit zu entsorgen.

Über Legislative und Exekutive ist in der Vergangenheit viel Papier beschrieben worden. In der BRD wählen wir nach zermürbenden Wahlkampfschlachten unter mehreren gegnerischen Parteien eine aus, die dann ihrerseits einen kompetenten Regierungschef ernennt, der sich dann in endlosem Gezerfe mit den anderen Parteien verschleißt, bis er oder sie eines Tages aufgibt und die sogenannte „Vertrauensfrage" stellt, letztlich um festzustellen, wie viel Unterstützung er bei seinen Parteigängern noch hat. Damit endet dann regelmäßig eine Legislaturperiode, eine Kanzlerschaft oder beides. Bis zu diesem Zeitpunkt geben wir, das Wahlvolk, die Exekutive an eine Regierung ab. In der Zwischenzeit haben wir fast keine Möglichkeit auf die Entscheidungen Einfluss zu nehmen. Wir können zwar über öffentliche Medien, Meinungsbildung, Volksbefragungen und in letzter Zeit auch die immer wichtiger werdenden Talkshows a la Ilgner und Co. - einen gewissen Einfluss nehmen, sind in der Regel aber von fast allen, mitunter lebenswichtigen Entscheidungen ausgeschlossen. Immer noch wie in alten Zeiten, hält man das Volk >für zu dumm< selbst zu entscheiden, was es möchte oder nicht möchte. Wir haben ja als >Souverän < die Macht = Exekutive an die Regierenden abgegeben, die wir als kompetent erachteten, unsere Geschicke zu leiten und zu lenken. Genau so ergeht es den Mitfahrern in einem Autobus, wenn sie einmal eingestiegen sind, vertrauen sie ihre Gesundheit und ihr Leben dem Fahrer an. Sie haben keinen Einfluss mehr darauf wohin die Reise geht. In unserer Gesellschaft ist die uneingeschränkte Meinungsfreiheit garantiert, sie wird nur durch die bestehenden Gesetze „eingerahmt". Unsere Parlamentarier dürfen zwar ihre freie Meinung äußern, sind jedoch durch ihre Parteizugehörigkeit zur Gruppendisziplin verurteilt. Sie werden also immer, der innerhalb von Parteien ausdiskutierten Meinung folgend, entscheiden. Da es sich hier aber immer um eine sehr kleine Gruppe von Entscheidern handelt, werden oft für alle, die in diesem Staat leben, schwerwiegende Einzelentscheidungen getroffen, die, wenn man eine größere, repräsentative Menschenmenge gefragt hätte, nie so entschieden worden wären. Damit sind wir wieder bei der Machtausübung. Durch die in Kaderschmieden sich herausgebildeten, mehr oder weniger intelligenten Wissens-Cluster, die darüber befinden dürfen, was für sie selber gut ist, denn sie gehören ja zum sogenannten Establishment dazu. Egal ob es denen da unten passt oder nicht, Hauptsache es passt in ihr Konzept. Diese Überlegungen, erfordern eine grundsätzliche Neuordnung der Regierungsformen in den Demokratien, die eigentlich keine sind, was ja der griechische Name schon aussagt: „Die Herrschaft des Staatsvolkes", also des Souverän, nicht der regierenden Parteien. Um das zu erreichen, bedarf es nur sehr kleiner Veränderungen in unserem Regierungssystem. Volksbefragungen gibt es schon, sie sind in aller Regel ein stumpfes Schwert, das nur selten geschwungen wird, weil die Regierenden sie, anders als in der Schweiz, mit List und Tücke zu verhindern wissen. Ja, da gibt es dann noch die Meinungsforschungs-Institute, aber man merkt es schon am langen Namen, wie langsam und ineffektiv sie arbeiten. Inzwischen gibt es bessere Kommunikations-Wege über das Internet, über die man täglich eine Meinungs-Umfrage machen könnte. Sie werden aber leider nicht genutzt, weil die Regierenden wegen ihres kapitalen Machtverlustes keinerlei Interesse daran haben, sich in ihre Geschäfte vom "dummen Volk" hineinregieren zu lassen. Es wird deshalb eine private Initiative geben müssen, die eine digitale Revolution in diesem wichtigen Prozess in Gang zu bringt. Deshalb rufe ich öffentlich dazu auf, eine Internetseite einzurichten, die permanente Volksbefragungen durchführt. Diese Einrichtung würde sicherstellen, dass die Regierung jederzeit ein Feedback über alle ihre Entscheidungen in Echtzeit bekommen würde, dass sich zudem auf eine sehr breite Basis in der Bevölkerung stützen könnte. Das Wichtigste wäre, dass die Staatsmacht absolut nichts dagegen unternehmen könnte. Die Regierung müsste sich jeden Tag nicht nur von der Presse, sondern direkt vom Volk ihre Schlechtleistungen vorhalten lassen. So wäre auch die dritte und wichtigste politische Kraft, das Volk an den Entscheidungen angemessen beteiligt. Durch diese permanente Volksbefragung hätte die Regierung ein Feedback in Echtzeit und wäre in der komfortablen Lage, sich jederzeit darauf berufen zu können. Leider haben die Väter des Grundgesetzes, wegen der schlechten Erfahrungen in der Weimarer Republik, diese Volksbefragungen verboten.

Ein anderes Thema ist die Streitkultur unserer Politiker, die ich an anderer Stelle schon angesprochen habe. Philosophen haben in der Vergangenheit viel Papier zu diesem Thema vollgeschrieben. Der

Mensch als denkendes, soziales Wesen ist in der Lage zu „philoso-
phieren - also weiter zu denken", ist dabei hauptsächlich auf seine
Intelligenz, seine Bildung und seine Sprache angewiesen, weil der
Mensch auch in Sprache denkt. Leider ist diese „bisher letzte Errungenschaft der Evolution" noch nicht so weit ausgebildet, um sein eigenes Denken innerhalb von Sekundenbruchteilen an seine Mitmenschen zu übermitteln. Die jüngere Generation hat allerdings inzwischen einen schnelleren Sprach-Rhythmus entwickelt. Die Kommunikation über die jüngste Errungenschaft der Evolution - unsere
Schriftsprache - ist aber wesentlich präziser. Sie kann eine Analyse
des Gedachten, Erlebten und Geschehenen genauer beschreiben
und ist daher, vom Adressaten leichter nachzuvollziehen, weil zur
Aufbereitung des Mitzuteilenden, dem Schreibenden mehr Gehirn-
verarbeitungszeit zur Verfügung steht, als dem sprechenden Indivi-
duum. Leider dauert die kommunikative Wechselwirkung wesentlich länger, als beim Sprachgebrauch, doch Sprache ist leider flüchtig. Daher hat sich in den 5000 Jahren, in denen sich die Schriften
entwickelt haben, ein duales System von Sprache und Schrift herausgebildet, man kann auch sagen, dass eine Arbeitsteilung stattgefun-
den hat. Sprache benutzt man für den schnellen Informationsaus-
tausch, Schrift dagegen um genauer zu formulieren und um Informationen länger zu konservieren. In den USA wird Gesprochenes bei
Gerichtsverhandlungen protokolliert und das aus gutem Grund.
Richter und Geschworene können so den Dialog nachlesen. Man
kann diese Option auch als eine „Erweiterung der Verständigungs-
möglichkeiten" ansehen. Die Allgemeingültigkeit der Vernunft ist
beim Gegenwarts-Philosophen Habermas die Vorrausetzung für den
Diskurs. Dieser ist anzustreben, allerdings setzt er Vernunft und Intelligenz voraus. Man kann aber nicht voraussetzen, dass diese bei
allen Gesprächsteilnehmern in gleichem Maße vorhanden ist. Für einen erfolgreichen Diskurs sind daher noch weitere Grund-Vorausset-
zungen erforderlich. Zuvorderst wären da zu nennen:

1. Annähernd gleicher Bildungsstand
2. Annähernd gleiches humanes Weltbild
3. Annähernd gleiche Ideologien
4. Annähernd gleich friedliche Religionen

5. Annähernd gleiche Moral und Ethik
6. Die Bereitschaft zu einem verbindlichen Ergebnis zu kommen.

Ist diese gemeinsame Basis für einen erfolgreichen Diskurs nicht gegeben, sollte zuerst einmal ein Grundsatz-Diskurs stattfinden, bei dem man versucht sich auf einen "Kleinsten gemeinsamen Nenner" zu einigen, der die Grundlage zum anzustrebenden Ergebnis bilden kann. Für die ersten Gespräche ist die Einigung auf einen neutralen Mediator erforderlich. Die Parteien sollten dazu Personen-Vorschläge machen, kann man sich nicht auf eine kompetente Person einigen, sollte jede Partei eine eigene benennen. Beide Mediatoren sollten dann wechselweise die Gespräche leiten.

In der nächsten Stufe sollten die Parteien den Streitpunkt schriftlich aus ihrer Sicht definieren und den Streitparteien zukommen lassen. Eventuell sollten auch Lösungsvorschläge angeboten werden. Zu Beginn des Diskurses sollten alle Punkte zunächst andiskutiert werden. Punkte auf die man sich nicht gleich einigen kann, sollten hintenangestellt werden. Grundlage eines jeden erfolgreichen Diskurses ist eine gepflegte, emotionslose Gesprächsatmosphäre. Dazu gehört, dass man sich die Argumente seines Gesprächsgegners mit Aufmerksamkeit anhört. Sich dazu Notizen macht und danach seine Sicht der Dinge klar und präzise formuliert. Danach sollte auch noch etwas Tiefen-Psychologie nach den Beweggründen erfolgen, denn in aller Regel geben die Gesprächspartner nicht gleich zu Anfang alle ihre Gefühle preis, man muss sie vorsichtig herauslösen. Nach einiger Zeit entsteht eine erste kleine Vertrauensbasis, man fängt an sich besser zu verstehen. Wenn diese Ebene erreicht wird, sollte man die weiteren Gespräche vertagen. Beim nächsten Treffen kann man dann die eigentlichen Probleme angehen und versuchen zu einer Lösung zu kommen. Ob eine Einigung erzielt wird, hängt im Wesentlichen immer von der Aufrichtigkeit der Kontrahenten ab. Erfahrungsgemäß verfolgen immer einzelne Gesprächsteilnehmer eigene, der ganzen Sachlage übergeordnete Absichten, die mit den eigentlichen Streitpunkten nichts zu tun haben. Bestes Beispiel sind die Parteigänger, welche immer die „Abwertung der politischen

Gegner" im Blickfeld haben, sodass diesen „Hintergedanken, was nutzt meiner Partei am Meisten" einen aufrichtigen Diskurs nicht aufkommen lassen. Man redet nicht über das Thema, sondern über den Gegner, und seine angeblich völlig falschen Ansichten, ohne auch nur den Versuch zu machen, sich wirklich mit seinen Argumenten auseinander zu setzen.

Wie kann man nun diesen Aspekt behandeln. Mein Vorschlag dazu wäre, dass jede Partei zuerst mal einen Zielkoordinator benennt, der dafür verantwortlich gemacht wird, dass seine eigenen Parteigänger, das anzustrebende Ergebnis nicht sabotieren. Der Zielkoordinator sollte befugt sein, einzelne oder mehrere Personen von der Diskussion auszuschließen. Die fehlenden Mitglieder sollten durch weniger destruktive Diskutanten ersetzt werden. Schon diese Maßnahme, dass ein Ausschluss droht, kann bewirken die Diskutanten zu disziplinieren und auf das Ziel - die Einigung - auszurichten.

An unseren Bundesparteien kann man wunderbar studieren, wie die Etablierten neue Parteien aus lauter Angst vor weiterer Konkurrenz diskreditieren und versuchen sie in die rechte oder linke Ecke zu stellen. In Talkshows werfen sie sich gegenseitig oft Jahre zurückliegende Richtig- oder Falschentscheidungen vor, die nichts mit dem Thema der Veranstaltung zu tun haben. Man hat oft nicht einmal den Anstand dem Gesprächsteilnehmer zuzuhören. Oft genug redet man sich gegenseitig in Grund und Boden, indem dann beide Gesprächspartner einfach weiterreden, wer den längeren Atem hat setzt sich durch. Im Bundestag geht das Gezerfe über längst Gewesenes oft unter die Gürtellinie. Jeder hat Recht, will sein „Mütchen kühlen" und seine Ansicht durchsetzen. Man sollte doch meinen, dass unsere Volksvertreter, - durchweg alles gebildete Leute -, in der Lage sein müssten, eine gepflegte Diskussion zu führen. Bei dieser Gesprächsunkultur, entlarven sich viele unserer Politiker als unwürdig, in diesen erlauchten Kreisen mitzuwirken. Wen wundert es da noch, wenn der Wahlbürger dem Urnengang fernbleibt? Wem sollen wir denn noch unsere Stimme geben, wo doch jeder sein eigenes

Süppchen kocht, ohne an das „Große Ganze", die Führung des Deutschen Volkes zu denken. Wer von all diesen „Politikern", kann denn noch als ehrlich, aufrichtig und anständig bezeichnet werden? Man kann sie an den zehn Fingern abzählen. Ich erlaube mir dieses Urteil, weil ich nunmehr seit 60 Jahren diese Menschen, die uns Vorbild sein sollten beobachte. Die meisten sind Karrieristen, denen um hoch und weiter zu kommen jedes Mittel recht ist. Immer wieder sitzen in Regierung und Parlament einzelne, ethisch- moralisch äußerst wertvolle und intelligente Menschen, doch sie sind die Ausnahmen von der Regel. Bei manchen meint man, aus der/dem könnte eine neue Führungspersönlichkeit durch das Dickicht des Weltgeschehens werden, aber dann merkt man an Kleinigkeiten, das kann schon ein dämliches Grinsen der Schadenfreude sein und schon ist man wieder enttäuscht. Am Gefährlichsten sind jene die einen hochmoralischen Anspruch ausstrahlen, nur von sich selber überzeugt sind, aber keine/keinen „Besseren" neben sich dulden. Die/der könnte ja an meinem Stuhl sägen, so fragen sie sich permanent. Dann sind sie oft viel zu lange im Amt, pflegen ihre Ausstrahlung und beißen jeden Aufsteiger in der Führung gnadenlos weg. So vergeht Jahr um Jahr und die Republik tritt ohne Innovationen auf der Stelle. Je nachdem wie man es betrachtet macht es Sinn, wenn Amerikanische Präsidenten höchsten acht Jahre regieren dürfen. Meiner Meinung nach ist das die Höchstgrenze für jeden Politiker überhaupt. Diese Grenze sollte nicht nur für Kanzler und Präsidenten, sondern für alle Parlamentarier gelten, nur so könnte sich das System immer wieder regenerieren und befruchten.

Die Amerikanisch - Kanadische und die Europäische Union, haben inzwischen gezeigt, wenn Völkergemeinschaften kulturell und wirtschaftlich zusammenarbeiten, lösen sich die Nationalstaaten auf, gehen in eine Gemeinschaft gleicher, humaner Denkgebäude über, in der man Kontroversen friedlich lösen kann. Andere Großmächte sind noch weit davon entfernt gemeinsam zu denken und zu handeln. Sie sehen in ihren Nachbarn immer noch den Fressfeind, den man bekämpfen muss, kommen aus ihren alten verkrusteten, archaischen Denkschablonen einfach nicht heraus.

Der Ereignishorizont einer Steinzeitjäger- und Sammler-Gruppe beschränke sich vermutlich auf ihr Jagdgebiet. Konnte man es nicht verteidigen, verhungerte die Gruppe oder sie zog weiter und suchte sich ein anderes Revier. Bestenfalls vereinigte man sich mit der konkurrierenden anderen Gruppe, bildete kleine Gemeinwesen, die zu steinzeitlichen Dörfern wurden und daraus entstanden dann später Städte. Der Ereignishorizont war der Stadt- und Landkreis geworden. Über diesen kam man kaum hinaus, den verließ man auch nicht - über ihn schaute man nur über Erzählungen hinaus.

Die Beeinflussung durch Informationen über Unglücksereignisse der Jäger-Sammler-Gruppen in der Steinzeit, im Altertum und im Mittelalter, erweiterte sich nur durch Hörensagen, seltener durch eigene Anschauung. Es interessierte niemanden, was ein paar hundert Kilometer weiter geschah. Bis man davon erfuhr und helfen konnte, war meist schon zu viel Zeit vergangen, man konnte nichts mehr tun. Auch das Helfersyndrom beschränkte sich auf Durchreisende, Bekannte und Verwandte. Die Geschwindigkeit der Beeinflussung von Ereignissen zu Fuß, hoch zu Ross oder im Postkutschen-Zeitalter, war sehr begrenzt. Mit der Eisenbahn, dem Auto- und dem Schiffsverkehr, konnte auch in weit entfernten Regionen nicht geholfen werden. Man erfuhr es erst, wenn alles vorbei war und nahm es hin wie ein Naturereignis. Erst dem Flugverkehr und den weltweiten Kommunikations-Netzen, verdanken wir schnell eingreifen und helfen zu können. Die Transportmöglichkeiten in unserer Zeit haben sich dynamisch verbessert. Ebenso sind es die erwirtschafteten Geldmittel, die zur Beeinflussung zur Verfügung stehen. Nun gibt es einige wenige Staaten, die wirklich helfen, andere schauen nur zu, weil sie vielleicht zu arm sind, oder nicht über die erforderlichen Kapazitäten verfügen, um wirksam eingreifen zu können.

Die Verantwortung der eigenen Gesellschaft gegenüber schwächeren Ländern hat ebenso dramatisch zugenommen. Das führt mitunter zu grotesken Situationen, man möchte weiterhin helfen, aber man kann niemand dazu zwingen. Auch andere Länder nicht. Selbst

Länder denen nach dem Zusammenbruch des Sozialismus massiv geholfen wurde, sei es durch Spenden und Lebensmittellieferungen oder know how, denken heute nicht mehr daran mitzuhelfen und sei es nur im Rahmen ihrer Möglichkeiten. Das überlässt man den sogenannten reichen Ländern, aber wie reich sind diese Länder nun wirklich? Wie viel wollen und können sie von ihrem hart erarbeiteten, meist bescheidenen Wohlstand abgeben, ohne sich selbst zu ruinieren?

Nach den damals noch ungenauen Statistiken, gab es in meinem Geburtsjahr 1938 1,2 – 1,5 Milliarden Menschen auf der Erde. Nimmt man nun an, dass bei größeren Katastrophen pro Jahr fünf Prozent der Weltbevölkerung starben, so waren das 60 - 100 Million Menschen. Bis zum Jahre 2018 wuchs die Zahl der Weltbevölkerung auf 7,5 Milliarden. Davon entfallen auf Asien ca. 4,3 auf Afrika 1,25 auf Europa 0,75, Süd- und Nordamerika ca. 1,0 und Australien-Ozeanien 0,4 Milliarden Menschen. Wenn bei heutigen Katastrophen jährlich 5% der Weltbevölkerung sterben, wären das 375 Million Menschen, so die rein rechnerische Möglichkeit. Da aber diese nunmehr 7,5 Milliarden auf der gleichen Landfläche wohnen, also durchschnittlich die fünffache Menschenmenge, muss man diese Ereigniszahlen angesichts der Klimaveränderung auf dem Globus verdoppeln - also 750 Millionen Menschen die jährlich bei Katastrophen und an Hungersnöten sterben. Nimmt man noch die neuen Kriegsflüchtlings- und Armuts-Völkerwanderungs-Wellen hinzu, kann man diese Zahlen noch einmal verdoppeln. Also ca. 1,5 Milliarden Menschen, denen heute irgendwo auf der Welt geholfen werden muss. Ich frage mich, wieweit die Hilfsbereitschaft in den hilfsbereiten Staaten geht, wenn nur wenige Staaten in erster Linie die Bundesrepublik, Nord-Amerika, Schweden, Österreich und noch ein paar kleinere Staaten, dieses Mammut-Hilfsprogramm stemmen sollen.

Hat es in früheren Zeiten niemand interessiert, wo und wie viele Menschen in Not gerieten, man konnte auf Grund der Entfernungen sowieso nicht helfen, so sitzt heutzutage die versammelte Welt-Nothelfer-Gemeinde am Fernsehschirm und leidet mit. Hatte man früher auch eher etwas weniger Empathie und Mitempfinden, so ist man heute mehr sensibilisiert, meint immer da muss doch etwas passieren. Ja warum hilft denn niemand, - in „Gottes Namen", das kann doch nicht sein! Vergisst aber, dass unsere Staatsdiener und politisch Verantwortlichen zuallererst die eigene Bevölkerung schützen müssen, so wie früher die Steinzeitjäger zuerst einmal die eigene Sippe schützten. Man vergisst sehr schnell, dass auch in unserem reichen Land hunderttausend Chloschard's unter den Brücken leben, denen nicht geholfen wird, für die sich niemand in unserer Gesellschaft interessiert oder verantwortlich fühlt. Wo ist nun hier das Helfersyndrom geblieben? Sie werden wie Aussätzige behandelt und die Obdachlosen werden immer mehr, warum hilft denn hier niemand. Als ich 1980 in das verträumte Kleinstädtchen Backnang umzog, gab es hier noch keine Obdachlosen, „Penner", wie sie abwertend genannt werden. Im Moment zähle ich 20 - 30 und es werden von Jahr zu Jahr immer mehr. Die allgemeine Meinung ist doch: Die sind doch selbst schuld, die sollen was schaffen. Leicht gesagt, wenn man nicht zu den Ausgestoßenen der Gesellschaft gehört, denn unter diesen „Pennern " gibt es nicht wenige mit einem Doktor-Titel, die aus der Bahn geworfen wurden. Im Umkehrschluss heißt diese Zunahme doch: Unsere Gesellschaft ist nicht in der Lage, diese labilen, sozialschwachen und gescheiterten Existenzen wieder zu integrieren. Früher gingen sie in den Familien auf, wurden unterstützt und mitgenommen. Leider findet man diese Familienclans in unserer Gesellschaft nicht mehr, das gibt es nur noch bei unseren ausländischen Mitbürgern, z. B. bei türkischen Familien. Obwohl in der BRD 1,5 Millionen türkisch-stämmige Bürger leben, findet man auf den Straßen keine Obdachlosen aus dieser Volksgruppe, das sollte uns zu denken geben.

Man muss unter diesen Gesichtspunkten anfangen die Aufnahmemöglichkeiten, - nicht die Aufnahmekapazitäten zu betrachten. So kommt man zu anderen Ergebnissen als das derzeit der Fall ist. Sagt einer unserer Politiker etwa so Treffendes wie: >Wir sind nicht das Sozialamt der ganzen Welt<, so wird er von der versammelten Politelite und der sowieso nur den Verkaufszahlen hinterherjagenden, schlagzeilengeilen Presse niedergemacht und in die rechte Ecke gestellt, nur, weil er sich Gedanken macht, wie man die unlösbare Aufgabe meistern könnte. Überhaupt, jede neue Partei oder ein Querdenker wird von den Etablierten sofort auf die rechte oder linke Hemisphäre der Parteienlandschaft eingenordet. In Talkshows fallen sie dann gemeinsam über die Neuen her und machen sie mit unsachlichen Argumenten runter. Es hat 20 Jahre gedauert bis man aufhörte eine soziale Partei wie die Linken, nur wegen ihrer Vergangenheit fertig zu machen, letztlich trug auch die intelligente und sachliche Argumentation einer Sahra Wagenknecht und eines Gregor Gysi wesentlich dazu bei, dass man die Linken nun nicht mehr ausgrenzen kann. Eine derart komplexe, moderne Gesellschaft wie die unsere, mit ihrer diffizilen Infrastruktur, ihrem auf äußerste Effektivität ausgerichtetem Gesundheitswesen und einer Gerichtsbarkeit, bei der man sich auf Kosten der Allgemeinheit durch alle Instanzen klagen kann, auch wenn man keinen Cent besitzt, und die Aussicht zu gewinnen gegen Null tendiert, ist nicht mehr in der Lage solche, ihre Strukturen zerstörenden Belastungen in diesem Tempo mitzugehen. Da kommt unweigerlich Sand ins Getriebe. Man sieht es zuerst an den noch konservativer ausgerichteten, jahrzehntelang vom DDR-Staat existenzsichernd beschützten, - jetzt „Neuen Bundesländern"! In ihnen kommt zuerst der Frust auf, vor allem, wenn jemand arbeitslos wird. Dabei vergessen sie gern, dass wir auf dem Weltmarkt konkurrenzfähig bleiben müssen. Indessen haben sie im real existierenden Sozialismus den Karren katastrophal an die Wand gefahren.

Man kann es nicht mehr wegdiskutieren und schönreden, die Grenze der Belastbarkeit ist nicht die Anzahl der Asylsuchenden, sondern die Massen die in relativ kurzer Zeit gekommen sind. Sie sind für unser kleines Land objektiv nicht verkraftbar. Deutschland hat im Laufe der letzten 70 Nachkriegsjahre auf rund ein Drittel verringerter Landfläche, mehr Flüchtlinge aufgenommen als das restliche Europa zusammen. Zuerst kamen die zwei Millionen Heimatvertriebenen, dann die vier Millionen DDR-Flüchtlinge, danach Italiener, Türken und Nachfahren von weiteren Millionen Deutsch-Russen die

Helmut Kohl hierhergeholt hat. Es hat sich herum-gesprochen: „Deutschland ist das gelobte Land, da musst du hingehen." Aber es ist wie mit dem vollen Rettungsboot, wird auch nur noch ein weiterer Schiffbrüchiger aufgenommen, gehen alle zusammen unter. Man wird diesen rasant-schnellen Zuzug stoppen müssen, wenn wir unser mühsam aufgebautes Gemeinwesen nicht zerstören wollen. Wir müssen handeln, bevor uns die sozialen Verwerfungen, die wir zurzeit in Europa, mit der Massen-Arbeitslosigkeit in den südlichen EU-Länder erleben, um die Ohren fliegen. Der Bankencrash und der Euroabsturz, heizt dieses Klima weiter unselig auf. Es ist doch nicht wegzudiskutieren, dass wir heute für fast alle Produkte in Euro genau so viel bezahlen müssen, wie sie 2002 in D-Mark gekostet haben. Also in 16 Jahren eine Minderung der Kaufkraft um 100 Prozent. Politiker reden davon, die betroffenen Länder müssten Ihre "Hausaufgaben machen". Ja welche Hausaufgaben denn, wenn Europas Produkte für den Weltmarkt zu teuer sind, wenn massenhaft die Arbeitsplätze nach Fernost abwandern. Nicht die Länder, das ist mir zu anonym, unsere Politiker müssen ihre Hausaufgaben machen, nach dem Selbsterhaltungsprinzip und den ewigen Naturgesetzen handeln. Man kann sie nicht einfach außer Kraft setzen. Die soziale Verarmung vieler Gesellschaftsschichten durch den um sich greifenden, weltweiten Brutal-Kapitalismus ist eine Aufgabe, den die europäischen Politiker gemeinsam angehen müssen. Vor allem unsere Europa-Politiker verschwenden keinen Gedanken daran, wie sich die Gesellschaft weiter entwickeln könnte. Schaffen wir das nicht, werden auch wir niemandem mehr helfen können, dann werden wir selber zu Hilfsbedürftigen, so wie nach dem Zweiten Weltkrieg, als uns die Amerikaner 4 Milliarden Dollar- Marschallplanhilfe als Kredit gaben. Das war der Anfang der Hilfe zur Selbsthilfe. Was haben wir daraus gemacht. Das Geld wurde an Existenzgründer verliehen, nie an die USA zurückgezahlt und kursiert heute noch in unserem Wirtschaftskreislauf. Nehmen wir uns ein Beispiel daran, geben wir ebenfalls an Leistungsfähige Existenzhilfen, so wird der Effekt gewaltiger sein, als wenn wir sie hier bei uns in Lagern einsperren und alimentieren. Ich glaube nicht daran, dass all diese Leute Sozialschmarotzer sind, die sich nur durchmogeln wollen. Jemand der solche Strapazen

und Fährnisse unter Lebensgefahr auf sich nimmt, will mehr erreichen im Leben, da steckt ein Potential drin, - der Turbo muss nur ge-
zündet werden. Nur kann das nicht hier in unserem Land sein, denn
wie wir wissen, ist die erste Generation von Zuwanderern damit beschäftigt die Landessprache zu erlernen. Erst die zweite Generation
fast Fuß und ist zu höheren Leistungen befähigt. Hinzu kommt, dass
es Zuwanderer schwer haben, sich in unserer modernen Industriegesellschaft einzugewöhnen, weil sie großenteils archaischen Gesellschaften entstammen. Daher wäre es weit besser, sie mit dem
nötigen Kapital auszustatten, damit sie sich in ihrem eigenen Sprach-
raum eine Existenz aufbauen, Betriebe gründen und Leute beschäftigen können. Die Lösung sehe ich in einer Europäischen Entwicklungsbank für Süd-Europa, ähnlich der für Osteuropa gegründeten
Europäischen Bank für Wiederaufbau und Entwicklung. Die Afrikani-
sche Entwicklungsbank Gruppe scheint doch wohl ein zahnloser Tiger zu sein. Man sollte auch hier eine von Europa gesteuerte Afrika-
nische Entwicklungs-Bank gründen und die in den letzten Jahrzehnten verplemperte Entwicklungshilfe, als Kapitaleinlage in diese Bank
geben. Damit einhergehen müssen verschärfte Sanktionen gegen
alle Länder, die seit Jahrzehnten immer wieder die Waffen liefern,
mit denen selbsternannte Potentaten, Weltverbesserer, Chaoten
und Glaubenskrieger die kleinen Fortschritte, die ja zweifellos vorhanden sich, wieder zerstören. Es wäre die vornehmste Aufgabe der
EU-Politiker ein Ausfuhrverbot von Waffen aller Art aus Europa zu
verhängen, davon ausgenommen natürlich die NATO-Verbündeten.
Wir brauchen unsere Waffenindustrie nur zum Selbstschutz, nicht
um damit Geld zu verdienen, das muss aufhören, ebenso wie die
Kleiderspenden und die Lebensmittellieferungen nach Afrika. Sie
verhindern nur den Aufbau einer kleinen, eigenen Bekleidungsindustrie und der Landwirtschaft in diesem Kontinent. Gleichzeitig
werden wichtige Ressourcen für das Recycling vernichtet, da anzunehmen ist, dass in Afrika nach Gebrauch alles auf dem Müll landet.
Stattdessen sollte es hier bei uns recycelt werden. Ebenso verhält es
sich mit dem großenteils illegal nach Afrika verschifften Elektronik-
schrott. Man könnte noch viele Beispiele anführen die eine nachhaltige wirtschaftliche Entwicklung dort verhindern. Würde man nur ei-

nen kleinen Teil der oft vergeudeten Entwicklungshilfe, in die Überwachung und Durchsetzung dieser einfachen Maßnahmen investieren, hätte man in kurzer Zeit Erfolge zu verzeichnen. Statt der vielen verzettelten Entwicklungshilfe Projekte, sollten zwischen europäischen und afrikanischen Ländern Patenschafts-Verträge abgeschlossen werden, keine Wirtschaftshilfe mit Vormundschaft, aber mit Anleitung und Kontrolle, wie sie ja hier bei uns auch stattfindet. In der Kolonialzeit des 19 zehnten und zwanzigsten Jahrhunderts war man manchmal in der Entwicklung vieler Länder schon weiter als heute. Allerdings haben die Herrenmenschen jener Epoche den Zeitpunkt verpasst, sie zu Partnern zu machen, stattdessen nur ausgebeutet und zur Spielwiese ihrer Großmacht-Ansprüche gemacht.

All diese Überlegungen werden nicht zum Erfolg führen, wenn es nicht gelingt den Massenansturm der Asiaten, auf die Ressourcen der Erde und die Oberhoheit über die Industrie-Produktion einzudämmen. Wenn man meint dieses neue Weltproblem in Verhandlungen lösen zu können, hat man schon verloren. Diese Leute verstehen nur eine Sprache, nämlich einen knallharten Stopp! Machen wir so weiter, werden die alten Industrieländer verarmen, aber auch die Asiaten werden einsehen müssen, dass man Produkte nur an Leute verkaufen kann, die selber Geld verdienen, denen man noch die Möglichkeit zum eigenen Geldverdienen belässt und nicht alles an sich reißt. Einen Dämpfer in Sachen gegenseitiges Geben und Nehmen haben sie schon bekommen, sie schwimmen zurzeit in Dollars und Euros und wissen nicht mehr wohin damit. Doch der Wert des Dollars schwindet, fehlt den Amerikanern Geld um einzukaufen, drucken sie eben neues Geld. Auch die EZB Europäische Zentralbank druckt Geld ohne Ende. Auf diese Weise werden der Billigmacher-Massen-Produktionen in Fernost Grenzen gesetzt. Es wachsen eben niemanden auf der ganzen, weiten Welt die Bäume in den Himmel.

Die EU-Geburtsfehler sind natürlich nicht mehr rückgängig zu machen, man könnte sie aber durch ein paar dirigistische Maßnahmen abmildern. Dazu bedarf es aber einiger kluger Politikerköpfe, die im Moment nicht vorhanden sind. Da fehlen einfach die Visionen eines de Gaulle/Adenauer oder Mitterrand/Kohl. Der Prozess der Gründung und Weiterentwicklung der Montanunion von 1952 an, zeigt einen überaus erfolgreichen, kontinuierlichen Verlauf der Europäischen-Union, bis zum Jahre 1989. Dann kam die viel zu schnell erfolgte und verunglückte EU-Osterweiterung. Wider besseres Wissen, „verheiratete" man zurückgebliebene, ehemals kommunistisch beherrschte, landwirtschaftlich geprägte Ostblock-Staaten, mit den hochentwickelten Industriestaaten West-Europas. Das konnte nicht gut gehen, hatte doch der Westeuropäische Einigungsprozess fast 40 Jahre gedauert, ist immer noch mühsam im Gange und kaum beherrschbar. Natürlich wollte man die Gunst der Stunde nutzen um Europa zu vereinen, damit es nie wieder Kriege geben würde. „Gut gedacht - aber schlecht gemacht", kann man da nur sagen. Was sich bis dahin 40 Jahre lang erfolgreich entwickelte, sollte nun in der Hälfte der Zeit gelingen. Zu allem Übel wurden noch die Staatsgrenzen viel zu schnell abgeschafft und der Euro eingeführt, der sich als Teuro herausstellte. Alle wurden ärmer, aber die Armen leider nicht reicher. Für dieses größte und gefährlichste Projekt, das in der Menschheitsgeschichte einmalig ist, fehlte einfach der Masterplan eines Visionärs und es war absehbar, dass es schiefgehen würde. Nur, niemand bremste diesen Wahnsinn und so wurde diese „Europhorie" zum unkontrollierbaren Selbstläufer. Bis die Lebensverhältnisse angepasst gewesen wären, hätte man den EURO in Europa als Zweitwährung beibehalten sollen, und vorerst nur Papiergeld als Zweitzahlungsmittel mit den bisher üblichen Umrechnungskursen einführen sollen. Es wäre uns viel Ärger erspart geblieben, denn die Operation am offenen Herzen ist schiefgegangen! Die sozialen Verwerfungen sind nicht in den Griff zu bekommen. Der anschwellende Strom der Armutsflüchtlinge, ist durch die europaweiten offenen Grenzen nicht zu bändigen. Die „grenzüberschreitende" Kriminalität zerstört den Glauben an das Gute im Menschen. Die Globalisierung vernichtet in West-Europa massenhaft Arbeitsplätze, ohne für die Armen in Nah- und Fernost ausreichende Lebensbedingungen zu schaffen. Profiteur ist nur der unkontrolliert, ausufernde Raubtier-Kapitalismus. Inzwischen hat ein irreversibler Erosionsprozess eingesetzt, der durch Glaubens- und Kleinkriege angeheizt wird. Durch die gewinnorientierte Zerstörung unserer Umwelt, hat eine unaufhaltsame Völkerwanderung aus allen Armutsländer der Welt in die westlichen Industriestaaten eingesetzt, der die Volkswirtschaften in Westeuropa und Nordamerika unweigerlich zerstören wird. Dieser Prozess kann aus humanitären Gründen nicht mehr gestoppt werden. Menschen werden massenhaft durch die stattfindenden Verteilungskämpfe, in Kriegen und an Hungersnöten sterben, oder durch Naturkatastrophen und Umweltschäden ums Leben kommen. Der überlebende Teil wird sich andere Ziele setzen müssen, als die Gewinnmaximierung. Es wird nicht darauf ankommen, wer den höchsten Industrie-Ausstoß hat, sondern, wer für seine Bevölkerung genügend Nahrungsmittel produzieren kann. Dieser Denkprozess wird erst dann Gestalt annehmen, wenn das Chaos so groß wird, dass es ums nackte Überleben geht. Für die Deckelung der Klimaerwärmung, hat man ja nun ein lächerlich kleines Kompromisspapier unter Dach und Fach gebracht. Das für alle Staaten allgemein verbindliche Papier, wird aber leider keine ebenso konsequente Eindämmung des ungezügelten Bevölkerungs-Wachstums bewirken, noch kann es die oben geschilderten Szenarien abmildern. Doch wenn wir es nicht schaffen, die Erde zerstörenden Menschen-Massen zu begrenzen, dann werden es die Naturgesetze tun, das beißt die Maus keinen Faden ab.

Unbegreifliche chaotische Ereignisse, zerstören alte Ordnungen, ermöglichen aber das Entstehen neuer, besserer Strukturen.

Rei©Men

Ende 1. Teil

Gedanken über Freunde und Freundschaften

Individuen gehen normalerweise und trotz allem vorhandenen Gemeinsinn, ihre eigenen Wege, kümmern sich nur insoweit um Artgenossen, oder arbeiten zusammen, wenn es ihnen zum Vorteil gereicht, bzw. wenn sie von ihrem „Humanismus-Hilfe-Gen" dazu angehalten werden. Ganz ausgeprägt sind dagegen der „Gedanken-Austausch" und das „Mitteilungs-Bedürfnis" untereinander. Alle nur denkbaren Ereignisse werden kontrovers diskutiert, drüber gestritten und sich zerstritten. Wann findet es nun statt, das *Abendmahl der gleichen Sinne*? Selten in der Geschichte war man in der ganzen Welt so gleichen Sinnes, wie kurz nach dem Zweiten Weltkrieg, dass es nie wieder einen Krieg geben dürfe. Dieses „*Abendmahl der gleichen Sinne*" war leider bald wieder beendet. Der Fall der Mauer am 9. November 1989 und die Ereignisse des 11. September 2001 - Anschlag auf die Türme des World Trade Centers, bestätigen mich in der Ansicht, dass lange Zeiträume und einschneidenden Ereignisse erforderlich sind, um diesen Zustand für eine gewisse Zeit aufrecht zu erhalten. Schon meine Eltern stellten in Gesprächen immer wieder die Frage, „Was sind Freundschaften wert". Im Laufe der Jahre und als sie älter wurden definierten sie Freundschaft als Selbstbetrug. Sie hatten es aufgegeben Freundschaften weiter zu pflegen, weil sie allesamt enttäuschend endeten. Damals konnte ich ihre Haltung und Erfahrungen nicht verstehen, denn ich hatte ja - wie ich meinte - viele Freunde. „Ihr stellt zu hohe Ansprüche an >die Freunde<, eure Erwartungshaltung ist zu groß", sagte ich zu ihnen. Doch mit der Zeit vereinsamten sie und ließen sich auf niemand mehr ein. Eines Tages fragte mich mein Vater, ob er mich mal seinen >Bekannten< vorstellen dürfe. Vater, sagte ich zu ihm, ich kenne deine Bekannten doch überhaupt nicht, ich möchte da nicht vorgeführt werden wie ein Ausstellungsstück. Ja, sagte er, das kann ich verstehen, aber es ist mir sehr wichtig; so gab ich nach und ging mit. Während den dort auch über Freundschaften geführten Gesprächen, wurde mir klar, dass meine Eltern entgegen ihrer festgefügten Meinung, auch im hohen Alter „Freunde" gefunden hatten. In weiteren

Gesprächen über dieses Langzeitthema, erfuhr ich mehr Einzelheiten über diese Beziehung. Da hatten sich zwei gleichgesinnte Paare gefunden. Lebenserfahrung, gleiche Interessen, musische und humanistische Lebens-Anschauungen, Herzensbildung und Verstand, hatten dieses Band geschlossen. Es sollte halten und sie für den Rest ihres Lebens glücklich machen.

Freunde, gewinnt man wohl nur in den sogenannten Jugendjahren, später, so kann ich aus meiner Erfahrung berichten, wird es immer schwerer, man kann sie im eigentlichen Sinne nur noch als Bekannte bezeichnen. Manche, die dir vielleicht ein Freund sein möchten und sich aufdrängen, werden lästig, weil einfach eine geistige Basis oder gemeinschaftliche Interessen fehlen. Man muss sie freundlich doch sehr sanft wegstimmen.

Andere, denen man gerne Freund sein möchte, werden mit der Zeit unerträglich, weil sie eventuell zu Reichtum und Größe gelangt sind und langsam abheben, ohne es zu merken; man zieht sich zurück. Plötzlich wird es bemerkt und sie melden wieder Ansprüche auf die einstige Freundschaft an, man denkt: - na
probier es noch einmal, aber man wird erneut enttäuscht, es ist wie mit der Katze, du musst sie jeden Tag streicheln, sonst holt sie sich ihre Streicheleinheiten anderswo.

Pseudo-Freundschaften hast du meistens, wenn es dir gut geht oder du bist in einer starken Position. Man erwartet von dir einige Vorteile, die man sich nicht entgehen lassen möchte. Ist diese Phase vorbei, kümmert sich kein Schwein mehr um dich.

Wieder andere möchten dich mit Ihren Ansichten, oder ihrem Glauben als Freund vereinnahmen. Solange du das Spielchen mitmachst geht das gut, gibst du aber zu erkennen, dass du anderen Erkenntnissen folgst, lassen sie dich fallen wie eine heiße Kartoffel.

Am schlimmsten sind die Freunde, die vorgeben es zu sein, dich aber nur ausnutzen, solange du es mit dir machen lässt. Das hat nichts damit zu tun, dass man einem Freund, auch auf Dauer immer mal etwas in der Kneipe bezahlt oder anderweitig hilft, weil man weiß, er hat es nicht so dicke, dann sollte man aber nicht darüber reden. Ich meine eher diejenigen, die über dir stehen und dich für ihre Zwecke einspannen wollen.

Bier- und Skatfreunde, findest du in jeder Eckkneipe, da bist du ein gern gesehener Gast, wenn du immer einen Witz auf Lager hast oder einen ausgibst. Du wirst wegen deiner Lebenserfolge bewundert und beneidet und anderen als „mein Freund" vorgestellt. Du schaust pikiert, wusstest gar nicht, dass der ein Freund von dir ist. Blitzartige Erkenntnis, du hast hier keine Freunde, das sind nur Trittbrettfahrer die sich in deinem „noch anhaltenden Erfolg" sonnen. Bei der kleinsten atmosphärischen Störung, werden sie sich über dich das Maul zerreißen, sich von dir abwenden, dich überhaupt nicht und eigentlich sowieso nur flüchtig gekannt haben.

Manche, mit denen du von Kindesbeinen an „befreundet" bist, machen diese Freundschaft zur Einbahnstraße. Solange du immer brav zu ihnen kommst, bist du gern gesehen, im Gegenzug aber sind sie selten bereit, Mühen und Kosten auf sich zu nehmen, um den freundschaftlichen Verpflichtungen nachzukommen. Du wirst zu jedem Geburtstag eingeladen und gehst auch hin, lädst du aber selber ein, haben sie nie Zeit. Erkenntnis: Man benötigt natürlich zu jeder Feier Freunde als Dekoration, will zeigen mit wem man verkehrt und wer man ist.

Dann gibt es da noch die sogenannten Gebrauchsfreunde. „Helf mir bitte mal Freunde". Sie brauchen dich nur für bestimmte Gelegenheiten. Zum Beispiel wollen sie nicht alleine Tanzen gehen, brauchen jemand, der bei ihrer Familienfeier Musik macht, oder können ohne ein zweites paar „Deckshände" nicht segeln gehen, dann wissen sie plötzlich wo du wohnst und wie du heißt. Sie suchen sich immer und für alle Vorhaben den gerade passenden Freund aus. Ganz besonders gefragt sind immer Vollbluthandwerker oder Spezialisten für bestimmte Fachgebiete. Als so ein Freund bist du auf Lebenszeit: Freund-Jedermann.

Dann die Gleichgesinnt-Freundschaften, Vereine, etc., die nur der Oberfläche zugewandten Freundeskreise. Dies sind meistens die ehrlichen zweckgebundenen Freunde, man verabredet sich, macht etwas zusammen und trennt sich wieder, man geht keine Verpflichtungen ein, außer dem Verein gegenüber.

Freunde werden zweckgebunden,
später als sehr störend nachempfunden.

Rei©Men

Zu erwähnen sind da noch die Versprechen-Freundschaften z. B. beim Bier in er Kneipe, im Urlaub oder in einer Kur usw. Man ist voneinander begeistert, will den Kontakt halten, sich besuchen, aber dann holt einem doch der Alltag ein, man erkennt, es war sehr nett, vielleicht auch in diesem Umfeld sehr schön, aber, eben nur in dieser Umgebung, wo man das Leben und auch alles andere schön fand.

Mit einem Titel: z. B. „von Sowieso", als „Firmenchef", „Abgeordneter „oder „Dr." bist Du von ungebetenen Freunden förmlich umlagert. Diese Reihe könnte man endlos fortsetzen. Doch
langsam wirst du alt und als Freund unbrauchbar, man kann mit dir keinen Staat mehr machen, es sei denn du bist zu einer ganz großen Nummer aufgestiegen und man kann mit dir richtig angeben.
Deshalb mach dir nicht zu viele Gedanken über Freunde aus deiner Vergangenheit. Es gibt gute Gründe, wenn sie es nicht in deine Gegenwart geschafft haben und es nie in deine Zukunft schaffen werden.

Rei©Men 2016

Ohne Dich

Die Jahre vergehen,
So schnell ist's geschehen,
Doch es kommt eine Zeit,
Von der dir nichts bleibt,
Wirst kaum wahrgenommen,
Von all jenen Jungen.
Du hast sie gezeugt, geboren,
Hast sie an den Ohren gezogen,
Doch nun bleibst du zurück,
Sie lieben ihr Lebensglück,
Nun allein - ohne Dich.
Fallout, du kannst gehen,
Man will dich nicht sehen,
Du bist nur noch peinlich,
Ach, sei nicht so kleinlich,
In diesem Leben, alter Tor,
Kommst du nicht mehr vor.

Rei©Men

Schon damals, als wir in der Schule Schillers Gedicht:
>Die Bürgschaft< "Zu Dionys dem Tyrannen schlich Damon den
Dolch im Gewande, ihn schlugen die Häscher in Bande,"
lernen mussten, wunderte ich mich über den so überaus friedlichen
Schluss-Vers:
Und blicket sie lange verwundert an. (Der Tyrann)
Drauf spricht er: "Es ist euch gelungen,
Ihr habt das Herz mir bezwungen;
Und die Treue, sie ist doch kein leerer Wahn -
So nehmet auch mich zum Genossen an:
Ich sei, gewährt mir die Bitte,
In eurem Bunde der Dritte!" (Freund)

Waren doch ein beabsichtigter Mord und die vorgesehene Strafe des Hängens für den verhinderten Täter vorangegangen. Was beabsichtige nun Schiller mit diesem so glücklichen Ausgang der Geschichte. Zwischen dem psychopatisch gestörten Tyrannen und den beiden Freunden sollte plötzlich Freundschaft herrschen? Unglaublich, hatten die treuen Freunde - der eine bürgte mit seinem Leben für den anderen, den Tyrannen doch so gerührt, dass er für sich selber eine solche Freundschaft wünschte, eine Freundschaft die er nie erleben durfte, war der vereinsamte Tyrann von ebensolchen „Freunden" umlagert? So oder ähnlich müssen wohl Schillers Gedankengänge gewesen sein. Eine schöne, aber leider unrealistische Geschichte, aus dem Reich der Lyrik, aber von Schiller wunderbar erzählt.

Rücksinnend kann ich für mich erkennen, ich hatte im Leben wohl nie einen wirklichen Freund. Mit allen musste immer "ich" die Kontakte pflegen, sonst wären sie eingeschlafen, immer musste ich zu viele Kompromisse machen, zurück kam selten etwas, oder wie man das heute neudeutsch als Feedback bezeichnet. In meinem Alter denkt man doch öfters mal an das Ende unseres bewussten irdischen Daseins nach, aber ich werde mich nicht im Groll daraus lösen. Jesus soll gesagt haben „Es ist vollbracht", womit er wohl sein Lebenswerk, wegen der Liebe zum Mitmenschen als Märtyrer zu sterben meinte, dass wirkt bis in unsere Zeit hinein. Mein Großvater sagte am Sterbebett zu meinem Vater: „Iss alle Paul, ich hab' mein Leben gelebt". Ein guter Freund sagte kurz vor seinem Tode zu mir: Reiner: "Wenn es soweit ist, kommt kein Arzt mehr an mich heran, dann soll es so sein". Es starb kurze Zeit danach an Krebs und verfügte, dass Freunde nicht zu seiner Beerdigung kommen sollten. Er sagte zu mir: „Wirkliche Freunde werden danach mein Grab in Leipzig besuchen".

Wenn man die Toten beweint,
sollte man sich daran erinnern,
wie oft man mit ihnen gelacht hat.

Rei©Men

So nimm denn Abschied von den Freunden
und den Freundschaften.
Alles im Leben hat seine Zeit, auch eine
von der dir nicht mehr viel bleibt.

Rei©Men

Es lebe die Freundschaft!

Hast du einen Freund gefunden,
schau genau in sein Gesicht.
Freundschaft zählt nicht nur in schönen Stunden,
sie muss wachsen, oder sie zerbricht.

Oft ist es schwierig dem Freunde die Wahrheit zu sagen,
manchmal ist`s besser, es mit sich selbst auszutragen.
Wenn es dir auch nicht am Mute gebricht,
in manchen Dingen wird Schweigen zur Pflicht.

Wenn sie kommen, und dich mit ihren Sorgen plagen,
wir genießen immer die Zeiten, die wir mit ihnen haben.
Mögen auch sie von meiner Seele kosten,
so hab' ich das Beste an ihnen genossen.

Rei©Men

***

Vorwort

Nur sehr selten ergeben sich im menschlichen Dasein Konstellationen, in welchen global fast alle Menschen, erlöst aufschauen und feststellen, dass sie einer Meinung sind. Diese Momente gab es und es wird sie immer wieder geben, wenn die Zeit dafür reif ist.

Das Abendmahl der gleichen Sinne

Philosophie, im Sinne von denken, ist Nachdenken zum Zwecke der Überprüfung und Erneuerung der eigenen Erkenntnisse auf ihre Richtigkeit. Kein Mensch und keine Organisation hat das Recht hundert oder mehr Jahre auf festgefügten Grundsätzen zu beharren, sondern alle sind aufgefordert und verpflichtet diese im Laufe seiner-ihrer Existenz oder seines-ihres Lebens bzw. Bestehens, ständig zu überprüfen und den veränderten Gegebenheiten anzupassen. Tut er/sie dies nicht, wird er/sie sich gemäß den Evolutions-Gesetzen nicht weiterentwickeln, ja zurückfallen in reaktionäre Denk-Schemata. Das wird nicht nur ihn/sie selbst betreffen, sondern hat auch eminente Auswirkungen auf die Nachkommen - Nachfolger, weil Wissen- und Erfahrungen mit Sicherheit auch genetisch weitergegeben werden. Was Eltern ihren Kindern durch den >Anschauungs-Unterricht< oder durch erlerntes Wissen vermitteln, muss sich demnach mit der Zeit auch genetisch verankern. Lücken im Denkgebäude werden auch Löcher im Wissen der Nachkommen/Nachfolger hinterlassen. Damit meine ich, dass auch Institutionen als Organismus anzusehen sind, die gleichfalls der Evolution unterliegen. Die Natur hat es im Laufe von Millionen Jahren geschafft, Lebewesen auf die Anforderungen die das Überleben sichern, hervorragend einzustellen. Alles was lebt oder existiert, ist der Veränderung unterworfen, alles was sich nicht anpasst, ist zum Untergang verurteilt. In den letzten Jahren liefern eine Menge wissenschaftlicher Erkenntnisse den Beweis, dass nicht allein der Mensch, sondern alle höheren Tiere Bewusstsein und mehr Verstand besitzen als wir meinen und überaus lernfähig sind. Natürlich werden diese Fähigkeiten durch den Umgang mit dem Menschen erweitert. Ein, in einem menschlichen Haushalt lebendes Tier, erlernt im Laufe seines Lebens einige zehn bis hundert Wörter, die der Mensch an ihn richtet zu deuten, und wird diese Anlagen zum Sprachverständnis genetisch an seine Nachkommen weitergeben. Weil schließlich auch diese Gehirne einem Weiterentwicklungs-Prozess unterliegen, kann man davon ausgehen, dass domestizierte Tiere immer intelligenter werden. Die größten Fortschritte hat bei diesem Prozess bisher der Haushund gemacht, aber auch Katzen, obwohl ausgeprägte Individualisten, machen große Fortschritte, wenn sich der Mensch intensiv mit ihnen beschäftigt.

Doch zurück zu den Menschen, die zum Leidwesen der mit etwas mehr Verstand bewehrten Individuen dieser Spezies, offensichtlich in diesen bewusstseinserweiternden Prozess, nicht alle mit der gleichen Geschwindigkeit voranschreiten können, sich aber oftmals Macht über andere aneignen, die ihnen auf Grund ihrer Fähigkeiten, ihres Könnens und ihrer Geistesgaben nicht zustehen. Andererseits erheben durchaus vernunftbegabte Menschen in dieser Welt Ansprüche auf Absolutismus, schaffen Orthodoxie, die einer genauen, logischen Prüfung nicht standhalten können und daher den esoterisch- religiösen- Denkregionen zugerechnet werden müssen. Dazu zählen in erster Linie alle Weltreligionen, die weitgehend in absolutistischen Denkschablonen verharren. Zu welchen Ergebnissen diese zweckgebundenen, nur auf Erhalt der Deutungs-Hoheit und Macht ausgerichteten Dogmen geführt haben, ist hinlänglich bekannt. Millionen unschuldige Menschen sind ihr im Laufe der Jahrhunderte zum Opfer gefallen und jeden neuen Tag kommen ein paar Tausend hinzu. Da erhebt sich zwangsläufig die Frage, sind denn nun alle verrückt geworden, können sie nicht erkennen, dass es trotz der Meinungsunterschiede möglich sein muss, in Frieden miteinander auszukommen; sind denn ihre ausgeprägt, verknöcherten Ansichten und ihr Machtanspruch wichtiger, als die Wohlfahrt, Unversehrtheit und das Recht aller Menschen auf Glück und ein Leben in Freiheit?

Da es offensichtlich eine vorwärts gerichtete Entwicklung im Leben der Individuen gibt, (siehe hierzu meine philosophischen Betrachtungen: „Informationsfelder" weiter unten), erhebt sich die Frage: Kann es auch eine rückwärtige Entwicklung geben? Und kann es sein, dass wir diese bisher noch nicht registriert haben? Das klingt vielleicht provokant, wenn man sich jedoch die Ereignisse der letzten 150 Jahre objektiv betrachtet, muss man konstatieren, dass die Menschen zwar große Fortschritte in ihrer geistigen Entwicklung und Bildung gemacht haben, leider aber nicht in ihrer Überlebensfähigkeit. So sind Fertigkeiten, die unsere >Altvorderen < locker beherrschten, völlig verlorengegangen. Sei es, man stellt Heutigen die Aufgabe ohne große Hilfsmittel ein Feuer zu entzünden, oder einen Überlebens-Marsch über mehrere 100 km durchzustehen, sich unterwegs ohne Geld Nahrungsmittel und Unterschlupf zu beschaffen, so werden die meisten damit nicht zurechtkommen. Bestes Beispiel hierfür ist der Umgang der Raucher mit >offenem Feuer<, welches sie ja immer und überall in Form ihrer brennenden Zigaretten bedenkenlos herumwerfen. Das ist ihnen zur unausrottbaren Gewohnheit geworden, ja, sie betrachten diese gefährliche Unsitte auch noch als ihr gutes Recht. Die digitale und die technische Revolution beschert uns Menschen, deren Wissen sich in immer mehr >Wissens-Pakete< aufgliedert, sodass einzelne Individuen inzwischen nur noch Teilgebiete beherrschen. Sie haben einen riesigen Berg an Wissen in Gehirnen, Computern und Büchern angehäuft, aber neben einem lebenden Schwein würden sie verhungern, wenn ihnen keine anderen Nahrungsquellen zur Verfügung stehen.

Könnten sie lieber Leser sich vorstellen, dass sie in einem Schützengraben des Ersten oder Zweiten Weltkrieges länger als ein paar Tage überlebt hätten, selbst wenn sie dort keine tödlichen Verletzungen erlitten hätten? Es ist kaum vorstellbar, was diese Menschen erleiden und erdulden mussten, wie viel Elend sie sahen und ertragen mussten, ohne dass sie einen Psychiater aufsuchen konnten, so wie es heutzutage üblich ist, wenn jemand ein Kriegs-Traumata bekommt. Inzwischen sind wir so weit gekommen, dass ein Polizist, der ja von Natur aus mit einem etwas robusteren Nervenkostüm ausgestattet sein sollte, nach ein paar abgefeuerten Schüssen auf Verbrecher, die er ja abgab um sein eigenes oder das Leben anderer zu retten, in psychiatrische Behandlung geschickt wird.

Heutige Menschen leben weitgehend in vom Staat rundumversorgten Verhältnissen. Das fängt mit der Nahrung an, geht über die Wohnung, das Auto, die Heizung, bis hin zur alters- ärztlichen- und Krankenversicherung. Kanadier haben sich inzwischen vollklimatisiert eingerichtet, d. h. sie fahren morgens mit dem geheizten Auto in die geheizte Tiefgarage und mit dem Fahrstuhl ins vollklimatisierte Büro. Sie gehen dann im selben Hochhaus, in dem sie arbeiten einkaufen oder zum Frisör und landen abends wieder in ihrem vollklimatisierten Eigenheim, indem sie mit dem Fahrzeug in die geheizte Garage einfahren, die Tür mit der Fernbedienung schließen und durch eine Schleuse in ihr Haus gelangen. Und das, ohne einmal die sicher gute, klare, kalte Luft dieser Region tief eingeatmet zu haben. Ist das nicht traurig? Medien berichten schon >vom Schneechaos<, wenn es draußen gerade mal fünf Zentimeter geschneit hat. Da fragt man sich ernsthaft, wie diese Menschen überleben wollen, wenn einmal mehr als vierzig Zentimeter Schnee liegen sollten. Zum Vergleich; in den kalten Wintern, der 40er- und 50er-Jahre des vorigen Jahrhunderts, lagen oft 60 cm Schnee und das manchmal sechs oder acht Wochen lang. Damals gab es nicht einmal motorisierte Schneepflüge und manche Dörfer waren wochenlang von der Außenwelt abgeschnitten. Die Menschen kannten das und richteten sich darauf ein, machten einfach mal Pause, wenn man durch den Schnee nicht zur Arbeit kam.

Damit ist die Frage des Fort- oder Rückschritts nicht beantwortet, aber es ergibt sich ein Ausblick, was passieren könnte, wenn der Ernstfall eintreten sollte, wenn völlig verweichlichte Menschen, die sich hauptsächlich von Fastfood ernähren, die Lebensmittelläden leergegessen hätten. Haushalte in früheren Zeiten hielten für den Ernstfall Lebensmittelvorräte für mehrere Monate vor. Das glauben sie nicht? Da wurden vor dem Winter mehrere Zentner Kartoffeln eingekellert. In einer Sandkiste lagerte man Gemüse, man hatte eine Getreidemühle, mit der man den Getreidevorrat mahlte und zu Brot verarbeitete. In Fässern wurde Sauerkraut eingemacht, Obst wurde eingeweckt und im Hof gab es einen Hühnerzwinger. Selbst Städter hielten im Hinterhof Kaninchen und heranwachsende Knaben lernten von ihren Vätern, wie man diese Kleintiere fachgerecht schlachtet.

Heute sind die ehemaligen Wiesen und Felder zubetoniert, ein Ende des Wahnsinns ist nicht absehbar und wir werden bei wachsender Weltbevölkerung bald nicht mehr in der Lage sein, uns selber zu ernähren. Bisher galt zwar, für Geld können wir uns alles kaufen, wenn aber erst der Run auf die knappen Nahrungsmittel-Ressourcen ernsthaft einsetzt, ist unser heute schon sehr knappes Budget bald aufgebraucht, dann müssten wir den Beton aufessen, den wir ständig in die Landschaft setzen. Hat daran schon mal jemand gedacht? Ich habe es schon einmal erlebt, als in den Kriegsjahren und danach, die Zierrasen in den Gärten und den Parkanlagen in Schrebergärten umgewandelt wurden, um noch etwas zum Beißen zwischen die Zähne zu bekommen. Das möchte ich keinem >modernen Menschen mit seinem Handy und Laptop< wünschen. Damals lebten nur ca. 1,3 Milliarden Menschen auf dem Erdball und es war absehbar, wann es wieder genug zu essen geben würde. Für über sieben Milliarden wird es diese Hoffnung aber nicht mehr geben. Sollte es noch einmal zu einem globalen Krieg kommen, was der Schöpfer dieser Welt verhindern möge, so wird er nicht mit Atombomben entschieden werden, sondern über die Fähigkeit der Gesellschaft seine Bevölkerung zu versorgen und zu ernähren.

Damit komme ich wieder zur Frage des Rückschrittes in der einseitig, geistigen Entwicklung. Was nutzt es dem Menschen, wenn er zwar in fast allen Bereichen riesige Fortschritte macht, aber in absehbarer Zeit die in Millionen Jahren erworbenen Überlebens-Fertigkeiten vergisst, verlernt, leichtfertig aufgibt? Die Natur hat uns doch nicht als Individuen hervorgebracht und lebenstüchtig gemacht, um uns nun einer periodischen Ausrottung, die ja zwangsläufig folgen wird, zu überlassen. Was ist da schiefgegangen? Unterliegen auch wir dem Zyklus, dass der Bussard stirbt, wenn er fast alle Mäuse gefressen hat, die Mäuse-Populationen sich wieder erholt, und sodann gibt es wieder mehr Bussarde, usw. usf. Handelt es sich hier um eine Degeneration der erlernten nuturhaften Fähigkeiten, und das trotz des gleichzeitig erhöhten geistigen Niveau der Menschheit?

Eindeutig ja, wir stehen an der Spitze der Nahrungskette. Da können noch so viele Agronomen und Agrar-Wissenschaftler an der Welternährung arbeiten, die Naturgesetze werden sie nicht aushebeln, selbst dann nicht, wenn ein neuer Justus von Liebig geboren würde. (Deutscher Chemiker und Universitäts-Professor der den Superphosphat-Dünger entwickelte, war der Mitbegründer der „Bayerischen Aktiengesellschaft für chemische und landwirtschaftlich-chemische Fabrikate" BAG, Werk in Heufeld mit Sitz München, die bis 2012 unter dem Namen Süd-Chemie firmierte).

Schon lange zeichnet es sich ab, dass die modernen Menschen an immer neuen, nie gekannten Krankheiten sterben, oft schon in jungen Jahren. Dieser Trend wird sich im Quadrat des nicht aufzuhaltenden Wachstums der Welt-Bevölkerung verstärken. Die >Beschleunigung< aller Lebens- und Arbeitsbereiche hat inzwischen beängstigende Ausmaße angenommen. Nicht nur die Brief- und Päckchen-Zusteller hasten im Laufschritt von Tür zu Tür, es ist fast so, als hätte die Menschheit ein unbekannter Geschwindigkeits-Virus befallen, der sie mit Top-Speed ins Jenseits befördern will und das im wahrsten Sinne des Wortes. Vielleicht ist auch dieser Prozess von der Evolution gesteuert. Da wäre es für vernunft-begabte Wesen höchste Zeit, eine >Entschleunigung< anzustreben, bevor das Burnout alle erfasst. Es scheint jedoch ein Naturgesetz zu geben, wonach bei Überpopulationen ein Reduzierungsprogramm einsetzt, das bei Massen-Wachstum in Flora und Fauna, eine verschärfte Konkurrenz-Situation entsteht, die das Massen-Wachstum stark beschleunigt. Das führt dann innerhalb kurzer Zeit zum stressbedingten Massensterben der Populationen. Wir können das in unseren Wäldern sehr schön beobachten. Da wachsen keine normalen Bäume, wie wir sie

aus Parkanlagen kennen, sondern lange Spargel die ans Licht hoch-
müssen, sonst sterben sie ab. Ich nehme an, dass es für die Menschheit da keine Ausnahme-Regelung gibt. Auch sie werden durch den
erhöhten Konkurrenzdruck reduziert, falls sie nicht mit humanitären
Maßnahmen gerettet werden. Diese Hilfe endet jedoch da, wo es
um das eigene Überleben geht. Ein altes Sprichwort besagt: „Not
kennt kein Gebot." Wir werden uns daran gewöhnen müssen, dass
nicht nur Pflanzen und Tiere, sondern auch Menschen sterben werden, wenn sie nicht in der Lage sind, für sich selber eine Basis für
ihren Lebensunterhalt zu schaffen.

Menschen und vor allem Politiker versuchen immer alles zu ändern
und den jeweiligen Trends und Erfordernissen anzupassen. Sie glauben damit der Wohlfahrt der Menschen zu dienen, erreichen aber
meistens das Gegenteil. Je mehr Verordnungen und Gesetze erlassen werden, desto mehr engen sie den Ermessensspielraum des einzelnen Individuums ein und mindern seine Eigenverantwortung.
Bestes Beispiel ist dieser eine unsägliche Satz geworden, den wir uns
jeden lieben, langen Tag immer und immer wieder anhören müssen:

„Zu Risiken und Nebenwirkungen fragen Sie Ihren Arzt oder Apotheker."

Hat es schon jemals jemand getan? Bestimmt nicht, was soll der Arzt
auch sagen, riskiert er doch eine Klage der Arzneimittel
oder Kosmetika-Industrie wegen Geschäftsschädigung. Aber einmal
von Dummköpfen in die Welt gesetzt, wird er Millionen Mal aus den
Lautsprechern geblasen. Belehrt mit Sicherheit niemanden, so hat
er doch sein Gutes. Er kostet dieser Sparte Milliarden, die allerdings
auch wieder von den Käufern dieser zweifelhaften Waren, über die
Werbung bezahlt werden müssen und der „notleidenden Fernsehindustrie" zu Gute kommen. Diese Gängelung, wie sie in den letzten
Jahrzehnten auch von den überbordenden europäischen Institutionen praktiziert wird, entmündigt den Bürger und macht ihn zum
Kleinkind, das man am liebsten in sein Gatter einsperren würde, da-

mit es dort wie die Hühner seine Eier legen kann und keinen weiteren Schaden anrichtet. Das alles ist ein verzweifelter Versuch, ein Kampf, den drohenden Untergang zu verzögern, zu verhindern. Es fehlt die Kenntnis der Zusammenhänge und die Einsicht, diesen aussichtslosen Kampf zu beenden und stattdessen die Veränderung zulassen. Alles ist der Veränderung unterworfen, nur Menschen möchten, dass immer alles so bleibt, wie sie es sich eingerichtet haben. Man muss endlich Umdenken, diesen aussichtlosen Kampf aufgeben, Regeln wieder abschaffen und die Veränderung akzeptieren, ja in dem auf den ersten Blick negativen, das positive Lichtlein am Horizont erkennen. Wenn die Zeit dafür reif ist wird sich alles fügen, so war es immer, so wird es bleiben bis in alle Ewigkeiten und der Mensch wird trotz aller Weisheit und Erkenntnis dabei nicht der Handelnde, sondern nur der erstaunte Zuschauer sein.

Kürzlich las ich ein Essay des renommierten Theologen und Kirchenkritikers Prof. Dr. Hans Küng aus Tübingen, (wenn er diese Zeilen jemals lesen sollte, möchte ich ihn vorab um Entschuldigung bitten, wenn ich ihn hier falsch interpretieren sollte) der nun schon seit Jahrzehnten versucht, seine Kirche aus den verhängnisvollen, absolutistischen Denkstrukturen herauszulösen und in die Moderne zu führen. Was hat er in diesem Kampf erreicht? Die Kath. Kirche ist in ihren selbstgeschaffenen Denk- und Machtstrukturen gefangen und verstrickt sich darin immer tiefer. Was heißt das für meine Überlegungen und für diese Kirche: Es muss alles immer noch viel schlechter und schlimmer kommen, damit es besser werden kann. Erst, wenn fast alles zusammenbricht, wird sich ein Umdenkprozess in den Gehirnen der Menschen durchsetzen, der plötzlich da ist, der sich rasend schnell ausbreitet, wie ein Buschfeuer um sich greift und zum Durchbruch, zum Entstehen neuer Strukturen führt. Bestes Beispiel hierfür ist das Nachkriegsdeutschland, das zwar seine Vergangenheit mit sich schleppt, im Gegensatz zu vielen anderen Ländern in der Welt aber aus der Kriegs-Katastrophe gelernt, daraus die Konsequenzen gezogen hat und seine Hausaufgaben gründlich und ordentlich gemacht hat, wie ich meine. Prof. Dr. Hans Küng sollte in seinen Anstrengungen nicht nachlassen, ist er doch der Mahner, der

Gegenpool, an dem sich seine Feinde reiben, der Fels in der Brandung. Man muss nicht glauben, dass seine Feinde dies nicht wissen, so dumm sind sie nicht. Gerade wegen dieses Wissens, versteifen sie sich bis zur Unkenntlichkeit statt besseres zulassen. Seine Arbeit ist bestimmt nicht umsonst gewesen, irgendwann, vielleicht nicht mehr zu seinen Lebzeiten, werden die alten Denkstrukturen seiner Kirche ad absurdum geführt, sich in Luft auflösen, als hätte es sie nie gegeben. Ich weiß, Vergleiche hinken immer, aber ist nicht erst vor kurzem das gesamte Glaubensgebäude des Kommunismus zusammengebrochen? Von dem wir auch nicht glaubten, dass es jemals einstürzen könnte. Genauso zerbrachen fast über Nacht die Grenzbefestigungsanlagen zwischen den beiden deutschen Staaten, an denen Stunden zuvor noch geschossen wurde, als der verlogene Sozialismus implodierte, weil die Zeit dafür gekommen war. Damit möchte ich nicht zum Ausdruck bringen, dass der Sozialismus grundsätzlich falsch ist, nur die Ausführung hat den Ansprüchen nicht standgehalten. >Geduld ist die Mutter der Weisheit<, man muss dem Negativen das Positive abgewinnen, in der Kritik am Bösen nicht nachlassen und wachsam sein, so wie Mathias Claudius es seinem Sohn Johannes auf den Lebensweg mitgab, als er schrieb: >*Hüte dich vor allen Ismen*<. Nur auf diesem Wege kann die Menschheit überleben.
(Vermächtnis: An meinen Sohn Johannes. Autor: Matthias Claudius 1740 - 1815 Dichter und Journalist) Lebensweisheiten die bis heute ihre Gültigkeit nicht verloren haben.

Noch ein Wort zu unserer degenerativen, geistig verkümmerten Fernsehindustrie, die sich auf dem Niveau von Knauschke & Co. bewegt. Was machen die eigentlich mit den Milliarden die wir zwangsweise an sie abliefern müssen? Statt neue Ideen zu entwickeln, senden sie ohne Ende Wiederholungen alter, dreimal gesehenen „Klamotten".

Unbegreifliche chaotische Ereignisse zerstören alte Ordnungen, ermöglichen aber das Entstehen neuer besserer Strukturen. Neue Denkweisen schlummern sehr lange in Hirnarealen, werden mit Erfahrungen und dem genetischen Gedächtnis abgeglichen, überlagern erst zögerlich, dann erkenntnisplötzlich alte Denkbarrieren, infizieren die Gehirnströme anderer Menschen und explosionsartig wussten es eigentlich immer alle, was man schon lange hätte tun müssen.

Rei©Men

Wenn sie werter Leser meine Denkansätze-Informationsfelder gelesen haben, (siehe weiter unten) werden sie verstehen, weshalb ich die Überschrift: >Abendmahl der gleichen Sinne< gewählt habe. Abendmahl ist mehr als Ritus, ist vor allem geistige Gemeinschaft, ist Vereinigung, ist Synchronisation, in die durch die Medien und die fortschreitende elektronische Vernetzung, immer mehr Menschen einbezogen werden. Das lässt hoffen, dass sich Wahrheit und Erkenntnis nach und nach immer schneller verbreiten und durchsetzen. Man kann diese Hoffnung nicht besser zum Ausdruck bringen, als mit dem bekannten Goethezitat: >*Edel sei der Mensch, hilfreich und gut*<, an dieser Weisheit ist nicht zu rütteln. Durch den immer schnelleren Datenaustausch, werden es Diktatoren und Dogmatiker in Zukunft immer schwerer haben, ihre falschen Inhalte zu transportieren. Was mir eher mehr Sorgen macht, ist der nicht mehr aufzuhaltende Moral- und Werteverlust, der überall auf der Welt wie eine Seuche um sich greift. Wo man auch hinschaut, ob in Politik, Wirtschaft oder im privaten Umfeld, wird zu viel gelogen, betrogen und gestohlen, aber auch diese Auswüchse werden in der Sonne verglühen, wenn sie ihren Gipfelpunkt erreichen, weil die vielen anständigen Menschen, die diesem allgemeinen Trend nicht zu folgen bereit sind, die Oberhand behalten werden, so wie auch allen Unredlichkeiten und Lügen nur ein kurzeitiger Erfolg beschieden ist. Da sich unsere Welt in einem in diesem Maße nie gekannten Umbruch befindet, wird die Menschheit wohl noch ein paar Jahrzehnte zu warten haben, bis in diesen Prozess wieder etwas Ruhe einkehrt; bis sich ein Ausgleich in den Denk- und Verhaltens-Schablonen in den Köpfen

der durcheinanderwogenden Menschenrassen und Ethnien ein-
stellt. Ja, dieser Durchmischungsprozess der Ansichten und Meinun-
gen, wird sehr lange dauern. Erst dann wird die Zeit kommen, auf die
alle so sehnlichst warten. Mögen unsere Nachfahren nach der zu erwartenden, unvermeidlichen Apokalypse in einer besseren, gerech-
teren und geläuterten Welt leben dürfen, im Gleichklang der Sinne
und im Geiste Jesu Christi, der ja sagte, er sei Gottes Sohn, womit er
wohl eher meinte, wir seien alle Kinder des Schöpfers dieser Welt,
ich hoffe es und bete im Stillen für unsere liebe, alte Erde.

Vorwort

Jede Generation sieht sich gegenüber ihrem Nachwuchs und seiner Erziehung in einer anderen Verantwortung. Was gestern war, zählt heut nicht mehr, was heute ist, wird morgen gemäß dem Darwin'schen Gesetz neu erfunden werden.

Die biologische Aufgabe

Mehr als unsere Vor- und Nachfahren erwarten durften, haben wir unsere biologische Aufgabe erfüllt. Ich habe eine wunderschöne gute Frau gefunden, wir haben zwei wunderbare Kinder und inzwischen fünf Enkelkinder und einen Urenkel. Was wollen wir mehr, alle sind gesund und werden vorrausichtlich ihren Weg machen. Nur, niemand dankt es uns, dass wir die Basis für ihr Überleben und Fortkommen schufen. Oder? Ach was, Dank kann man von Kindern nicht erwarten. Alles ist ganz normal und selbstverständlich, wie könnte es anders sein? Wir, wir waren Nichts, wir hatten nichts und konnten nichts, aber wir wollten im Leben mehr erreichen. Was uns unsere lieben sorgenden Eltern und Lehrer auf den Lebensweg mitgaben, reichte gerade so zum Überleben, mehr war da nicht. Aber aus dem Nichts schufen wir ein schönes Heim, eine Firma, Autos und Häuser um darin zu wohnen. Mit dem Wollen ging es langsam voran, aber all das, was heute ist, ist selbstverständlich und ganz normal. Wieso auch nicht, man kennt es ja nicht anders, man setzt das einfach voraus und meint es war immer so. Ein neues Fahrrad, ja das gibt es im Geschäft nebenan zu kaufen, Geld, ja, das ist doch da oder nicht? Auto, na klar auch! Man lädt sie ein, mühsam ist ihr kommen, es gibt so viele andere interessantere Dinge, als mit den Alten zusammen zu hocken. Man hört auch nicht zu, verliert den Respekt vor dem erfahrenen Alter, ach was reden die denn da, das ist doch alles von Vorgestern, wo leben die den eigentlich, ich glaube die kommen von einem anderen Stern. Ja, so ist das eben, macht nur weiter so, immer weiter, aber eines Tages seid ihr „die Alten" und genau so weit wie wir heute. Wundert euch aber nicht, wenn euch dann auch keiner mehr zuhört. Beschimpft nicht die Welt, so ist sie nun mal und die

Nächste wird ebenso gut oder schlecht sein wie ihr sie gestaltet, so war es und so wird es immer bleiben.

***

Warum und woher haben Menschen den Mut, zu so viel Mordlust und Zerstörungswut?

Unsere Welt

Ist sie durch Zufall entstanden?
War sie schon immer vorhanden?
Warum explodierte das Universum?
Es bleibt für immer ein Mysterium.
Menschen auf der ganzen Welt,
Glauben an die Schöpfungskraft,
Die unsere Welt geschaffen hat,
Und die sie zusammenhält.

Verdrängungswettbewerb,
Ist des Lebens Eigenart.
Weil die Schöpfungskraft,
Nicht ausgereichet hat,
Lebensraum zu schaffen,
Alle Arten satt zu machen.
Egoismus triumphiert,
In der Welt – ungeniert.

Rei©Men

Wer leben will muss töten! Auch wenn sie/er sich dessen nicht bewusst ist. Nach langer Überlegung komme ich zu einer Erkenntnis, die manche vielleicht nicht teilen mögen. Warum Menschen aus einem nicht gleich erkennbaren Grunde immer alles zerstören, was andere mit fleißigen Händen aufgebaut haben und dies geschieht auf vielerlei Arten. Schon seit Menschen in größeren Gemeinschaften lebten, haben sie andere überfallen, sie getötet, ihre Habe weggenommen und ihre Wohnstätten zerstört. Doch es gibt auch subtilere Methoden, Menschen ihr Selbstverständnis zu rauben, indem sie von Weltverbesserern und selbsternannten Religions- und Ersatzreligionsstiftern indoktriniert werden. Dazu zähle ich auch alle Ismen wie, -isten, -listen, -nisten, -misten, -disten, -zisten und andere Eiferer, die sich in der Weltgeschichte tummeln. Allesamt haben sie mit ihrem verqueren Ideensalat der Menschheit nur Unheil gebracht und tun es bis zum heutigen Tage. Auch wenn sie in ihrer Ideenanlage vielleicht gut gemeint waren, werden sie meistens in ihrer extremen Ausformung angsteinflößende Formen annehmen. Es kann kein Zufall sein, dass Ismen sich in allen Sprachen der Welt wiederfinden lassen.

Doch woher kommt sie, diese Mordlust und Zerstörungswut? Nur Menschen haben diese Gabe von der Natur in ihre Gene gelegt bekommen. Tiere dagegen, nehmen sich aus der Natur nur das, was sie zum Überleben benötigen. Sie sind offensichtlich in der Lage, auch ihren Nachwuchs so zu steuern, dass nie zu große Populationen entstehen. Werden die Umweltbedingungen und das Nahrungsangebot schlechter, reduzieren sie ihre Geburtenraten. Bei den Menschen wirkte dieses Regulativ ebenfalls Jahrtausende lang. Wie kam es nun dazu, dass dieser Mechanismus nicht mehr funktioniert? Machen wir mal einen Ausflug in die Vergangenheit. Der Kampf um Jagdgründe und Ressourcen ist so alt wie es Leben auf dem Planeten gibt. Wie jeder weiß, gibt es auch heute noch reine Pflanzen- und reine Fleischfresser. Solange diese Trennung konsequent fortdauerte, ernährten sich die Pflanzenfresser von Pflanzen und die Fleischfresser von den Pflanzenfressern. Meiner unmaßgeblichen Meinung nach, zerbrach dieses Gleichgewicht, als die Fleischfresser anfingen, sich gleichzeitig auch von Pflanzen zu ernähren. Irgendwann entwickelten sich im Laufe der Evolution Mischwesen, die sich sowohl von Fleisch als auch pflanzlich ernährten. Das war ein ungeheurer Quantensprung in der Entwicklung und auch der Grund, weshalb der Mensch sich auf der ganzen Erde ausbreiten konnte. Bis dahin musste er sich immer dann ein neues Jagdrevier suchen, wenn er es buchstäblich „leergefressen" hatte. Nun „streckte" er seine tierische Nahrung mit der pflanzlichen. Diese Kombination brachte ihm weitere Überlebensvorteile, besonders, als er die Landwirtschaft erfunden hatte, ja er konnte mit der neuen Nahrungsquelle selbst Tiere ernähren, schlachten und verspeisen. Sozusagen sich eine Lebend-Fleisch-Vorratshaltung schaffen, auf welche er bei Bedarf zurückgreifen konnte. Er musste sich nicht mehr auf sein Jagdglück verlassen. Doch seine Gene änderten sich nicht und auch nicht seine Instinkte zu töten und getötet zu werden.

Bevor es soweit kam, war auf der Erde noch genug „Platz" vorhanden, man suchte sich ein „leeres" Revier, das noch nicht besiedelt war. Nach Jahrhundertausenden besiedelte man dann auch die nördlichen und die südlichen gemäßigten Zonen, weil man gelernt hatte sich gegen die Winter-Kälte zu schützen. Doch als die Siedlungsplätze knapper wurden, begann der gnadenlose Kampf um Nahrung und Ressourcen. Als man noch in Höhlen hauste, wurden bei Überfällen alle Männer und die alten Frauen getötet, nur die jüngeren Frauen mit ihren Kindern wurden in den eigenen Stamm verschleppt. Die Höhlen ihrer Mitmenschen konnte man nicht zerstören, sie waren zu gewaltig, doch als die Menschen anfingen Häuser zu bauen, wurden bei Eroberungen gleichzeitig auch diese zerstört. Warum? Ich denke, weil man sie selbst nicht bewohnen konnte, musste man verhindern, dass sich Nahrungskonkurrenten hier wieder „viel zu schnell" ansiedeln konnten. Zum einen sahen die durchziehenden Gruppen an den Zerstörungen, dass hier ein mächtiger Stamm anwesend war, der keine weiteren Nahrungskonkurrenten zuließ. Zum anderen hätten die Neusiedler sich mühsam neue Häuser aufbauen müssen. Also gleich zwei Gründe, sich gerade hier nicht niederzulassen, denn der mächtige Stamm, würde auch sie wieder vertreiben. Es handelt sich also nicht nur um pure Machtgier und Mordlust, es ging vielmehr um die Lebenserhaltung der eigenen Sippe.

Warum wurden Ritterburgen nach einer Eroberung zerstört? Man hätte sie ja nur besetzen und für eigene Zwecke nutzen können. Vermutlich aus demselben Grund, wie oben erwähnt. Jede zerstörte Burg bedeutete, dass sich nicht so schnell neue Machtzentren in dem eroberten Gebiet bilden konnten. Einem Feind der keine Behausung und keinen Rückzugsort mehr hatte, waren alle Machtmittel entzogen. Man konnte in den eroberten Gebieten die Bewohner versklaven, sie zu Abgaben zwingen und zu Kriegsdiensten heranziehen. Durch diese Abhängigkeit verstärkte man seine eigene Machtposition. Auf diese Weise entstanden immer größere wehrhafte Einheiten, die sich gegen Eindringlinge zu schützen wussten. Die Stammesführer schlossen diese kleineren Machtzentren, nach und nach zu größeren Einheiten und Machtbereichen zusammen, sodass man große Gebiete kontrollieren konnte. Es braucht nicht mehr viel Fantasie, um sich die Entwicklung zu mächtigen Staaten vorstellen zu können. Zwischen ihnen gab es natürlich wieder die gleichen Rangeleien und den nie enden wollenden Kampf um Ressourcen und Einflusszonen. So ist es bis zum heutigen Tag geblieben. Die Kämpfe werden heutzutage nur mit der latenten Drohung, Atombomben einzusetzen, geführt. Doch dank eines, vielleicht auch ganz primitiven Verstandes, werden sie dann doch nicht eingesetzt, weil auch die größten Dummköpfe wissen, dass dieser Einsatz auch ihr letzter gewesen wäre. So schlägt man verbal nach allen Seiten aus und versucht seine Einflusssphären mit sogenannten Stellvertreterkriegen auszuweiten. Zettelt immer mehr kleinere Feuerchen an, hält sie am Köcheln und versucht sich kleine taktische Vorteile zu erarbeiten. Gleichzeitig kann man dort seine Kampftruppen ausbilden, trainieren und Kampferfahrungen sammeln lassen. Das ist es doch, was alle Generäle dieser Welt umtreibt:

Man darf nicht zu lange Frieden machen,
sonst rosten die großartigen teuren Waffen.

Rei©Men

In den letzten Jahrzehnten entwickelt sich das kriegerische Geschehen an Land, auf dem Wasser und in der Luft immer mehr zum Cyberkrieg, der mit elektronisch gesteuerten Waffensystemen geführt wird. Die „Krieger" sitzen meistens in bombensicheren Bunkern und steuern ihre Waffen vom Computer aus.

Doch spätestens hier sind wir wieder bei der oben gestellten Frage angekommen:

„Woher kommen Mordlust und Zerstörungswut?"

„Wer leben will muss töten!",
dieser Grundsatz gilt für alle Lebewesen,
egal ob sie sich von Pflanzen,
oder getöteten Tieren ernähren.

Rei©Men

Wir denken da zunächst immer gleich an das Töten von Menschen und Tieren. Dabei handelt es sich eigentlich immer um Lebewesen, egal ob es sich um Tiere oder Pflanzen handelt, die getötet werden müssen, wenn wir sie zu unserer Nahrung verarbeiten wollen. Vegetarier und Veganer halten sich seit einiger Zeit für bessere Menschen, wenn sie kein Fleisch mehr essen und vertreten ihre Ansichten oft sehr aggressiv. Veganer verschmähen sogar alle tierischen Produkte. Ob sie dadurch die besseren Menschen sind oder gesünder leben, sei dahingestellt. Auf jeden Fall müssen sie wie alle Lebewesen auf dieser Welt töten, wenn sie überleben wollen.

Die nicht nur bei Menschen in seinen Genen angelegte Aggressivität, benötigt eigentlich jedes Lebewesen, um zu überleben. Es muss aber einen Mechanismus geben, der bei „zu vielen Zeitgenossen" schnell außer Kontrolle gerät. Welche Prozesse liefen da in den Gehirnen von Leuten wie Alexander, angeblich der Große, Xerxes und sein Sohn Darios und Dschingis Khan Attila und Co. ab - oder wie sie sonst noch alle hießen. Sie alle entfesselten in der Antike ohne Not gewaltige Kriege. Die Römer errichteten den ersten Kapitalismus der Weltgeschichte, im ausgehenden Mittelalter waren es Karl der V, sein Heerführer Wallenstein und die Schwedenkönige, die Europa im dreißigjährigen Krieg entvölkerten. Was konnten sie danach mit der verbrannten und entvölkerten Erde zu ihren Lebzeiten noch anfangen? In Württemberg waren nach dem Kriegsende 1648 nur noch

10 Prozent der Menschen am Leben. In der Neuzeit waren es dann die Preußen, die Habsburger, Napoleon, Hitler, Stalin oder Mao Zedong, die Millionen Menschen auf dem Gewissen, haben, auch wenn sie nie jemanden selbst direkt getötet haben. Sieht man mal von Napoleon oder Hitler ab, die ja als einfache Soldaten ihre Laufbahnen begannen, möchte ich diese Herren nicht auf eine Stufe mit den antiken Machthabern stellen, aber im Ergebnis haben sie alle gemordet und schwere Schuld auf sich geladen.

Über die meisten, die „Der Große" im Namen tragen,
kann sich die Menschheit nur bitter beklagen.

Rei©Men

Eines ist ihnen wohl trotz aller Unterschiede gemeinsam. Sie gaben vor, eine neue Weltordnung in der Völkergemeinschaft und in ihrer Lebensweise herstellen zu wollen. Wozu das geführt hat, wissen wir ja nun und versuchen mit sanfteren Methoden dieses Ziel zu erreichen. Eines haben wir inzwischen erreicht, offene Angriffe auf Staaten werden immer seltener und die Konflikte halten sich in Grenzen, jedenfalls, was das direkte Töten von Zivilisten angeht. Stattdessen entstehen immer mehr kleine Kriegsherde zwischen den Interessengruppen, doch niemand traut sich aus der Deckung, denn die aggressiven Machtinhaber wissen ganz genau, dass die Zeiten vorbei sind, wo sie als große Helden gefeiert wurden. Heute können sie ganz leicht als Kriegsverbrecher vor den Internationalen Gerichtshof in Genf gezerrt und zu lebenslangen Freiheitsstrafen verurteilt werden, wie man ja bei den serbischen Kriegsherren Radovan Karadžić und Ratko Mladić gesehen hat.

Wie ich weiter oben aufgezeigt habe, geht es nicht nur um Macht und Einfluss oder ums Überleben, denn in Ländern wie Holland, England Portugal, Spanien und im Deutschen Kaiserreich, wäre auch ohne ihre kolonialen Eroberungen niemand verhungert. Trotzdem war das Commonwealth eines der größten imperialen Weltreiche, dem die Briten heute noch in ihrer Volksseele nachtrauern. Diese

Volksseele die jedem Volke innewohnt, wollen wir uns nun einmal näher ansehen. Bei Stammtisch Gesprächen mit ein paar Alten erklärte ein überlebender Weltkriegssoldat: „Wenn wir damals die Sowjetunion nicht überfallen hätten, wären wir heute eine Weltmacht". „Nein", sagte ein anderer, „schon nach dem Frankreichfeldzug hätten wir aufhören müssen!"" Da haben wir's wieder, da trauern die Briten ihrem verlorenen Weltreich nach, wollen aus der EU austreten, um wieder zu „alter Stärke" zu gelangen? Da fragt man sich, haben die denn nichts dazugelernt? Ein Herr Putin erobert die Krim zurück, führt in Syrien Krieg und versetzt nach und nach die halbe Welt in Angst und Schrecken. Nachdem sie ein Drittel ihres in Jahrhunderten zusammengeraubten Staatsgebietes, nach dem Zusammenbruch des Kommunismus verloren haben, schreien „fast" alle Russen „Hurra", wollen zu alter Macht und Stärke zurück und destabilisieren nun die Ukraine. Mischen sich in Syrien ein und behaupten, dass sie von der Nato eingeschnürt und bedroht wird. Vergessen dabei aber vollständig, was sie selber von 1945 bis 1990 gemacht haben. Das sich fast alle Staaten ihres damaligen Einflussgebietes aus ihrem Würgegriff befreit und in die EU und oder die NATO geflüchtet haben, sehen sie nun als Bedrohung an, gegen die sich verteidigen müssen. Da ist es wieder spürbar, das kollektive Gedächtnis der Völker, an die glorreichen Zeiten ihrer großen „Erfolge", auf Kosten anderer, da kann ein jeder Bürger „Stolz darauf sein". Ja der Stolz: Dafür haben Mütter Millionen Söhne geopfert, für diesen Stolz. Heute sind wir wieder Stolz auf unser Wirtschaftswunder, mit dem wir andere Völker dominieren. Sie dürfen nicht ihre eigenen Waren produzieren, nein sie sollen sie bei uns kaufen. Bestes Beispiel ist der schlafende Riese China. Plötzlich ist er aufgewacht, der Drache und spuckt seine Feuer-Äolen bis nach Europa. Ein noch größerer Wirtschaftsriese greift mit seinen Kraken-Armen nach unserer Wirtschaftsbasis, indem er uns mit Dumpingpreisen aus dem Geschäft drängt. Regeln kennt er nicht, es gibt kaum noch ein Produkt, das er nicht kopiert. Der Ideenklau geht ungeniert um und nimmt sich was beliebt. Wenn es jemand noch nicht gemerkt hat, das ist ein neuer Krieg, aber er wird er mit anderen Mitteln geführt. Doch auch dieser Krieg wird seine Aggressoren fressen, wenn er mit seiner aggressiven Wirtschaftspolitik seine Opfer zerstört hat.

Spätestens dann werden die Wirtschaftsaggressoren selber Ofer ihrer eigenen Gefräßigkeit, wenn ihre Ressourcen an Menschen und Rohstoffen aufgebraucht sind, oder ihren Kunden das Geld ausgeht, um ihre Überproduktion zu kaufen. Die schlimmen Auswüchse dieser aggressiven Industriepolitik, sehen wir in den südlichen EU-Ländern und in Afrika. Inzwischen müssen wir ihnen auch noch das Geld geben, mit dem sie unsere Waren kaufen können. Spätestens wenn die Schuldenlast die Kapitalgeber aufgefressen hat, implodiert das perverse System und die angehäuften Billionenvermögen schmelzen weg wie Butter in der Sonne. Pervertiert wird dieses System in China. Nach journalistischen Recherchen, sollen dort ca. vier Millionen Staatshäftlinge ohne Bezahlung Billigwaren produzieren und unter menschenunwürdigen Bedingungen schuften. So ist es den Machthabern natürlich ein Leichtes die weltweiten Warenproduzenten zu unterbieten.

Anstand und Verstand – sind verwandt,
doch bei manchen Artgenossen unbekannt.

Rei©Men

Ein weiterer Grundsatz lautet: Not kennt kein Gebot!
Wer nicht bereit ist im Notfall zu töten, wird selbst getötet!

In der zivilisierten Welt redet man von Notwehr, das heißt, wenn mich jemand mit Tötungsabsicht angreift, sind alle Mittel erlaubt, das eigene Leben zu retten. Heutige Richter neigen jedoch dazu diese Grenzen einzuengen. Es muss eine eindeutige Tötungsabsicht erkennbar sein, nur dann erkennen sie auf Notwehr. Im Umkehrschluss heißt das, ich muss mich erst halbtot schlagen lassen, bevor der Notwehrparagraph überhaupt greift.

Die Mordlust und Zerstörungswut, die den Menschen zu eigen ist, zeigt sich heutzutage meistens auf eine andere, subtilere Art. Doch er muss seinem Trieb folgen, sei es im Sport, wo man sich auf Fußballplätzen und in Sporthallen gegenseitig verprügelt, Tennisschläger zermatscht und mit PS-Boliden missliebige Konkurrenten von der Rennstrecke schubst. Der Mensch muss seine Aggressivität ausleben, sonst kann er sich begraben lassen. Dabei wird seine Mordlust nur von den dünnen Fäden der Zivilisation in Grenzen gehalten. Sobald ein kleiner Störfaktor diese Adhäsion aufhebt, rasten selbst die besonnensten Menschen völlig aus und werden zu Berserkern. Das passiert besonders dann, wenn sie in einer Horde auftreten. Man kann es bei jeder niedergeknüppelten Demonstration beobachten. Was treibt einen bei der Polizei beschäftigten Familienvater dazu, noch halbe Kinder zusammenzuschlagen, selbst wenn sie auf dem Boden liegen, sich nicht mehr wehren können auf ihnen herum zu prügeln und sie wie Abfall hinter sich her zu schleifen? Beispielweise wurde früher sogar mit Gewehren auf Demonstranten geschossen. Was treibt israelische Soldaten dazu, auf unbewaffnete Demonstranten mit scharfer Munition gezielt zu schießen? Wohlbemerkt, sie schossen über den eigenen Grenzzaun, also in das den Palästinensern zugestandene Gebiet. Waren sie mit Leib und Leben bedroht, sodass man von Notwehr sprechen könnte? Nein, es war reine Mordlust. Wer hat ihnen den Schießbefehl gegeben, ihre Vorgesetzten? Wo leben die Israelis denn? Doch wohl in einer offenen freiheitlichen Demokratie. In diesem Land kann niemand gezwungen werden auf Leute zu schießen, die mit Steinen werfen oder mit Steinschleudern „bewaffnet" sind. Unter ihnen waren bestimmt auch Väter von kleinen Kindern. Wie können sie nachhause gehen und mit ihnen spielen, wenn sie zuvor Menschen ermordet haben?

Mit dieser Aussage will ich nicht den Palästinensern das Wort reden, sie haben diese Situation bewusst herbeigeführt, sie wussten, dass sie erschossen werden können und taten es trotzdem, weil ihnen irgendwelche religiösen Fanatiker eingeredet hatten, dass sie dann als Märtyrer ins Paradies kommen würden. Doch das ist den israelischen Wachsoldaten wohlbekannt. In unserer jüngsten Vergangenheit wurden an den innerdeutschen Grenzen 815 Menschen erschossen. Was hatten sie verbrochen? Was hatten sie diesem DDR-Staat angetan? Was ihren unmittelbaren Mördern? Wer hatte sie beauftragt? Es gab zwar ein Republikfluchtgesetz, aber angeblich keinen Schießbefehl. Das Republikfluchtgesetz sah nur Gefängnisstrafen vor. Die Flüchtigen hätte man an den hohen, fast unüberwindlichen Grenzzäunen mit ihren automatischen Schießanlagen, auch einfach nur festnehmen können. Man musste niemand erschießen, selbst wenn ein paar Glückliche entkommen wären, wäre dieser Monsterstaat nicht zusammengebrochen. Wenn es also keinen Schießbefehl gab, warum wurde dann mit Tötungsabsicht auf alle Flüchtlinge geschossen, wie in einem Kriegseinsatz. Die Flüchtlinge hatten keine Waffen, sie hätten nicht zurückschießen können, die Grenzer mussten demnach ihr eigenes Leben nicht wie in einem Kriegsfall verteidigen und zurückschießen, wie es in einem zivilisierten Staat die Staatsmacht ihren Ordnungskräften erlaubt. Warnschüsse hätten allemal ausgereicht um die Flüchtenden vom Grenzzaun zurückzuholen. Natürlich mussten die Grenzsoldaten schießen - denen hatte man eingetrichtert, dass hinter dieser Grenze die Kriegstreiber wohnen. Also war ein Flüchtling mit einem Fahnenflüchtigen gleichzusetzen, den man völlig zu Recht erschießen musste. Ein Unrechtsbewusstsein kam da nicht auf, zudem wartete ja auch noch eine Belobigung und eventuell eine Beförderung für diese „Leistung" auf den Todesschützen. Im Falle einer Schießverweigerung hätte ein Grenzsoldat allerdings in seinem späteren DDR-Leben bitter büßen müssen. Das fing mit allgemeinen Ausgrenzungen an, er bekam in seiner Kaderakte einen Vermerk, durfte nicht mehr studieren, bekam keine ordentliche Wohnung zugewiesen und wurde überall diskriminiert. Das ging sogar soweit, dass er keine Arbeitsstelle bekam. Ein Sportfreund von mir musste fünf Jahre lang im Wald Bäume entharzen, nur weil er auf Grund seines Zeugen-Jehova-Glaubens den Kriegsdienst verweigerte. Nun muss man aber nicht glauben, dass solche Dinge nur in Diktaturen geschehen. Ein Arbeitskollege war bei der Bundeswehr und musste ein hochwichtiges Geheimlager bewachen. Man hatte den Wachsoldaten einen strikten Schießbefehl erteilt, der nach dreimaliger Aufforderung stehenzubleiben ausgeführt werden musste. Der Befehl lautete, zuerst einmal auf die Beine zu schießen. „Eines Nachts", so erzählte er, „kletterte ein Mann über den Sicherheitszaun und lief auf das Lager zu." Er rief ihn mehrmals an, aber er blieb nicht stehen, also schoss er. Er hatte natürlich befehlsgemäß auf die Beine gezielt, der Mann fiel um und war tot. Später wurde festgestellt, dass der Schuss von Steinplatten am Boden abgelenkt worden war. Aber der Mann war du blieb tot, zudem stellte sich heraus, dass es ein betrunkener Soldat aus seiner Kompanie war, der den Zapfenstreich verpasst hatte und sich über diesen Weg in die Kaserne schleichen wollte. Ich fragte ihn, warum er überhaupt geschossen hatte. „Du hättest doch erst mal in die Luft schießen, oder zu ihm hinlaufen können, um ihn zu stoppen." „Richtig", sagte er, „aber damals waren kurz vorher von der Bader Meinhof-Bande ein paar Wachsoldaten erschossen worden, weil man an ihre Waffen herankommen wollte, wir waren alle verunsichert und hatten Angst".

Da ist er wieder der Chorgeist, der >Horden-Mitmach-Effekt<. Er bricht durch wie ein Signal aus der Urzeit und ist allen Organismen zu eigen. Wie er gesteuert wird, haben Forscher noch nicht herausgefunden, wir wissen nur wie er heißt: Es ist der Herdeninstinkt. Läuft ein Anführer los, rasen alle ohne zu überlegen hinterher. Fliegt eine Graugans auf, folgt der ganze Schwarm. Keiner weiß warum. Prügelt eine Gruppe Polizisten auf wehrlose ein, steuert dieses Verhalten wie von Zauberhand die ganze Einsatzgruppe. Doch damit nicht genug, es kann sich zuweilen zur Raserei aufbauen, hinterher weiß niemand mehr, wie das passieren konnte. Am besten kann man diese Verhaltensweise in Fußballstadien studieren. Da kommen zunächst einzelne, harmlos erscheinende Fun-Grüppchen von Bus oder Bahn, wo sie sich schon mit Alkohol angeheizt haben, natürlich sind sie aufgekratzt, teilweise schon betrunken ins Stadion. Das Spiel beginnt und wenn der Schiedsrichter gegen ihre Mannschaft pfeift, wird der Gruppenzwang zum Exzess. Der letzte Exzess dieser Art konnte gerade noch verhindert werden, als ein Club-Boss in Athen mit gezogenem Revolver auf den Schiedsrichter zu rannte und ihn erschießen wollte. Der bisherige Spitzenwert der verhängnisvollen Aggressionen war ein Schiedsrichter, der in Südafrika einen protestierenden Trainer erschoss. Hier der Auszug aus einer Spiegel ONLINE Pressemeldung:

>Weil er sich von einem protestierenden Fußballtrainer bedroht fühlte, griff ein südafrikanischer Schiedsrichter zur Pistole und drückte ab. Der Trainer starb noch auf dem Fußballplatz. Dem Streit vorausgegangen war eine gelbe Karte, die der Unparteiische einem Spieler gezeigt hatte. Der Trainer der verwarnten Mannschaft war damit offenbar nicht einverstanden. „Es gab einen heftigen Streit", berichtete eine Polizeisprecherin aus der östlichen Kapprovinz. „Der Schiedsrichter wurde bedroht, als die andere Mannschaft sich ihm näherte, weil sie verärgert war". Deshalb habe dieser eine Pistole gezogen und den Trainer der Gastmannschaft erschossen. Der Schiedsrichter machte sich danach aus dem Staub. Die Polizei sei aber zuversichtlich, ihn bald festzunehmen, sagte die Polizeisprecherin<.

Südafrika das die Fußballweltmeisterschaft 2010 ausgerichtet hat, weist eine der höchsten Mordraten weltweit auf. Auf 100.000 Einwohner kommen etwa 47 Morde. Das sind acht Mal mehr als in den USA. Die Enthemmung durch Alkohol war auch immer der Grund, weshalb man den Soldaten vor den Schlachten, eigentlich müsste es „vor dem Schlachten" heißen, - reichlich Alkohol ausgegeben hat, er enthemmt, steigert die Aggressivität und senkt die Schmerzgrenze. Traf man dabei die richtig dosierte Menge, steigerte sich der Herdentrieb zur Mörderbande, die alles kurz und klein schlug was ihr in die Quere kam.

Genauso kann sich dieser Gemeinschaftswahnsinn bei er Zerstörungswut auswirken. Oft kommen dann noch das Imponiergehabe Einzelner und die Demonstration der eigenen Stärke dazu, um so einen Prozess auszulösen. Aber immer ist dabei der Gruppenzwang zu beobachten. Weitere Impulse gehen von Anführern solcher Gruppen aus. Alle schauen auf ihn, was wird er tun? Verhält er sich deeskalierend, wird es die Gruppe auch tun, reagiert er aggressiv, folgt ihm auch die Gruppe in die Eskalation. Was lernen wir nun, wenn wir uns im Ernstfall gegen solches Verhalten verteidigen müssten:

Scheitert der Versuch, dem sich anbahnenden Ärger aus dem Wege zu gehen, sollte man versuchen den Anführer der Gruppe zu erkennen. Hat man ihn ausgemacht, beobachtet man ihn konzentriert. Man sollte versuchen sich vorsichtig aus der Schlagdistanz herauszubewegen. Man spricht ihn direkt an, sagt ihm, dass er ein netter Kerl ist und dass wir zusammen in nächste Kneipe gehen sollten. Vielleicht noch das Handy herausnehmen und sagen: „Ich rufe noch ein paar Freunde an, ob sie auch kommen wollen." Stattdessen aber die Polizei anrufen und den Standort durchgeben. Beispielsweise: „Hört mal, hier sind ein paar Freunde, wir wollen in eine Kneipe gehen, ja, ja, kommt ihr dazu? Ja in der Johanniterstraße, usw.

Die Phase der Deeskalation ist immer beendet, wenn der Angreifer nachrückt und anfängt zu schupsen, dann ist mit dem ersten Faustschlag zu rechnen. Darauf sollte man sich nicht einlassen, denn die allermeisten Angreifer können mit ein paar Griffen außer Gefecht gesetzt werden. Das kann man von der Polizei lernen, die lässt sich nie auf einen Boxkampf ein, sondern schaltet Randalierer mit ein paar gezielten Polizeigriffen aus. Nun bloß nicht flüchten, dass steigert die Aggression noch mehr. Ist der Zeitpunkt gekommen, wo man eine Schlägerei nicht mehr verhindern kann, bleibt nur die Möglichkeit den Gegner mit allergrößtem Krafteinsatz nieder zu ringen. Abducken und ein Bein hinter das des Gegners stellen und ihn mit aller Kraft umstoßen. Immer in die gleiche Richtung flüchten, in die er gefallen ist. Eine andere Variante ist der Polizeigriff. Dabei wird die Hand ergriffen, nach hinten oben auf den Rücken gedreht und dann nach oben bewegt. Dabei geht der stärkste Gegner zu Boden und bevor er sich versieht, klicken die Handschellen. Natürlich kann man auch andere Kampftechniken anwenden, doch alle sollten in einer Kampfschule erlernt und geübt werden.

Diese kleine Einlage soll nur aufzeigen, in welche Richtung heutzutage die in Urzeiten erworbenen Aggressionen in den sogenannten zivilisierten Gesellschaften von der Evolution gelenkt wurden. Sie enden ja nicht in unserer Zeit, sondern wirken weiter und passen sich den jeweiligen Erfordernissen an. Fest steht, ohne diese genetische

Vorrausetzung hätte die Menschheit nicht überleben können. Wie wir heute überall sehen können, ist es der Sport, in den diese Erbschaft der Evolution umgelenkt wird. Der Mensch ist nicht dafür gemacht in der Stube zu hocken, seinen Computer zu bedienen oder fernzusehen. Wenn er dann nach langer Ruhephase ins Auto steigt, erhöht sich gleichzeitig der Adrenalinspiegel und sein Aggressionspotential, das abgebaut werden muss. Kommt dann ein schneller Wagen von hinten, will uns ein- und überholen, sich zwischen den knappen Platz zum Vorrausfahrenden setzen, so ist das für den Autofahrer unserer Tage nicht nur ein Überholer, nein der vor ihnen Fahrende ist der Feind Nr. 1 den es zu bekämpfen gilt. Er ist überhaupt kein Verkehrsteilnehmer, er ist ein Raubtier, das ihn fressen will. So ist es in unseren Genen hinterlegt, sofort flüchten, von hinten kommt ein Räuber! So nimmt der „Überlebenskampf" seinen Lauf und endet dann sehr häufig tödlich. Erst kürzlich wurde ein junger Autofahrer zu vier Jahren Haft verurteilt, weil der mit einem 500 PS-AMG getunten Mercedes zwei junge Menschen getötet hatte. Das Fahrzeug war geleast, er fuhr auf einer kurvenreichen, mit Kuppen durchsetzten Waldstrecke auf der 80 km/h zugelassen sind mit 200 km/h, hob ab und prallte in 8 – 10 Meter Höhe in die Bäume. Wer hatte nun Schuld an diesem sicher tragischen Unfall? Ich gebe die Hauptschuld einer Gesellschaft, wie der unsrigen die zulässt, dass so jungen, unerfahrenen und in ihrer Persönlichkeit noch nicht ausgereiften Menschen, so gefährliche Maschinen in die Hand gegeben werden. Früher musste man hart arbeiten, sparen und Geld zurücklegen, um sich ein Auto leisten zu können. Schon durch diesen Prozess reifte man zur Persönlichkeit, hatte eigentlich Angst, seinen mühsam erarbeiteten fahrbaren Untersatz durch Unachtsamkeit wieder zu verlieren. Ich sehe meinen Onkel heute noch mit seinem Taschentuch um seinen ersten Mercedes herumschleichen und ein paar Dreckspritzer entfernen. Heutzutage geht man in ein Autohaus und least einen Rennwagen. Dort werden sie, wenn sie in die Hände von Egomanen kommen, zu Mordwerkzeugen. Ähnliches passiert in Großstätten, wo Straßenrennen veranstaltet werden, die dann für unbeteiligte zu tödlichen Fallen werden. Hier versagt eindeutig die Politik, es muss endlich eine Anfängerfahr-genehmigung eingeführt werden, wie es sie schon lange für Motorbikes gibt. Wer im Verkehr auffällig wird, sollte nicht mit ein paar Punkten in Flensburg belastet werden, denn die sieht man nicht und für Reiche sind Strafzettel nur ein Nasenwasser. Da muss der Lappen mal ein paar Monate entzogen werden, nur so kann man die Gesellschaft vor diesen Verbrechen, die auf der Straße begangen werden schützen.

Was lernen wir nun aus diesen langatmigen Betrachtungen. Wir können den Menschen nicht ändern, er ist im Gefängnis seiner Gene eingekerkert, wir können nur versuchen, ihn über seine Vernunft-Begabung und über lange Zeiträume an die Erfordernisse einer humanen Gesellschaft anzupassen. Hier müssen Politik, Staat und Gesellschaft eng zusammenarbeiten um die Todesspirale auf null zurückzudrehen. Empathie muss ein Schulfach werden, das Miteinander muss in den Vordergrund aller gesellschaftlichen Aktivitäten gestellt werden, Bescheidenheit, Ehrlichkeit und Anstand, statt Durchsetzungsvermögen ist die Hauptlernarbeit, die am Menschen geleistet werden muss. Und noch eins: Was viele nicht „mehr" wissen: Die Menschen der westlichen Welt verdanken dem Christentum unseren heutigen Wohlstand. Selbst Gregor Gysi sagte einmal: „Ich bin Atheist, aber ich kann mir das Leben in einer gottlosen Welt nicht vorstellen". Na ja, er hatte ja lange Jahre die Gelegenheit dazu gehabt. Wer das nicht glauben mag, der schaue sich mal in der Welt um. Nur dort, wo die Werte die unsere Altvorderen uns zu vermitteln versuchten, weiter notdürftig aufrechterhalten werden, gibt es eine freiheitliche Grundordnung und Menschenrechte. Daher sollten die christlichen Kirchen endlich mal versuchen, diese Werte im Klartext von der Kanzel zu verkünden und zwar ohne ihr Pathos mit Heiligen-Verklärungen, Bibelzitaten, ständigen Gebetsaufforderungen und längst überholten Ritualen, die niemand mehr hören mag. Eine Kanzelrede, frisch aus dem Leben gegriffen, die den Menschen Herz und Gewissen aufrüttelt, füllt die Kirchen eher als der ganze alte überholte Schmus den keiner mehr glaubt, denn diesen einen großen Gott, den sie immer wiederkäuend verkünden und die Auferstehung am „Jüngsten Tag", die gibt es nicht. Dann müsste jede Ameise auferstehen, denn sie ist genau wie wir ein vollberechtigter Teil der Natur. Unberechtigterweise erheben die Kirchen den Menschen zum

Werk Gottes über alle anderen Lebewesen, er soll die Welt beherrschen, eine beispiellose Arroganz. Mit dieser Einstellung zerstört er inzwischen die Lebensbasis aller Lebewesen auf unserer schönen Erde. Ich bin kein Atheist. Ich glaube Atheisten sind Menschen, die an gar nichts glauben und das ist mir dann doch ein bisschen zu primitiv. Deshalb wäre es ehrlicher sich an Sokrates zu halten, der gesagt haben soll: „Ich weiß, dass ich nichts weiß." Karl der Große führte mit dem Schwert in der Hand das Christentum in Europa ein. Das große korrupte römische Reich ging unter und Europa blühte auf. Was ist davon übriggeblieben? Millionen von Regeln und Gesetze sind entstanden, doch die einfachsten Regeln, die uns das Christentum hinterließ sind die 10 Gebote, doch sie kennt heute kaum noch jemand. Dabei sind sie die Grundlage jeden menschlichen Zusammenlebens, wenn man mal die ersten beiden unbeachtet lässt.

Das erste Gebot:
Ich bin der Herr, dein Gott. Du sollst keine anderen Götter haben neben mir.

Das zweite Gebot:
Du sollst den Namen des Herrn, deines Gottes, nicht missbrauchen.

Das dritte Gebot:
Du sollst den Feiertag heiligen. (Sich an arbeitsfreien Tagen ausruhen)

Das vierte Gebot:
Du sollst deinen Vater und deine Mutter ehren. (Und auch alle anderen Lebewesen schützen)

Das fünfte Gebot:
Du sollst nicht töten. (Ein absolutes Muss)

Das sechste Gebot:
Du sollst nicht ehebrechen. (Menschen die Treue halten)

Das siebte Gebot:
Du sollst nicht stehlen.

Das achte Gebot:

Du sollst nicht falsch Zeugnis reden wider deinen Nächsten. (Nicht lügen)

Das neunte Gebot:

Du sollst nicht begehren deines Nächsten Haus. (Keine Kriege führen)

Das zehnte Gebot:

Du sollst nicht begehren deines Nächsten Weib, Knecht, Magd, Vieh noch alles, was dein Nächster besitzt.

Ende 2. Teil

Wenn Ihnen mein Buch gefallen hat, möchte ich Sie bitten eine Bewertung abzugeben. Gehen Sie in den Amazon-Büchershop, schreiben Sie Horst Reiner Menzel, klicken Sie in das Cover-Bild und wählen Sie Rezension, oder klicken Sie in das Feld >Schreiben Sie eine Bewertung und nicht vergessen, Sie müssen Sterne vergeben. Vielen Dank für Ihre Mühe.

Leser-Informationen

Horst Reiner Menzel wurde am 14. September 1938 in Spremberg in der Mark Brandenburg geboren. Nach dem Besuch der Schule und dem Abschluss einer Handwerks-Lehre war Menzel in den Jahren von 1953 bis 1959 im Kanu- Leistungssport aktiv. Er verließ 1959 die DDR, weil ihm die Ausbildung zum Meister und auch ein Studium der Holztechnologie verwehrt wurden, vermutlich Sippenhaft, weil sein Onkel von 1949 - 1954 als politisch Verfolgter in Torgau und Bautzen einsaß. Menzel arbeitete dann in der Bundesrepublik in einem größeren Handwerksbetrieb und begann eine kaufmännische Ausbildung, in deren Anschluss er von 1959 bis 1980 als Angestellter und Betriebsleiter, in diesem Betrieb tätig war. Ab 1980 führte Menzel zusammen mit seiner Frau Doris einen eigenen selbständigen Handwerksbetrieb, bis er im Jahre 2003 den Betrieb an seinen Schwiegersohn übergab, in Pension ging und sich dem Schreiben widmete. Hobbys: Sport - Musik- Schach - Schreiben – Bücher

Der Autor

Veröffentlichungen:

Im BoD-Verlag Norderstedt und Amazon Verlag
Taschenbücher und E-Books deutschsprachig
and Publications as Paperbacks and Kindle E-books English

1

Gedichte und Aphorismen erzählen Geschichten
Nachdenkliches für Mußestunden
ca. 175 Gedichte 500 Aphorismen u. Epigramme
Herstellung und Verlag: BoD - Books on Demand, Norderstedt
Taschenbuch: ISBN: ISBN-9783753440156

2

Deutsch-Amerikanische Familien-Saga
Eine Familien-Saga erzählt die Geschichte der Auswanderer,
von Siedler-Trecks, Goldgräbern und Farmern,
von den Kriegsereignissen und der Nachkriegszeit.
Herstellung und Verlag: BoD - Books on Demand, Norderstedt
Taschenbuch: ISBN-9783753496986

3

German-American Family-Saga
A family saga tells the story of the emigrants, of settler treks,
gold diggers and farmers, of the war events and the post-war
period.
Amazon Paperback: ISBN-9798575985259
Amazon E-Book-Code ASIN-B08PP1FS6F

4

Denkanstöße-Philosophische Betrachtungen
Gesellschaft im Wandel der Zeiten
Herstellung und Verlag: BoD - Books on Demand, Norderstedt
Taschenbuch: ISBN-9783753420615

5
Denkanstöße Philosophische – Betrachtungen
Astronomie – Physik – Universum
Künstliche Intelligenz – Robotik
Herstellung und Verlag: BoD - Books on Demand, Norderstedt
Taschenbuch: ISBN-9783753441276

6
Der ~Blitzschutz~
Die Entstehung einer Branche und ihre Normen-Krise
von 1955 – 2010
Herstellung und Verlag: BoD - Books on Demand, Norderstedt
Taschenbuch: ISBN-9783754301944

7
Segelfieber
Fahrtensegler-Roman in der Seemannssprache, welche die
harten Realitäten auf hoher See nicht mit Seefahrerromantik
verklärt, sondern aufklärt.
Herstellung und Verlag: BoD - Books on Demand, Norderstedt
Taschenbuch: ISBN-9783746047720

8
Lebensabschnitte
Episoden-Geschichten, Erinnerungen an den Krieg,
die Nachkriegsjahre, den Neuaufbau Deutschlands.
Herstellung BoD - Books on Demand, Norderstedt
Taschenbuch: ISBN-9783753426501

9

Stalking-Report

Der Jurist definiert Stalking als Nachstellung und Verfolgen einer Person, die solange wiederholt wird, bis das Opfer in seiner physischen oder psychischen Unversehrtheit nachhaltig gestört ist und sich langfristig bedroht und geschädigt fühlt. Der Roman erzählt die Geschichte einer jungen Frau, die anfangs das Geschehen für den Spleen eines abgewiesenen Verehrers hält, sich dann aber bald in ihren Lebenskreisen immer mehr einschränken muss, um den exzessiven Nachstellungen des Stalkers zu entgehen. Die hilfesuchend die Behörden anruft, aber lange Zeit auf taube Ohren stößt. Erst durch ein entscheidendes Ereignis, dass sie selber auslöst, wird sie plötzlich vom Opfer zur Angeklagten.

Herstellung und Verlag: BoD - Books on Demand, Norderstedt
Taschenbuch: ISBN-13-9783752641110

10

Stalking Report

The jurist defines stalking as the stalking and pursuit of a person that is repeated until the victim is permanently disturbed in his physical or psychological integrity and feels threatened and harmed in the long term. The novel tells the story of a young woman who initially believes the events to be the quirk of a rejected admirer, but soon has to restrict herself more and more in her life circles in order to escape the excessive stalking of the stalker. She calls the authorities seeking help, but for a long time it falls on deaf ears. Only through a decisive event that she herself triggers, she suddenly goes from victim to defendant.

Amazon Paperback: ISBN-979-8582816287
Amazon e-book: ASIN-B08QVRX4C2

11

Das Verkehrs ABC
Ein Erfahrungsbericht aus 55 Jahren Fahrpraxis
Die häufigsten Fahr- und Denkfehler der
Verkehrsteilnehmer – Wie überlebe ich im Verkehrs-Chaos
Herstellung BoD - Books on Demand, Norderstedt
Taschenbuch: ISBN-9783752825053

12

Paddelfieber und Silberpappeln
Roman und Huldigung an den Kanusport
Paddeln – Freizeit – Freiheit in der Natur genießen.
Eine der wenigen Sportarten, die Welt aus einer anderen Per-
spektive zu sehen.
Herstellung und Verlag: BoD - Books on Demand, Norderstedt
Taschenbuch: ISBN-9783753480824

13

Die Aussteiger-The Dropouts
Oase der Lebensfreude für Zivilisationsmüde
Herstellung BoD Books and Demand und Amazon
Taschenbuch: ISBN-9783753462264

14

Elektrofahrrad-Pedelec von A - Z
Ein Erfahrungsbericht für Einsteiger
Wissenswertes für alle Radfahrer
Herstellung BoD Books and Demand Norderstedt
Technik - Navigation - Verkehrsprobleme und mehr
Taschenbuch: ISBN-9783754306390

15

Für tot erklärt

>Für tot erklärt < - erzählt die fiktive Geschichte von Rudolph Kaiser und beschreibt eine für seine Familie unerträgliche Situation in drei Teilen. Die des „Kriminellen", des „Verschwundenen" und die, der „Hinterbliebenen". Eigentlich eine wahre Geschichte, die sich jeden Tag an Land und auf hoher See, in der Berufs- Kreuz- und der Sport- Schifffahrt von Neuem ereignen kann.
Herstellung BoD Books and Demand
Taschenbuch: ISBN-9783753482002

16

Die Tuchmacha

Eine leidenschaftliche Heimat-Geschichte beginnend mit dem Erwachen des Industriezeitalters im 19. Jahrhundert der Spremberger Tuchmacherdynastien, erzählt von einem mit Spreewasser getauften Spremberger Horst Reiner Menzel.
Herstellung und Verlag: BoD - Books on Demand, Norderstedt
Taschenbuch: ISBN-9783753480503

17

Short Storries

What all this has come together in a long life.
Stories to smile and think about.
Impaled and written down,
Short stories to fall in love with.
Amazon Paperback: ISBN-9798692510969
Amazon E-Book Code: ASIN-B08KHH7VZ7

18

Der Blitz-König
Ein Blitzschutz-König, das war er in seinem Reich und in der Branche, ein Monarch im Tun und Handeln, und er wurde es wahrlich, ohne große eigene Anstrengung und Zutun. Sein Verdienst war es allerdings, immer die richtigen Leute zu finden, die ihn am Ende dorthin brachten was er haben wollte: Viel Geld.
Herstellung und Verlag: BoD - Books on Demand, Norderstedt
Taschenbuch: ISBN-978-3752660098

19

Kurzgeschichten
Was so alles zusammengekommen ist in einem langen Leben. Geschichten zum Schmunzeln und Nachdenken.
Herstellung und Verlag: BoD - Books on Demand, Norderstedt
Taschenbuch: ISBN-9783753453446

20

Das Schwimmbad A B C
Die allermeisten Bauherren sind Schwimmbad-Leien. Es gibt auch nur wenige Architekten, die sich mit der Materie wirklich auskennen. Man verlässt sich gern auf die „Fachleute" respektive Schwimmbad-Errichter-Firmen und steht dann oft schon beim Bau und später bei der Schwimmbadbetreuung einsam und verlassen da. Die Anlage kann durchaus gut und richtig geplant und auch ausgeführt worden sein, doch nun steht man vor der riesigen Aufgabe dieses Technikmonster am Laufen zu halten.
Herstellung und Verlag: BoD - Books on Demand, Norderstedt
Taschenbuch: ISBN-9783753454467